工商管理与经济发展研究

贾 静 戴雅楠 李 荣 著

東南大學出版社
SOUTHEAST UNIVERSITY PRESS

图书在版编目（CIP）数据

工商管理与经济发展研究/贾静，戴雅楠，李荣著.
南京：东南大学出版社，2024.12. --ISBN 978-7
-5766-1907-2

Ⅰ.F203.9；F061.3

中国国家版本馆 CIP 数据核字第 20259TB351 号

责任编辑：胡中正　　责任校对：张万莹　　封面设计：豫燕川　　责任印制：周荣虎

工商管理与经济发展研究

Gongshang Guanli yu Jingji Fazhan Yanjiu

作　　者：贾　静　戴雅楠　李　荣
出版发行：东南大学出版社
出 版 人：白云飞
社　　址：南京市四牌楼 2 号　邮编：210096　电话：025-83793330
网　　址：http://www.seupress.com
经　　销：全国各地新华书店
排　　版：燕川文化
印　　刷：北京市怀柔新兴福利印刷厂
开　　本：787 mm×1092 mm　1/16
印　　张：12.75
字　　数：221 千
版 印 次：2024 年 12 月第 1 版第 1 次印刷
书　　号：ISBN 978-7-5766-1907-2
定　　价：68.00 元

前言

从宏观层面来看，经济发展是一个综合性的概念，涵盖了国民生产总值的增长、产业结构的优化、就业水平的提升、人民生活质量的改善等多个维度。从微观层面来看，每一个企业都是经济发展的基本单元。工商管理的理论和实践在企业内部决定了资源的配置效率、生产经营的效益以及市场适应能力。良好的工商管理能够帮助企业在激烈的市场竞争中脱颖而出，实现自身的可持续发展。

随着科技的飞速进步和国际经济形势的不断变化，工商管理与经济发展之间的关系也在持续演变。新的商业模式、数字化技术的应用以及消费者需求的多样化等因素，既为工商管理提出了新的挑战，也给工商管理带来了前所未有的机遇。深入研究工商管理与经济发展之间的内在联系和相互作用机制，对于更好地把握经济发展规律、制定科学合理的经济政策以及指导企业实践具有深远的意义。本书旨在通过对工商管理与经济发展的系统研究，揭示二者之间的奥秘，为经济领域的学者、政策制定者和企业管理者提供有价值的参考。

笔者在撰写本书的过程中，借鉴了一些专家和学者的研究成果，在此表示衷心感谢。本书的研究未必全面，尽管笔者在写作过程中力求完美，但难免存在疏漏，恳请各位专家批评指正。

目 录

第一章 工商管理的相关概念

第一节 工商行政

工商管理是一门研究营利性组织经营活动规律以及企业管理的理论、方法与技术的学科。如何充分调动员工的积极性，如何削减商业成本，如何抓住稍纵即逝的商机，如何根据市场前景制定企业的发展战略，这些都是工商管理需要研究和解决的问题。国家教育部门和各高等院校设立工商管理专业教学课程旨在培养适应我国企业改革和发展需要，德、智、体全面发展，具有良好的知识结构，较高的管理素质和较强的创新精神，能独立开展企事业部门管理工作的管理人才。

对于企业管理人才队伍来说，学习和掌握现代管理理论、创新的管理模式、现代信息手段应用以及全球化观点与我国企业管理实践的有机结合，可以不断提高我国企业管理水平，并为我国工商界发展奠定强大的支撑基础。

广义的工商管理既包括一个国家或一个区域的经济部门所辖的工业企业、商业企业、金融企业、农业企业、服务企业、交通运输企业、建筑企业、邮电通信企业等各种企业组织的宏观指导、政策调控与行政监管，即“工商行政管理”；也包括企业经营管理者对上述企业具体的计划、指挥、领导、组织、协调、控制等经营管理活动，即“工商企业管理”。后者是本书要探讨与研究的重点。

工商行政管理是指一个国家或一个区域的各种企业组织的宏观指导、政策调控与行政监管。这里必须弄清行政管理与工商行政管理这两个基本概念。

一、行政管理

(一)行政管理含义

行政管理是运用国家权力对社会事务的一种管理活动。[①] 也可以泛指一切企业、事业单位的行政事务管理工作。广义上是指国家政治目标的执行,包括立法、行政、司法等。狭义上是指国家行政机关对社会公共事务的管理,又称为公共行政。

自国家产生以来,就有了行政管理,但是直到 19 世纪末才开始形成一门学科。它经历了从 19 世纪末至 20 世纪 20 年代初的传统管理时期。在此期间,德国学者施泰因首先提出"行政学"一词。20 世纪 80 年代,美国学者威尔逊发表了《行政学的研究》一文。20 世纪初,美国行政学家古德诺提出政治与行政分离的主张。20 世纪 20 年代,美国学者怀特对行政学研究的主要内容作了系统的论述,开始形成行政学体系。早期行政学以研究政府行政效率和节省开支为目标,主张政治与行政分离,实现组织系统化、工作方法程序化、机关事务计划化、工作要求标准化等,以达到权责分明,追求实效;20 世纪 20～50 年代的科学管理时期,许多行政学家根据科学管理之父泰勒的科学管理理论,把目标分解成若干层次的小目标,并为实现每个目标建立合理的组织机构。从 20 世纪 50 年代至今的系统管理时期,许多行政管理学家把 20 世纪 40 年代以来出现的信息论、控制论、运筹学等理论和方法用来研究行政管理,同时由于行政管理涉及面愈来愈广,需要考虑的因素愈来愈多,需要把行政管理作为一个系统来研究。

(二)行政管理的特点

行政管理的特点:一是一切行政活动都是直接或间接与国家权力相联系,以国家权力为基础的;二是行政管理是根据国家法律推行政务的组织活动,在执行中又能动地参与和影响国家立法和政治决策,制定政策是行政管理的一种重要活动方式;三是行政管理既管理社会的公共事务,又执行阶级统治的政治职能;四是行政管理要讲究管理的效能和效率,通过计划、组织、指挥、控制、协调、监督和改革等方式,最优地实现预定的国家任务,并达到应有的社会效果;五是行政管理是人类改造社会实践活动的一个特定领域,它有自身发展的客观规律性。

---

① 贾忠华.税收法律救济[M].北京:中国商业出版社,2021.

二、工商行政管理

(一)工商行政管理概念

工商行政管理，是指国家为了建立和维护市场经济秩序，通过市场监督管理和行政执法等机关，运用行政和法律手段，对市场经营主体及其市场行为进行的监督管理。中华人民共和国国家市场监督管理总局是国务院主管市场监督管理和有关行政执法工作的直属机构，既是经济监督机关，也是行政执法机关，还是全国工商行政管理系统的最高职能部门。国家市场监督管理总局作为国家的政府工作部门，代表国家对经济、文化事务进行规范、引导。国家市场监督管理总局是我国的专门行政管理机关之一，它按照我国的行政区划分级设立。国家市场监督管理总局一般管理的事务包括：消费者权益保护、市场规范管理、企业登记、外资登记、广告监管、个体私营监管、商标注册及商标评审等。

(二)工商行政管理主要职责

工商行政管理主要职责包括以下内容。

1. 负责市场监督管理和行政执法的有关工作，起草有关法律法规草案，制定工商行政管理规章和政策。

2. 负责各类企业、农民专业合作社和从事经营活动的单位、个人以及外国(地区)企业常驻代表机构等市场主体的登记注册并监督管理，承担依法查处取缔无照经营的责任。

3. 承担依法规范和维护各类市场经营秩序的责任，负责监督管理市场交易行为和网络商品交易及有关服务的行为。

4. 承担监督管理流通领域商品质量和流通环节食品安全的责任，组织开展有关服务领域消费维权工作，按分工查处假冒伪劣等违法行为，指导消费者咨询、申诉、举报、受理、处理和网络体系建设等工作，保护经营者、消费者合法权益。

5. 承担查处违法直销和传销案件的责任，依法监督管理直销企业和直销员及其直销活动。

6. 负责垄断协议、滥用市场支配地位、滥用行政权力排除限制竞争方面的反垄断执法工作(价格垄断行为除外)。依法查处不正当竞争、商业贿赂、走私贩私等经济违法行为。

7. 负责依法监督管理经纪人、经纪机构及经纪活动。

8. 依法实施合同行政监督管理，负责管理动产抵押物登记，组织监督管理拍卖行为，负责依法查处合同欺诈等违法行为。

9.指导广告业发展，负责广告活动的监督管理工作。

10.负责商标注册和管理工作，依法保护商标专用权和查处商标侵权行为，处理商标争议事宜，加强驰名商标的认定和保护工作。负责特殊标志、官方标志的登记、备案和保护。

11.组织指导企业、个体工商户、商品交易市场信用分类管理，研究分析并依法发布市场主体登记注册基础信息、商标注册信息等，为政府决策和社会公众提供信息服务。

12.负责个体工商户、私营企业经营行为的服务和监督管理。

13.开展工商行政管理方面的国际合作与交流。

14.领导全国工商行政管理业务工作。

15.承办国务院交办的其他事项。

具体来说，工商行政管理监管内容包括：食品安全监管、商品质量监管、服务消费监管、保护注册商标专用权、广告监管执法、打击传销规范直销、红盾护农、反垄断与反不正当竞争、查处取缔无照经营和社会治安综合治理等工作内容。

第二节　工商企业

要想掌握工商企业管理的基本概念，我们首先要对与“工商企业管理”相关的一些知识有所了解。

一、工商企业的基本概念

（一）工商企业的基本概念与分类

工商企业是从事生产、流通、服务等经济活动，以生产或服务满足社会需要，实行自主经营、独立核算、依法设立的一种营利性经济组织。简言之，工商企业就是指依法设立的以营利为目的、从事商品的生产经营和服务活动的独立核算经济组织。在商品经济范畴，企业作为组织单元的多种模式之一，是按照一定的组织规律有机构成的经济实体，一般以营利为目的，以实现投资人、客户、员工、社会大众的利益最大化为使命，通过提供产品或服务换取收入。它是社会发展的产物，因社会分工的发展而成长壮大。

工商企业是独立的营利性组织，其有多种分类形式：①按投资人的出资方式和责任形式可进一步分为公司制企业和非公司制企业,合伙制企业、个人独资企业、个体工商户等就属于非公司制企业。②按投资者的不同可分为内资企业、外商投资企业和我国港、澳、台商投资企业等。③按所有制结构可分为全民所有制企业、集体所有制企业和私营企业。④按股东对公司负责的程度不同分为无限责任公司、有限责任公司、股份有限公司。⑤按企业管理隶属关系可分为母公司、子公司。⑥按规模可分为大型企业、中型企业和小型企业。⑦按经济部门或行业类别不同可分为工业企业、商业企业、金融企业、农业企业、服务企业、交通运输企业、建筑企业、邮电通信企业等。

传统的企业大多是劳动密集型,现代的高科技企业大多是知识型创造企业,中国的企业正在向知识经济转型。

社会进入信息时代后,一是要求企业用信息技术来强化企业的管理、生产和经营,企业要创造更多经济效益就必须借助信息技术来提高企业的生产效率和管理水平。二是进入信息时代又形成了一些新型信息化的网络企业。例如软件设计与开发、游戏开发、系统集成、网络工程、企业信息化、网站设计与开发、网页制作、电子商务、通信系统开发集成、自动化控制系统开发与集成、自动化工程、软件销售、技术支持、技术服务、技术培训等。

在20世纪后期中国内地改革开放与现代化建设,以及信息技术领域新概念大量涌现的背景下,"企业"一词的用法有所变化,并不限于商业性组织或营利性组织。随着社会的发展,真正有发展潜力的企业肯定是公司类型的企业。

(二)工商企业组织形式

根据市场经济的要求,现代企业的组织形式按照财产的组织形式和所承担的法律责任划分。国际上通常分为:独资企业、合伙企业和公司企业。

独资企业,也称"单人业主制"。它是由个人出资创办的,有很大的自由度,在法律法规允许范围内,要雇多少人,贷多少款,全由业主自己决定。赚了钱,交了税,一切听从业主的分配;赔了本,欠了债,全由业主的资产来抵偿。我国的个体户和私营企业很多属于此类企业。

合伙企业是由几个人、几十人,甚至几百人联合起来共同出资创办的企业。它不同于所有权和管理权分离的公司企业,通常是依合同或协议组织起来的,结构较不稳定。合伙人对整个合伙企业所欠的债务负有无限责任。合伙企业不如独资企业自由,决策通常由合伙人集体做出,但它具有一定的企业规模优势。

以上两类企业属自然人企业,出资者对企业承担无限责任。

公司企业是按所有权和管理权分离，出资者按出资额对公司承担有限责任创办的企业，主要包括有限责任公司和股份有限公司。有限责任公司是指不通过发行股票，而由为数不多的股东集资组建的公司(一般由 2 人以上 50 人以下股东共同出资设立)，其资本无须划分为等额股份，股东在出让股权时受到一定的限制。在有限责任公司中，董事和高层经理人员往往具有股东身份，使所有权和管理权的分离程度不如股份有限公司那样高。有限责任公司的财务状况不必向社会披露，公司的设立和解散程序比较简单，管理机构也比较简单，比较适合中小型企业。

股份有限公司是把全部资本划分为等额股份，通过发行股票筹集资本的公司，又分为在证券市场上市的公司和非上市公司。股东一旦认购股票，就不能向公司退股，但可以通过证券市场转让其股票。股份有限公司的优势是:经过批准，它可以向社会大规模地筹集资金，使某些需要大量资本的企业在短期内得以成立，有利于资本的市场化和公众化，将企业经营置于社会大众的监督之下。当股东认为企业经营不善时，会抛售股票，这成为对公司经理人员的强大外部约束力量。但股份有限公司的创办和歇业程序复杂，公司所有权和管理权的分离带来二者协调上的困难，同时由于公司要向外披露经营状况，商业秘密难于保守。这种组织形式比较适合大中型企业。

公司企业属法人企业，出资者以出资额为限承担有限责任，是现代企业组织中的一种重要形式，它有效地实现了出资者所有权和管理权的分离，具有资金筹集广泛、投资风险有限、组织制度科学等特点，在现代企业组织形式中具有典型性和代表性。

随着我国社会主义市场经济体制的建立和完善及世界经济一体化进程的加快，公司企业将成为我国企业组织形式的主体。公司企业为了扩大规模，必定不断进行再投资，投资过程将会成立众多分支机构。根据分支机构与公司企业是受控还是所属，可分为母子公司与总分公司。如果新办企业是原公司企业所属，就称为总公司与分公司的关系;如果新办企业是原公司所控制，则称为母公司与子公司的关系。区分总分公司与母子公司的关键是看新办公司与原公司是否为同一法人主体。一般认为，分公司是总公司的派出机构，与总公司是同一法人实体，从而二者间适用汇总纳税，直接抵扣有关税收规定;而母公司虽然控制子公司的部分股权，但在法律上认定二者之间是非同一法人实体的关系，因而不能按汇总纳税等规定来处理税务当局与它们之间的关系。有的国家在公司法规中规定，企业之间具有母子关系者必须以一家公司拥有另一家公司至少 50%以上的股权为准，有的国家则没有明确规定数量标准。但税收协定规定的母子企业的标准，则以“直接或间接控制另一企业的生产经营”为准。

不同的企业组织形式有不同的税负水平，因此，投资者在组建企业或拟设立分支机构时，必须考虑不同企业组织形式给企业带来的影响。

从公司企业与合伙企业的比较来看，大多数国家对公司和合伙企业实行不同的纳税规定。公司的营业利润在企业环节课征公司税，税后利润作为股息分配给投资者，投资者还要交纳个人所得税。而合伙企业则不作为公司看待，营业利润不交公司税，只课征各个合伙人分得个人收益的个人所得税。因此，面对公司税负重于合伙企业的情况，纳税人便会做出不组织公司而办合伙企业的决策。当然，以什么样的形式组建企业，并不只考虑税收问题。

从子公司与分公司的比较来看，由于各国的税负水平不同，一些低税国、低税地区可能对具有独立法人地位的投资者的利润不征税或只征较低的税收，并与其他国家、地区广泛签订税收协定，对分配的税后利润不征或少征预提税。因此，跨国纳税人常乐于在这些低税国家和地区建立子公司或分公司，用来转移利润，躲避高税收。当然，子公司和分公司在税负水平上仍有区别，这就要求一个企业在国外或外地投资时，必须在建立子公司和分公司之间进行权衡。子公司是相对于母公司而言，分公司是相对于总公司而言，它们是现代大公司企业设立分支机构常见的组织形式。[①] 大多数国家对公司法人(子公司)和分公司在税收上有不同的规定，在税率、税收优惠政策等方面，也互有差别。

二、工商企业存在的本质

20 世纪 30 年代，美国经济学家科斯发表的《企业的本质》一文，被认为是对这一问题进行探讨的开端。

在此之前，关于企业本身的性质是什么，是一个被传统的微观经济学理论忽略的问题。在传统的微观经济学理论中，是厂商的生产过程被看成一个“黑匣子”，即企业被抽象成一个由投入产出的追求利润最大化的“黑匣子”。

(一)交易成本

目前，关于企业性质问题，不同经济学家具有不同观点，但相互之间也存在一些争论。部分经济学家主要是从科斯所强调的交易成本的角度来分析企业的性质的。

任何交易都可以看成交易双方所达成的一项契约。所谓交易成本，可以看成围绕交易契约所产生的成本。根据科斯等人的观点，一类交易成本产生于签约时交易

① 李晶，杨轶然，刘威达. 市场营销渠道建设与工商管理[M]. 长春：吉林人民出版社，2021.

双方面临的偶然因素所带来的损失。这些偶然因素或者是由于事先不可能被预见到而未写进契约,或者虽然能被预见到,但由于因素太多而无法写进契约。另一类交易成本是签订契约,以及监督和执行契约所花费的成本。

(二)企业本质

一些经济学家认为,企业作为生产的一种组织形式,在一定程度上是对市场的一种替代。可以设想两种极端的情况。在一种极端的情况下,每一种生产都由一个单独的个人来完成,如一个人制造一辆汽车,当然这是不现实的。这样,这个人就要和很多中间产品的供应商进行交易,还要和自己产品的需求者进行交易。在这种情况下,所有交易都通过市场在很多个人之间进行。在另一种极端的情况下,经济中所有生产都在一个庞大的企业内部进行,如完整的汽车在这个企业内部被生产出来,无须通过市场进行任何中间产品的交易。由此可见,同一笔交易,既可以通过市场的组织形式来进行,也可以通过企业的组织形式来进行。企业之所以存在,或者说,企业和市场之所以并存,是因为有的交易在企业内部进行成本更小,而有的交易在市场进行成本更小。

(三)市场配置

市场配置资源的优势与企业配置资源的优势如下。

1.市场配置资源的优势

由于大量的厂商一般都从少数几个供应商那里买货,这就有利于这几个供应商实现生产上的规模经济和降低成本。而且,中间产品供应者之间的市场竞争压力,也迫使供应商努力降低生产成本。此外,当少数几个供应商面对众多中间产品的需求者时,这几个供应商可以避免由于销路有限而造成的需求不稳定带来的损失,从而在总体上保持一个稳定的销售额。

2.企业配置资源的优势

首先,厂商在市场上购买中间产品是需要花费交易成本的,它包括企业在寻找合适的供应商、签订合同及监督合同执行等方面的费用。如果厂商能够在企业内部自己生产一部分中间产品,就可以消除或降低一部分交易成本,还可以更好地保证产品质量。其次,如果某厂商所需要的是某一特殊类型的专门化设备,而供应商一般不愿意在只有一个买主的产品上进行专门化的投资和生产,因为这种专有化投资的风险比较大。因此,该专门化设备的厂商就需要在企业内部解决专门化设备的问题。最后,厂商雇用一些具有专门技能的雇员,如专门的产品设计、成本管理和质量控制等人员,并与他们建立长期的契约关系。这种方法要比从其他厂商那里购买相应的服务更有利，从而消除或降低了相应的交易成本。

经济学家进一步指出，导致交易成本在市场和企业这两个组织之间不相同的主要因素在于信息的不完全性。由于信息的不完全性，契约的任何一方都会努力去收集和获取自己所欠缺的信息，去监督对方的行为，并设法在事先约束和在事后惩罚对方的违约行为，等等。这些做法都会产生交易成本。由于这些做法在市场和企业中会各自采取不同的形式，相应的交易成本则不同。特别是在信息不对称的条件下，在市场交易过程中，以上这些做法所导致的交易成本往往很高。因此，通过企业这一组织形式，一部分市场交易可内部化，从而消除或降低一部分市场交易所产生的高昂交易成本。

尽管企业的内部交易会消除或降低一部分市场交易成本，但与此同时也带来了企业所特有的交易成本。导致企业这一缺陷的主要原因同样在于信息的不完全性。具体地说，首先，企业内部存在各种契约关系，其中包括企业与劳动者的契约关系、企业与管理者的契约关系等。企业要对其所雇用的工人、产品推销员，直至经理等各类人员的工作进行监督，同时还要引导他们为企业努力工作。所以，企业在签订契约，以及在监督和激励方面要花费成本。其次，一方面，企业决策者往往要从下级获取信息；另一方面，企业上层的决策信息又要通过向下级传递而得到实现。这两个不同方向的信息传递，都会因企业规模扩大所带来的隶属层次的增多而被扭曲，从而导致企业效率低下。最后，下级员工往往出于利己的动机向上级隐瞒或传递错误信息，以使上级作出有利于下级的决策。或者，下级对上级的决策仅传递或执行对自己有利的部分。这些都将导致企业效率低下。由此可见，企业的扩张是有限制的。根据科斯的理论，企业的规模应该扩张到这样一点，即在这一点上再增加一次内部交易所花费的成本与通过市场进行交易所花费的成本相等。

三、工商企业的作用与特点

(一)企业的作用

企业的作用有：①企业作为国民经济的细胞，是市场经济活动的主要参加者。②企业是社会生产和流通的直接承担者。③企业是推动社会经济技术进步的主要力量。

总之，企业对整个社会经济的发展与进步有不可替代的作用，从一定意义上讲，企业素质的高低，企业是否适应市场经济发展的要求，直接关系着国民经济状况的好坏和社会的长治久安。

随着发展形势的变化，传统意义上的企业已经消亡，无论从形态还是本质上看，亟须突破传统概念上的企业定义的思维定式。

（二）企业的特点

目前，有关学者对当前企业的特点总结有以下几点。

第一，企业的契约性。企业是一个契约性组织。法律契约、行为契约、心理契约等始终贯穿于企业运营管理的主线。

第二，企业的市场性。企业是一个市场性组织。过去，企业作为契约性组织由上级负责；现在，企业是市场性组织，人对市场负责，市场化程度的高低决定了企业盈利能力的高低。

第三，企业的学习性。企业是学习型组织。过去认为企业是制造产品的，现在看来，企业是制造思想的。企业内部有两条价值链：一是意识价值链，由信息、知识到能力，再到思想；二是物质形态价值链。

第四，企业的虚拟性。企业的一个发展趋势是向虚拟化组织方向发展。采取虚拟生产、虚拟营销、虚拟运输、虚拟分配的企业不断出现。

第五，企业的模糊性。企业的另一个发展趋势是向无边界组织发展。过去认为企业是有边界的，后来发展了，企业成为无边界的，再后来，企业既有边界又无边界，边界模糊，一切都模糊化。现在，一个企业边界，按照边际成本乘以边际收益来看，许多企业边际成本小于边际收益，或者边际成本为零。边际收益不变，那么边际成本、边际收益递增的规律发挥主导作用，即边界可以无限大，这对于企业的运作意义是很大的。

第六，企业的系统性。企业是一个系统性的组织。现代企业分成两条线：一条线是产品和服务；另一条线是使企业具有持续竞争力的保障系统。一般来讲，国外成功的大企业都是系统化运作，讲究系统性。

第七，企业的网络性。企业是网络化组织。价值链组织对于一个企业来说还不够，它不一定形成一个圈环。成为网络组织，使企业成为链主，企业和网主企业就要对价值链的运作整合，这样企业就可以成为一个联合体。对于中国企业来讲，应该融入这个网络，融入更大的、更多的价值网络。

第八，企业的全球性。企业是全球性组织。过去企业根据木桶理论决定最短的那根怎么提高利润，把最短的那根补齐，这样企业总在经营劣势。现在新木桶理论出现了，也就是说，短的那一块不做了，就做最擅长的那一块，每个企业都有经营优势，就像每个人都做自己最感兴趣的事。成本很低，效率很高。由木桶理论发展到新木桶理论，每个企业根据全球定位，你做一段，我做一段，全球集成，融入全球化过程中。最终的企业就是全球化组织。

第九，企业的体系性。企业是体系性的组织。最终把企业打造成一个体系，也就是让平凡的人做出不平凡的事。具体到一个人很平凡，但成为一个体系就很厉害。通过打造这个体系，使管理达到最高境界，即没有管理；使战略达到最高境界，即没有战略，就像高速公路一样。

第十，企业的诚信性。企业运营过程中最重要的就是诚信，这是一个企业的社会责任与道德基本要求，这一点是无须再争议、讨论的。

四、工商企业的政策法规

善于把握国家乃至区域政府与行业部门政策法规，可以为企业发展方向作出正确决策，能给企业带来巨大的发展机遇和利益；利用政策法规指导作用可以有效促进企业发展和改革；熟识政策法规还可以有效规避风险和减少损失；遵守相关政策法规，对于规范行业运作、优化企业发展环境具有重要作用。

第三节　工商企业管理

工商企业管理是指从具体企业的层面上，企业经营管理者对各类企业具体的计划、指挥、领导、组织、协调、控制等经营管理活动，也称之为“工商企业管理”，有时简称“工商管理”或“企业管理”。

一、管理

(一)管理相关概念

随着管理活动中出现的特定人群，管理的思维方式也随之诞生。管理作为一门科学，它是随着人类社会经济发展而逐步建立和形成起来的，并在一定程度上指导着人们的生产和生活。所指的管理，是指在组织内部，管理者通过执行计划、组织结构、人员配置、领导和控制等多种功能来同步他人的行动，这是一个让他人与自己共同达成预定目标的过程。

对一个特定的工商企业来说，其内部管理活动涵盖了生产操作管理、战略规划管理、组织架构管理、人力资源管理、市场推广管理、财务规划管理以及后勤和行政管理等多个方面。

(二)管理的基本职能

亨利·法约尔，这位法国知名的管理实践者，是首位提出管理基本职能的人。他认为，现代企业管理就是把人作为最重要的资源来进行有效的利用。法约尔在高级管理岗位上有着长时间的工作经验，他对全方位的管理有着深入的认识和洞察，因此积累了大量的实践知识。他认为，任何企业都存在着一个组织机构来完成它所承担的工作任务。在1916年的《工业管理与一般管理》一书中，法约尔所阐述的一般管理观点对西方的管理学说产生了深远的影响，并为管理过程学提供了坚实的理论支撑。他认为管理应以“人”为中心，即从人的需要出发去组织、指挥、协调、控制企业内部各部门之间以及企业与外部环境之间的关系，使之达到最佳状态。法约尔的一项重要贡献是提出了五个主要的管理功能。第一，管理必须以经济为中心。所谓的管理职能，指的是管理部门所肩负的职责和功能。管理的主要任务在于实现企业目标，即为完成这一目标而采取各种手段，以达到预期目的。法约尔最开始建议将管理的核心职责划分为计划、组织、指导、协同和管理。后来，人们发现这五类主要职能只是其中的一部分。随后，一些学者也提出，人员配置、领导能力、激励机制以及创新思维等方面同样构成了管理功能。管理职能是一个相对概念，随着企业经营环境的变化而不断发展变化。在《论管理的职能》这本书中，管理顾问何道谊根据业务流程将管理任务细分为目标、计划、执行、反馈、控制和调整这六大核心职能，并结合人力、组织和领导这三大方面的管理职责，系统地将整个管理体系划分为九个主要职能。

(三)管理的发展历史过程

要想掌握管理知识，管理科学是不可或缺的。管理科学在其形成过程中，经历了一个漫长复杂的历史阶段。管理科学专注于研究人类社会组织管理活动的客观规律和应用，它是一门融合了自然科学、工程科学、技术科学和人文社会科学的综合性交叉学科。随着现代社会大规模生产的进步，它应运而生，并伴随着社会和科技的持续发展而不断壮大。

如果深入探究，我们会发现人类在早期的管理活动主要是在生产和军事活动中产生的。在战争活动中，人们为了战胜敌人，争取胜利，除了依靠自身强大的军事能力外，更重要的是要有科学有效的指挥与控制手段来保证作战任务的顺利完成。一次规模稍大的生产或军事行动涉及多个环节，需要多方面的配合，需要详尽的计划和周到的部署，因此，必然会涉及一系列的管理行为。这些管理行为往往与人的素质密切相关，而在这众多的因素中，最重要也是最易被忽视的则是文化。许多早期被视为涉及管理文化的观点和论述，都可以在人类早期的文献中找到。例如，我国古代的《孙子兵法》中包含了丰富的管理哲学，现代的企业管理经常借鉴和应用其中的管理思想、组织策略和领导技巧。

从全球视角看，管理学的进展已经接近一个世纪的时间。在这一过程中，企业管理理论与方法也几经演变。从近现代开始，企业管理的理论与实践经历了多个发展阶段，包括经验型管理、古典管理、行为科学管理、非理性主义管理，以及企业文化管理方式这五个主要阶段。

经验型管理方式，正如其名，是依赖于管理者（通常是企业的所有者）的个人智慧和实践经验来进行企业的组织管理。虽然这种管理思想没有理论基础，存在很大的不确定性，但其中的一些经验对后代具有重要的启示意义。

古典管理学的核心思想是以生产活动为核心，主要聚焦于提升劳动效率和构建更为严格的组织结构，其中包括以泰勒为首的科学管理学派和法约尔、韦伯为首的组织管理学派。其中，泰勒制具有代表性意义。泰勒制的核心思想是将被视为管理目标的“人”视为“经济人”，而利益驱动则是这一学派提升生产效率的关键手段。法约尔在继承传统管理思想的基础上发展出一套新的管理学理论体系，即“十四点法”。随着泰勒制的推行，公司的管理模式逐渐从基于经验的方式转向了更为科学的管理方法。法约尔的代表作《行政管理学》奠定了现代管理思想基础。亨利·法约尔深入探讨了高级管理的效率和普遍的管理原则，他是第一个明确解释“一般管理”理念的人，并基于他的管理经验，提出了“十四点管理原则”。他在《管理原理》中首次明确提出了“管理目标——控制方法”这一概念。马克斯·韦伯对现代管理思想的突出贡献在于他提出了一个被称为“理想的组织结构模型”。在韦伯看来，行政组织是一种特殊形态的群体结构，其目标在于使人们相互联系起来形成一个有机整体。他持有这样的观点：行政组织结构必须具备高度的准确性、稳定性、纪律性以及可靠性，只有这样，才能有效地提升工作效率。在这一基础上，他进一步发展出“官僚制”这一现代管理科学形式，为后来西方科学管理理论奠定了重要基石。古典管理学主要研究的是组织管理的科学性、严谨性和纪律性，但它往往忽视了对人的理解和关心，排斥了人的情感因素，这导致了整个社会的情感匮乏，从而抑制了个人的主动性和创造力。

在20世纪的20至50年代期间，行为科学的理论体系逐步走向繁荣。随着现代社会科学技术的发展，行为科学已渗透到人们生活的各个方面，并对人类管理产生了深刻而广泛的影响。行为科学运用人类学、社会学、心理学、经济学和管理学的各种理论与手段，对人的天性、需求、行为和动机进行深入的分析和研究，旨在促进人与人之间的和谐关系并提高工作效率。在此过程中，西方管理学界逐步形成了一系列具有代表性的管理思想或理论体系。在行为科学管理理论中，人性假设作为其基础起点，激励理论构成其核心观点，群体行为理论作为其关键支撑，而领导行为理论则是该理论的一个重要组成部分。行为科学对管理实践产生了深远影响。在早期，行为科学主要关注“社会人”的研究，并致力于满足职工的社会需求。在研究的后续阶段，主要集中在“自我实现人”这一主题上，关注员工在其职业生涯中是否能够实现自我价值，以及是否存在成就感和自我满足的目标追求。现代行为科学则更关注人的精神需要。与古典管理理论中强调提升生产效率和行政组织作用的观点不同，行为科学更加注重人的因素，并将人的管理视为管理活动的核心。它运用多个学科和多个角度来研究人的行为、心理和管理之间的相互关系，标志着管理思想的一次重大转变。现代科学管理以人为对象，把人性作为最基本的内容，把人本思想贯穿于整个管理系统之中。行为科学的理论进展，促进了管理思维从物质到人的转变。20 世纪 80 年代以来，全球经济、政治、文化发生了深刻变化，人们的生产方式、生活方式、交往方式和思维方式不断更新，为管理理论的创新提供了强大的动力。非理性主义理论的兴起，正是西方管理学取得的新进展之一。传统的管理理论认为：组织具有明确的意图和目标，可以清楚地加以确定；管理人员运用精确的分析，特别是定量分析，就可以选定能够达成目标的最佳办法，从而作出合理决策，即一切都是理性化的。非理性主义的管理理念把当代科学理论成果如系统论、控制论、决策理论、模糊理论等应用于管理规划和管理流程中，它认为具有社会性的人类，并不严格按照事实或逻辑来采取行动，无论在什么地方，完全理性地合乎逻辑支配行为的人几乎找不到。人的动机和意图的确定是一个复杂的过程，很难清晰地推知和直截了当地选择。目标的选择涉及人的价值取向，与其说依靠清晰的思考，不如说取决于影响个人的各种社会因素和心理因素；而且组织管理的过程，不仅是决策制定的过程，还包括执行过程和创新过程，而后两个过程更是充满了变化和强烈的个人感情色彩，所以，科学、合理的管理模式应当是“非理性”的，“人的问题要求人性地解决”，完全理性，必然把人机器化，进而破坏人生的价值和意义。从认识论的角度来看，传统的理性管理模式是在一定历史条件下，将各要素加以简单化和抽象化后所概括的一整套明确的规章制度与工作方法，属于精确性认识；而“非理性”管理理念则是在新的历史条件下，通过实践，突破了传统的理性化认识的局限性和对时代的不适应性，而后总结概括的一种“模糊性”认识。古典管理学也重视员工，但其对员工的重视与老板爱护机器在逻辑上是一致的。新型的管理理念注重人情、人的主观能动性，强调管理的灵活机动性和变通性；不主张用哪一种既定的理论模式去机械地管理变动中的企业和复杂多变的人。管理不是制造一件产品，但管理比制造产品更难；人也远比机器复杂得多，所以管理无法过于“精确”，必须引进“模糊机制”，这便是“非理性”思潮。非理性主义要求实现管理形态的根本性转变，这种转变的本质，是以人性化替代理性化。所谓人性化，既包容理性因素，又包容非理性因素，把人的非理性和理性统一起来，这种管理模式就是人性化管理。

企业文化管理涉及对企业文化的整理、精炼、深化和提高。其核心在于“管”。即强调以制度建设为基础，通过对企业内部员工行为和价值观的规范来达到凝聚人心，激发动力，促进发展的目的。强调“管理”这一概念是建立在管理学和组织行为学的基础上的，它认为企业文化构成了管理活动的一个重要组成部分。强调“整合”，则是从系统论角度提出来的。在企业文化的指导之下，我们需要与公司的战略、人力资源、生产流程、经营策略以及营销策略等多个管理领域和模块相匹配。通过对每一条管理链条上相关人员行为模式及价值观的提炼，形成一个完整系统的企业文化体系。它包括了对企业文化的构建。企业文化建设是一项系统工程。企业文化是一种以企业价值观和经营管理哲学为核心的思维模式和行为规范的综合体。它涵盖了企业的历史和传统、企业的代表性人物、企业的目标、信仰和理想、领导风格和经营管理方式、职业意识和职业道德、公司礼仪和行为规范等多个方面，以及这些因素如何物质化地表现出来，例如环境布置、图案色彩、厂旗厂歌等。其内容非常丰富，主要包括物质形态和非物质形态两个方面，其中最基本也最重要的就是价值观体系，即企业理念。企业文化具有很强的影响力，它在企业的生存和发展过程中无所不在，无时无刻不在，对企业内部的人际关系产生着巨大的影响。一个良好的企业形象不仅能吸引人才，留住人才，还可以使企业获得巨大的经济效益。该方法能有效地将员工的个性和潜在能力与企业的整体价值和利益相结合。通过对员工信念的培育、理想的实现、个性的塑造、心灵的满足和精神的锻炼，可以建立个人对企业整体的认同感和凝聚力，从而形成强烈的“团队精神”。良好的企业文化能使人产生向心力，激发出巨大的内在动力，促进企业各项业务活动顺利进行。因此，在企业内部的公共关系管理中，对企业文化的培育和建设给予了极高的重视。

(四)中国的管理发展

在中国，虽然管理科学的引入与启蒙很早，1916 年中华书局就出版了穆湘玥先生翻译的《科学管理原理》一书，但是作为一门科学在中国真正得到发展，并为社会与科学界所承认还是在改革开放以后。

纵观我国管理科学的发展，有以下四点明显的历史痕迹。

第一，中华人民共和国建立之后，由于改革开放之前中国采取计划经济体制，因此在 20 世纪 50 年代初进行的学院和学科的调整涉及了对具有管理功能的高校和系的合并或取消。

第二，在改革开放之前，中国的社会科学并不适宜于接受和推进管理科学领域的成长。

第三，在 1949 至 1978 年期间，我国的管理学和工程科学领域的专家和科学家肩负了推动管理科学领域发展的历史大任。

第四，我国的管理科学是基于自然科学与工程科学的发展背景而在特定的历史背景下进行的。

管理科学的迅猛进展在很大程度上是受到其对自然科学以及工程科学发展实际基础的影响。随着科学技术日新月异的进步，管理科学逐渐从理论走向应用并形成了自身独立的理论体系,同时也使之成为一门重要的新兴学科。在20世纪80年代初期,由于社会对科学管理的强烈需求,管理科学与工程这一以管理科学的基础理念、管理技术和各种方法为核心研究领域的子学科群体得到了迅速的崛起和壮大。管理科学是一门新兴综合性应用学科,它不仅涉及社会科学中管理学相关理论的运用,同时还融合了经济学等其他学科知识。经过多年的持续进步,管理科学这一学科对于推动社会、经济和科技的进步起到了不可或缺的角色。随着科学技术水平的不断进步和现代信息技术的飞速发展,人类已经步入一个全新的知识经济时代。如今,管理学已经步入了各个学科的全方位发展阶段。管理科学作为一门独立的综合性新兴学科已成为现代科学技术中一支不可忽视的力量。从20世纪70年代的尾声到80年代的尾声,这是发展的第一个阶段。该阶段,在西方国家出现了以美国为首的一批管理学者和企业家,他们通过大量调查研究提出了一些富有创新意义的理论,推动了管理学向更高层次迈进。在这个阶段,管理科学与工程这两个学科的进展显得尤为突出。这一阶段,西方国家掀起了管理革命浪潮。随着公司改革的持续推进,现代的企业制度也在逐渐建立和完善。因此,对企业进行科学化管理的社会需求也在不断增长。从20世纪80年代末到90年代末,这是企业发展的第二个阶段。这时期,管理科学和工程技术迅速结合并相互渗透,形成了新的管理理论、方法及技术体系,推动着管理科学与工程学科建设向前发展。尽管管理科学与工程领域经历了持续的快速增长,但在我国,工商管理学科和MBA教育也都取得了飞速的进展。从21世纪初开始,我国的管理科学步入了它的第三个发展阶段。在这一时期,公共管理学科和MPA教育开始在我国建立,而以公共管理为核心的宏观管理与政策学科也进入了其初始的发展阶段。

当我们回头审视管理学的历史,会发现在我国,管理科学的发展势头正旺。改革开放以来,中国的市场经济不断发展壮大,企业也日益增多,市场竞争日趋激烈,这就要求管理者必须具备良好的素质。伴随着第三产业的崛起和社会经济的飞速增长,社会对于各种管理人才的需求也日益增长。因此,作为一门独立学科,管理学已经成为各专业的必修课。比如说,在人力资源管理、电子商务、物流管理、旅游与酒店管理以及金融管理等多个领域,都离不开管理学的坚实基础。尤其是随着现代信息技术的迅速普及应用,各行各业都面临着信息化建设的挑战。企业管理不仅依赖于专业的管理人员,如人力资源师、物流管理师、营销师和酒店经理等,他们都与企业的整体管理有着紧密的联系。因此,学校开设管理学课程具有十分重要的意义。商务管理专业作为高等教育机构的一部分,其核心目标是培养能够满足我国工商企业和经济管理部门需求的中级务实型综合管理人才。在教学过程中注重理论联系实际,突出学生实际应用能力和实践操作能力的训练,使之成为既有较高理论素养又有一定实践经验的高级应用型人才。工商管理的范围很广，结构复杂，包括企业经营管理中的计划、组织、领导和控制，以及涉及人员、资金和财务的管理。在此背景下，商务管理专业人才除了应具备一定的理论知识外，还必须掌握相应的技能技巧，才能满足社会对人才的需求。商务管理这一专业是管理学中工商管理学的一个分支，它具备很高的实际应用价值。因此在教学过程中应注意与其他学科相结合。工商管理学这一学科以经济学和管理学为其理论基石，涵盖了自然科学和人文科学的多个领域。它的研究范围广泛，包括企业经济活动中的财务管理、资金募集、投资分析、市场推广以及资源分配等多个方面。

二、工商管理学的发展

（一）工商管理的发展特点

当代工商管理发展的鲜明特点有以下四点。

首先，知识管理上升为企业的核心管理。随着现代信息技术的革命，发达国家的工商企业管理经历了深刻的变革，这种变革也催生了新的工商企业经营管理观念。其中最具代表性的就是以"以人为本"为特征的知识管理理论。最为突出的一点是，知识资本已经取代了金融资本和其他传统的生产要素，成为推动企业活力和创造经济效益的实质性动力。知识作为一种重要资源已引起越来越多人的关注和重视，并逐渐被人们视为企业获取持续竞争力的关键要素之一。随着知识管理逐渐成为公司的中心管理策略，首先是知识管理的执行，这促进了高效的员工参与和知识共享机制，例如美国通用电气和可口可乐等企业都设立了知识总监职位；其次，通过知识资本的管理和共享，企业之间的合作得到了加强，这使得企业之间的互动变得更加广泛和频繁。这不仅为企业打开了更广阔的市场，也为它们创造了更多的新的市场机遇。同时，这也改变了企业之间的竞争模式和本质，从市场竞争转变为"竞合"，即企业之间的竞争和合作。知识资本是以技术或知识形态存在的人力资本，它可以被看作一种特殊的资本形式和资产，具有价值增值性和流动性特征。以知识资本为基础的企业管理模式，催生了全新的企业管理观念和操作方式。

其次，模糊经营管理模式迅速发展。商品开发商、生产制造商、经销商和零售商之间的模糊关系导致了企业经营模式的不明确性。在市场经济条件下，企业间的竞争已不再是单纯产品或技术方面的较量，而是一种供应链上各环节及各个环节之间的合作竞争。随着计算机技术的进步和在工商企业的经营管理中的应用，开发商和制造商得以迅速进入终端市场，直接与用户互动。在此过程中，厂商间形成了竞争关系。随着企业经营管理观念和模式的演变,物流管理商开始采用物流作为营销手段。物流管理不仅负责工商企业的日常运营和业务后勤,还负责制造商、经销商、零售商和用户之间的商品存储和运输。因此,工商企业逐渐采纳了"即时生产"和"无库存经营"的经营哲学和实践方式。工商企业的运作过程也表现出明显的模糊性特征,即对客户需求的准确把握,以及对产品供应渠道的快速响应,使得工商企业的经营管理水平有很大提高。在工商企业中,模糊的经营模式也反映在商家和消费者之间的角色定位上。例如,商业界普遍实施的仓储式开放式经营模式,不仅让消费者更主动地参与到企业的各种活动中,也成了一种体验式的经营哲学和模式。

再次,重新发现企业价值和学习型企业的出现和发展。一个企业是否能够持续成长,很大程度上依赖于其内在价值。在过去,无论是学术研究还是实际操作,绝大多数企业都将追求"利润最大化"作为其核心目标。在这种理念指导下的企业经营模式使其无法适应经济全球化的发展趋势,也难以应对知识经济时代所带来的巨大挑战。随着社会进步、企业价值的识别和思维的提升,工商界逐步认识到"利润最大化"只是企业的财务或短期目标,而不是企业的最终或长期目标。企业只有不断地提高自身竞争力才能适应市场变化,获得竞争优势。学习型组织被视为企业未来成长的推动力,而学习型组织的管理理念则是当前全球最前沿的管理思想之一。学习型组织的核心在于学习,即通过对自身及外部环境的分析与诊断,建立适合自己需要的学习体系,不断提高能力并获得竞争优势。在未来,一个成功的企业无疑将成为一个学习型的企业。一个学习型的组织不仅能确保企业持续创新,还具有提高企业整体素质和员工价值的潜力。这样的组织还能充分利用人力资源和知识资本,从而实现企业、客户和社会的全面满意。因此,创建学习型组织已经成为现代企业管理者追求的一种共同愿景,并逐步在全球范围内形成了一股浪潮。学习型组织已经崭露头角,成为国内外企业管理领域中最受关注的议题之一。学习型企业不仅能给企业带来巨大的经济效益,而且还具有强大的竞争力。通用公司的前任总裁韦尔奇曾经指出,一个企业真正的竞争上风在于其持续学习和迅速将知识转化为实际行动的能力,而持续发展的驱动力正是不断地学习。

最后,企业经营管理国际化。在当代社会背景下,工商企业的管理哲学正展现出一种开放的国际化方向。由于科学技术日新月异,市场竞争日益激烈。伴随着现代交通和通信网络技术设备的飞速进步与广泛应用,全球经济正逐渐走向一体化。在这个过程中,全球市场已成为企业竞争的焦点。随着市场与企业管理的边界逐渐变得不明确,成功的企业领导者已经明确地看到了这种市场趋势,并迅速地将企业的运营和管理策略置于国际背景下进行思考和规划。

(二)工商管理的发展趋势

工商管理的发展趋势主要表现为:①随着科学和技术的飞速进步,现代数学方法以及信息处理和通信技术在工商管理中的应用将变得越来越普遍。因此,在工商管理实践中,应积极引进和采用新知识、新工艺、新方法,使之为工商管理学科所利用并发挥应有的作用。②随着全球经济的持续发展,工商管理这一学科的国际化趋势变得越来越突出。工商管理领域内的新理论、新方法将会不断涌现并被广泛应用于实际工作之中。③随着我国法律体系的逐步完善和社会文化的持续进步,工商管理学与人文社会科学的融合将变得越来越紧密。同时也需要对工商管理学进行更深层次的研究。④随着各个学科的整合和交叉融合,工商管理学的各个子领域以及与其他相关学科的互动将会更加深入。

在当代的经济社会背景下,管理、科学和技术都被视为经济增长的核心支撑。随着科学技术的迅猛发展和社会生产力水平的提高,人类对物质产品及服务的需求日益多样化、复杂化和高级化。工商管理学是针对经济中最核心和最广泛的工商领域而设立的,它在管理学的各个门类中具有最强的实践性和最广泛的覆盖范围。随着社会主义市场经济体制的建立和完善,对我国工商企业管理提出了更高的要求,也提供了新的机遇。工商管理学,作为经济科学、管理科学、人文科学、自然科学和工程技术相互融合的结果,为经济和管理学科的进步提供了强大的推动力。从某种意义上说,工商管理学也成为经济、管理类专业学生必修的一门重要课程。在管理学的多个分支中,工商管理学和管理科学与工程主要研究的是现代管理的理论、方法和技术。与其他相邻的一级学科相比,它们都以现代管理理论作为其基础理论,但不同之处在于,工商管理的研究与企业管理的实际操作紧密相连。

工商管理这一专业在我国经历了多次的经营体制改革后,仍然保持与时代同步,持续发展壮大。目前,世界各国已经形成了较为成熟的工商管理人才培养模式,并取得了显著成效。无论在国内还是国外,无论是在实际操作还是在理论探索中,工商管理都展现出了持续创新的发展方向。这种创新的趋势为工商管理的专业建设和学科教育带来了新的挑战。因此,对工商管理学科教育进行持续的改革和创新,以培养出合格的现代工商管理专才,变得尤为关键。

第二章　企业战略管理

第一节　战略的内涵

一、战略

“战略”最早是军事方面的概念，指军事将领指挥军队作战的谋略，战略的特征是发现智谋的纲领。

在中国，“战略”一词历史久远，“战”指战争，“略”指“谋略”。春秋时期孙武的《孙子兵法》被认为是中国最早对战略进行全局筹划的著作。在现代，“战略”一词被引申至政治和经济领域，其含义演变为泛指统领性的、全局性的、左右胜败的谋略、方案和对策。

著名管理大师迈克尔波特认为，战略的本质是抉择、权衡和各适其位。在管理学领域，通常将战略定义为组织为适应外部环境的变化，谋求长期的生存和发展，有效地运用组织的内部资源，对组织全局性的目标、方针进行运筹规划。

加拿大管理学家明茨伯格认为，人们在不同的场合可以用不同的方式赋予战略不同的内涵，即人们可以根据需要来接受各种不同的战略含义。明茨伯格认为，从企业未来发展的角度来看，战略表现为一种计划，而从企业过去发展历程的角度来看，战略则表现为一种模式。

如果从产业层次来看，战略表现为一种定位，而从企业层次来看，战略则表现为一种观念。此外，战略也表现为企业在竞争中采用的一种计谋。这是关于企业战略比较全面的看法，即著名的5P模型。

这一理论认为，所有的战略是一种抽象概念，它存在于需要战略的人们的头脑之中，体现于战略家们对客观世界固有的认识方式。

从战略在经济管理活动中的地位和作用的本质特点来考虑，可以将企业战略定义为企业根据市场状况，结合自身资源，通过分析、判断、预测，设立远景目标，并对实现目标的发展轨迹进行的总体性和指导性的谋划。① 企业战略界定了企业存在的使命、产品与市场范围、发展方向经营、竞争优势和协同作用等坐标，明确了企业的经营目标和行动方案。

二、战略的制约因素

战略受多种因素的制约，主要有五个方面。

(一)政治因素

政治对战略具有统率和支配作用，决定战略的性质和目的，赋予其任务和要求影响战略的制定、实施和调整。战略服从并服务于政治，满足政治的要求，完成政治赋予的任务。制定和实施战略，强调注重政治，充分考虑敌对双方的政治情况、战略的政治目的和政策要求，并善于运用法治手段。

(二)军事因素

主要是军事力量和军事思想的因素。军事力量的强弱，对战争的规模、持续时间、活动方式及其结局有重大影响，对能否完成战略任务，达成战略目的，起直接的作用。军事思想先进与否，对能否制定和实行正确的战略，取得战争的胜利至关重要。制定和实施战略，要运用先进的军事思想，力求正确估计敌对双方的军事情况，采取积极措施，有效地增强军事实力，为完成战略任务、达成战略目的创造条件。

(三)经济因素

战略是以一定的生产力为基础，并随着生产力的发展而发展的。经济能推动战略的发展，提高战略对环境变化的承受能力和应变能力，增强作战手段的选择性。经济制约战略目标、战略方向、战略重点和战争规模的选择与确定。制定和实施战略，必须考虑敌对双方的经济情况。经济利益上的矛盾和冲突，是爆发战争和发生军事冲突的基本动因。战略所追求的目的，归根到底是为了维护或获得一定的经济利益。

(四)科学技术因素

科学技术是第一生产力，也是战斗力。敌对双方现有的科学技术水平，是制定和实施战略的重要依据之一。当代高新技术与新式武器装备在军事上的广泛应用，使

---

① 孙伟力，阳大胜，陈叶. ERP 沙盘模拟经营[M]. 长春：吉林大学出版社，2022.

战争的爆发方式、规模、强度、过程、阶段、持续时间和结局,都发生了一系列变化,从而引起了战略思想、作战方式方法、作战手段和战略理论的发展变化。积极发展高新技术,更新武器装备,为实现战略提供可靠的物质条件,并预见科学技术发展对战略的影响,以适应战略的需求。

(五)地理因素

地理因素与国家安全有着直接的联系。国家的地理位置、幅员、人口、资源、交通等情况影响军事力量的强弱及效能的发挥。国家的地理位置、地形、气象、水文和周边的地理环境,对军种兵种建设、武器装备发展方向、战场建设、作战形式、作战行动、战略指挥和战略思想都有重大的影响。制定和实施战略,强调重视敌对双方的地理因素,趋利避害,扬长避短,力求使武器装备和作战方式方法与战场地理环境特点相适应。

三、战略的构成要素

战略的构成要素主要有四个方面。

(一)战略目的

战略目的是战略行动所要达到的预期结果,是制定和实施战略的出发点和归宿点。战略目的是根据战略形势和国家利益的需要确定的。不同性质的国家和军队,其战略的目的不同。对于奉行防御战略的国家来说,维护国家和民族的根本利益、长远利益和整体利益,特别是维护国家的领土主权完整和统一是战略的基本目的。确定战略目的,强调需要与可能相结合,具有科学性和可行性,符合国家的路线、方针和政策,与国家的总体目标和国力相适应,满足国家在一定时期内对维护自身利益的基本要求。

(二)战略方针

战略方针是指导战争全局的方针,是指导军事行动的纲领和制定战略计划的基本依据。它是在分析国际战略形势和敌对双方战争诸多因素基础上制定的,具有很强的针对性。对不同的作战对象,不同条件下的战争,应采取不同内容的战略方针。每个时期或每次战争除了总的战略方针外,还需制定具体的战略方针,以确定战略任务、战略重点、主要的战略方向、力量的部署与使用等问题。

(三)战略力量

战略力量是战略的物质基础和支柱。它以国家综合国力为后盾,军事力量为核心，在发展经济和科学技术的基础上，根据战略目的和战略方针的要求，确定其建设的规模、发展方向和重点，并与国家的总体力量协调发展。

(四)战略措施

战略措施是为准备和进行战争而实行的具有全局意义的实行战略的保障，是战略决策机构根据战争的需要，在政治、军事、外交、经济、科学技术和战略领导与指挥等方面，所采取的各种全局性的切实可行的方法和步骤。

四、战略的基本特性

战略的特性主要表现在五个方面。

(一)全局性

凡属需高层次谋划和决策，要照顾各个方面和各个阶段性质的重大的、相对独立的领域，都是战略的全局。全局性表现在空间上，整个世界、一个国家、一个战区、一个独立的战略方向，都可以是战略的全局。全局性还表现在时间上，贯穿指导战争准备与实施的各个阶段和全过程。战略的领导者和指挥者要把注意力摆在关照全局上面，胸怀全局，通观全局，把握全局，处理好全局中的各种关系，抓住主要矛盾，解决关键问题；同时注意了解局部，关心局部，特别是注意解决好对全局有决定意义的局部问题。

(二)阶级性

战争是政治的继续，具有很强的政治目的。任何战略都反映一定的阶级、民族、国家或政治集团的根本利益，体现它们的路线、方针和政策，是为其政治目的服务的，具有鲜明的阶级性。

(三)对抗性

制定和实施战略都要针对一定对象。通过对其各方面的情况进行分析判断，确定适当的战略目的，有针对性地建设和使用好进行斗争的力量，掌握斗争的特点和规律，采取多种斗争形式和方法，对敌抑长击短，对己扬长避短，以取得预期的斗争效果，是战略谋划的基本内容。

(四)预见性

预见性是谋划的前提决策的基础。在广泛调查研究的基础上，全面分析、正确判断、科学预测国际国内战略环境和敌友关系以及敌对双方战争诸多因素等可能的发展变化，把握时代的特征，明确现实的和潜在的斗争对象，判明面临威胁的性质、方向和程度，科学预测未来战争可能爆发的时机、方式、方向、规模、进程和结局，揭示未来战争的特点和规律是制定、调整和实施战略的客观依据。

(五)谋略性

谋略是基于客观情况而提出的克敌制胜的斗争策略。它是在一定的客观条件下，变被动为主动，化劣势为优势，以少胜多，以弱制强，乃至不战而屈人之兵的重要方法。运用谋略，重在对战争全局性谋划。制定战略强调深谋远虑，尊重战争的特点和规律，多谋善断，料敌定谋，灵活多变，高敌一筹，以智谋取胜。

第二节　企业战略与商业模式

一、企业战略的概念

企业战略是对企业各种战略的统称，其中既包括竞争战略，也包括营销战略、发展战略、品牌战略、融资战略、技术开发战略、人才开发战略、资源开发战略等。企业战略是层出不穷的，例如，信息化就是一个全新的战略。企业战略虽然有多种，但基本属性是相同的，都是对企业的谋略，都是对企业整体性、长期性、基本性问题的计谋。例如，企业竞争战略是对企业竞争的谋略，是对企业竞争整体性、长期性、基本性问题的计谋；企业营销战略是对企业营销的谋略，是对企业营销整体性、长期性、基本性问题的计谋；企业技术开发战略是对企业技术开发的谋略，是对企业技术开发整体性、长期性、基本性问题的计谋；企业人才战略是对企业人才开发的谋略，是对企业人才开发整体性、长期性、基本性问题的计谋。以此类推，都是一样的。各种企业战略有同也有异，相同的是基本属性，不同的是谋划问题的层次与角度。总之，无论哪个方面的计谋，只要涉及的是企业整体性、长期性、基本性问题，都属于企业战略的范畴。市场营销学对企业战略的定义是企业在市场经济竞争激烈的环境中，在总结历史经验、调查现状、预测未来的基础上，为谋求生存和发展而做出的长远性、全局性的谋划或方案。

当一个公司成功地制定和执行价值创造的战略时，能够获得战略竞争力。

一个战略就是设计用来开发核心竞争力、获取竞争优势的一系列综合的、协调的约定和行动。如果选择了一种战略，公司即在不同的竞争方式中做出了选择。从这个意义上来说，战略选择表明了这家公司打算做什么，以及不做什么。

当一家公司实施的战略，竞争对手不能复制或因成本太高而无法模仿时，它就获得了竞争优势。只有当竞争对手模仿其战略的努力停止或失败后，一个组织才能确信其战略产生了一个或多个有用的竞争优势。此外，公司也必须了解，没有任何竞争优势是永恒的。竞争对手获得用于复制该公司价值创造战略的技能的速度，决定了该公司竞争优势能够持续多久。

二、企业战略的类型

企业的战略类型包括发展型战略、稳定型战略、收缩型战略、成本领先战略、差异化战略和集中化战略等。

1.发展型战略包括一体化战略、多元化战略、密集型成长战略。

一体化战略包括纵向一体化战略和横向一体化战略。获得对经销商或者零售商的所有权或对其加强控制，称为前向一体化。获得对供应商的所有权或对其加强控制，称为后向一体化。获得与自身生产同类产品的企业的所有权或加强对他们的控制，称为横向一体化。横向一体化可以通过以下途径实现：购买、合并、联合。

多元化战略的类型包括同心多元化和离心多元化。同心多元化也称为相关多元化，是以现有业务为基础进入相关产业的战略。当企业在产业内具有较强的竞争优势，而该产业的成长性或者吸引力逐渐下降时，比较适宜采取同心多元化战略。离心多元化，也称为不相关多元化。采用离心多元化的目标是从财务上考虑平衡现金流或者获取新的利润增长点。

密集型成长战略，也称为加强型成长战略，是指企业以快于过去的增长速度来增加某个组织现有产品或业务的销售额、利润额及市场占有率。包括三种类型：市场渗透战略（企业采取种种更积极地措施在现有市场上扩大现有产品的销售，教顾客使用产品是目前认为最好的市场渗透战略）、市场开发战略和产品开发战略。

2.稳定型战略，也称为防御型战略、维持型战略，包括四种类型：暂停战略、无变化战略、维持利润战略、谨慎前进战略。

3.收缩型战略，也称为撤退型战略，包括三种类型：转变战略、放弃战略、清算战略。

4.成本领先战略的优势包括：可以抵御竞争对手的进攻；具有较强的对供应商的议价能力；形成了进入壁垒。

成本领先战略的适用条件：市场需求具有较大的价格弹性；所处行业的企业大多生产标准化产品，价格因素决定了企业的市场地位；实现产品差异化的途径很少；多数客户以相同的方式使用产品；用户购买从一个销售商改变为另外一个销售商时，转换成本很小，因而倾向于购买价格最优惠的产品。

5.采取差异化战略的风险包括：竞争者可能模仿，使差异消失；保持产品的差异化往往以高成本为代价；产品和服务差异对消费者来说失去了意义；与竞争对手的成本差距过大；企业要想取得产品差异，有时要放弃获得较高市场占有率的目标。

6.集中化战略可以分为：集中成本领先战略和集中差异化战略。集中化战略的条件包括：企业资源和能力有限，难以在整个产业实现成本领先或者差异化，只能选定个别细分市场；目标市场具有较大的需求空间或增长潜力；目标市场的竞争对手尚未采用统一战略。实施集中化战略的风险包括：竞争者可能模仿；目标市场由于技术创新、替代品出现等原因而需求下降；由于目标细分市场与其他细分市场的差异过小，大量竞争者涌入细分市场；新进入者重新细分市场。

三、企业战略流程

(一)战略分析

战略分析在于总结影响企业发展的关键因素，并确定在战略选择步骤中的具体影响因素，它包括以下三个主要方面。

1.确定企业的使命和目标。把企业的使命和目标作为制定和评估企业战略的依据。

2.对外部环境进行分析。外部环境包括宏观环境和微观环境。

3.对内部条件进行分析。战略分析要了解企业自身所处的相对地位，具有哪些资源以及战略能力；了解企业有关的利益相关者的利益期望，在战略制定、评价和实施过程中，这些利益相关者会有哪些反应。

(二)战略选择

战略选择阶段所要解决的问题是“企业向何处发展”。其步骤分为三步。

1.制定战略选择方案

根据不同层次管理人员介入战略分析和战略选择工作的程度，将战略形成的方法分为三种形式。

(1)自上而下。先由企业最高管理层制定企业的总体战略，然后由下属各部门根据自身的实际情况将企业的总体战略具体化，形成系统的战略方案。

(2)自下而上。企业最高管理层对下属部门不做具体规定，但要求各部门积极提交战略方案。

(3)上下结合。企业最高管理层和下属各部门的管理人员共同参与，通过上下级管理人员的沟通和磋商，制定出适宜的战略。

三种形式的主要区别在战略制定中对集权与分权程度的把握上。

2. 评估战略备选方案

评估战略备选方案通常使用两个标准：一是考虑选择的战略是否发挥了企业的优势，克服了劣势，是否利用了机会，将威胁削弱到最低程度；二是考虑选择的战略能否被企业利益相关者所接受。

3. 选择战略

选择战略指最终的战略决策，即确定准备实施的战略。如果用多个指标对多个战略方案的评价产生不一致时，确定最终的战略可以考虑以下四种方法。

(1)把企业目标作为选择战略的依据。

(2)提交上级管理层审批。

(3)聘请外部机构。

(4)战略政策和计划。

(三)战略实施和控制

战略实施和控制就是将战略转化为行动。主要涉及以下四点问题。

1. 在企业内部各部门和各层次如何分配使用现有的资源。

2. 为了实现企业目标，还需要获得哪些外部资源以及如何使用。

3. 为了实现既定的战略目标，有必要对组织结构做哪些调整。

4. 如何处理出现的利益再分配与企业文化的适应问题，如何通过对企业文化的管理来保证企业战略的成功实施。

四、企业战略管理模式

(一)能力战略

基于能力的观点认为组织是一个知识系统，在组织中通过学习创造新的知识并把创造的新知识传递到组织层面使其制度化，能够更好地提升企业动态能力。公司能力是公司所积累的存在于公司成员或职能机构中完成某项工作的可能性，是一种主观的行为能力。公司之间的竞争本质在于公司能力的竞争，因而考察公司的竞争战略与竞争优势不能仅从公司外部的产业环境入手，而应该关注公司的内部，公司竞争优势来源于公司的能力(特别是公司的核心能力)。

国际市场中资源与能力的协调运用：从战略角度来看，跨国公司进入国际市场是建立在对资源的有效利用与核心能力的构建的基础上的。由于跨国经营存在着诸多的不确定性，因而跨国公司需要发展公司的管理结构以降低资源控制的成本。跨国公司可以通过外国直接投资来降低不确定性，但公司在未来战略的实施方面增加了资产成本与机会成本并降低了灵活性。因此，跨国公司在国际市场中的资源与能力很大程度上依赖于之前战略所带来的影响。也就是说，一个成功的跨国公司往往先以在该国市场上的成功为基础。但是，不同市场的特质与环境是不同的，这也是中国很多企业至今未真正走向世界的主要原因之一。并不是所有资源与能力都适合跨国公司，尤其是在新环境中，有些资源与能力根本就不适用。[①]

(二)资源战略

基于资源的观点认为，公司内部环境同外部环境相比，具有更重要的意义，对企业创造市场优势具有决定性的作用。核心能力的形成需要企业不断地积累战略制定所需的各种资源，需要企业不断学习、超越和创新。企业内部所拥有的资源是决定一个企业能否取得竞争优势的关键，决定了一个企业在市场中的竞争地位。企业可以通过资源关联性增长，实现企业市场的扩展，最优的企业成长战略就是实现开发已有资源潜力与发展新资源间的平衡。

五、企业战略的三种状态

战略形态是指企业采取的战略方式及战略对策，按表现形式，可以分为：拓展型、稳健型、收缩型三种形态。

(一)拓展型战略

拓展型战略是指采用积极进攻态度的战略形态，主要适合行业龙头企业、有发展后劲的企业及新兴行业中的企业选择。具体的战略形式包括：市场渗透战略、多元化经营战略、联合经营战略。

1. 市场渗透战略

市场渗透战略是指实现市场逐步扩张的拓展战略，该战略可以通过扩大生产规模、提高生产能力、增加产品功能、改进产品用途、拓宽销售渠道、开发新市场、降低产品成本、集中资源优势等单一策略或组合策略来开展，其战略核心体现在两个方面：利用现有产品开拓新市场实现渗透、向现有市场提供新产品实现渗透。

市场渗透战略是比较典型的竞争战略，主要包括：成本领先战略、差异化战略、集中化战略三种最有竞争力的战略形式。成本领先战略是通过加强成本控制，使企业

---

① 王诗才. 高级财务管理理论与案例[M]. 武汉：华中科技大学出版社，2022.

总体经营成本处于行业最低水平的战略；差异化战略是企业采取的有别于竞争对手经营特色（从产品、品牌、服务方式、发展策略等方面）的战略；集中化战略是企业通过集中资源形成专业化优势（服务专业市场或立足某一区域市场等）的战略。在教科书上，成本领先战略、差异化战略、集中化战略被称为“经营战略”“业务战略”“直接竞争战略”。

2. 多元化经营战略

多元化经营战略是指一个企业同时经营两个或两个以上行业的拓展战略，又可称“多行业经营”，主要包括三种形式：同心多元化、水平多元化、综合多元化。同心多元化是利用原有技术及优势资源，面对新市场、新顾客增加新业务实现的多元化经营；水平多元化是针对现有市场和顾客，采用新技术增加新业务实现的多元化经营；综合多元化是直接利用新技术进入新市场实现的多元化经营。多元化经营战略适合大中型企业选择，该战略能充分利用企业的经营资源，提高闲置资产的利用率，通过扩大经营范围，缓解竞争压力，降低经营成本，分散经营风险，增强综合竞争优势，加快集团化进程。但实施多元化战略应考虑选择行业的关联性、企业控制力及跨行业投资风险。

3. 联合经营战略

联合经营战略是指两个或两个以上独立的经营实体横向联合成立一个经营实体或企业集团的拓展战略，是社会经济发展到一定阶段的必然形式。实施该战略有利于实现企业资源的有效组合与合理调配，增加经营资本规模，实现优势互补，增强集合竞争力，加快拓展速度，促进规模化经济的发展。在工业发达的西方国家，联合经营主要是采取控股的形式组建成立企业集团，各集团的共同特点是：由控股公司（母公司）以资本为纽带建立对子公司的控制关系，集团成员之间采用环形持股（相互持股）和单向持股两种持股方式，且分为以大银行为核心对集团进行互控和以大生产企业为核心对子公司进行垂直控制两种控制方式。在中国，联合经营主要是采用兼并、合并、控股、参股等形式，通过横向联合组建成立企业联盟体，其联合经营战略主要可以分为一体化战略、企业集团战略、企业合并战略、企业兼并战略四种类型。

企业合并战略是指参与企业通过所有权与经营权同时有偿转移，实现资产、公共关系、经营活动的统一，共同建立一个新法人资格的联合形式。采取合并战略，能优化资源结构，实现优势互补，扩大经营规模，但同时也容易吸纳不良资产，增加合并风险。

企业兼并战略是企业通过现金购买或股票调换等方式获得另一个企业全部资产或控制权的联合形式。其特点是:被兼并企业放弃法人资格并转让产权,但保留原企业名称成为存续企业。兼并企业获得产权,并承担被兼并企业债权、债务的责任和义务。通过兼并可以整合社会资源,扩大生产规模,快速提高企业产量,但也容易分散企业资源,导致管理失控。

(二)稳健型战略

稳健型战略是采取稳定发展态度的战略形态,主要适合中等及以下规模的企业或经营不景气的大型企业,可分为无增长战略(维持产量、品牌、形象、地位等水平不变)、微增长战略(竞争水平在原基础上略有增长)两种战略形式。该战略强调保存实力,能有效控制经营风险,但发展速度缓慢,竞争力量弱小。

(三)收缩型战略

收缩型战略是采取保守经营态度的战略形态,主要适合处于市场疲软、通货膨胀、产品进入衰退期、管理失控、经营亏损、资金不足、资源匮乏、发展方向模糊的危机企业选择。可分为:转移战略、撤退战略、清算战略三种战略形式。转移战略是通过改变经营计划、调整经营部署,转移市场区域(主要是从大市场转移到小市场)或行业领域(从高技术含量向低技术含量的领域转移)的战略;撤退战略是通过削减支出、降低产量,退出或放弃部分地域或市场渠道的战略;清算战略是通过出售或转让企业部分或全部资产以偿还债务或停止经营活动的战略。收缩型战略的优点是通过整合有效资源,优化产业结构,保存有生力量,能减少企业亏损,延续企业生命,并能通过集中资源优势,加强内部改制,以图新的发展。其缺点是容易荒废企业部分有效资源,影响企业声誉,导致士气低落,造成人才流失,威胁企业生存。调整经营思路、推行系统管理、精简组织机构、优化产业结构、盘活积压资金、压缩不必要的开支是该战略需要把握的重点。

第三节　战略的制定与实施

一、战略制定

战略制定是指确定企业任务,认定企业的外部机会与威胁,认定企业内部优势与弱点，建立长期目标，制定供选择战略，以及选择特定的实施战略，是战略计划的形成过程。战略制定是企业基础管理的一个组成部分，是科学化加艺术化的产物，需要不断完善。在战略制定过程中必须考虑技术因素所带来的机会与威胁。技术的进步可以极大地影响到企业的产品、服务、市场、供应商、竞争者和竞争地位。

(一)包含内容

战略制定的体系可以包含四个层面：基础分析、企业战略、业务战略以及职能战略，这四个层面并未脱离经典的战略制定框架。基础分析指的是内外部环境分析，企业战略指的是企业层面的整体战略，业务战略指的是业务层面的总体战略和进一步细分层面的战略，职能战略指的是职能管理层面的战略。这四个层面相互关联、自成逻辑体系。战略制定包含若干子项：愿景、目标、路线、项目选择、业务策略等。战略的制定不是一劳永逸，到一个阶段要随需而调。组织架构要跟多元化的愿景目标相匹配，联想在资源配置上考虑得不够透彻，行业把控也还不够老练。

(二)制定过程

在战略制定过程中必须考虑技术因素所带来的机会与威胁。技术的进步可以极大地影响到企业的产品、服务、市场、供应商、竞争者和竞争地位。

1. 在技术开发活动中

专利信息分析能帮助企业充分了解相关技术领域中专利技术的现状、重点技术、技术生命周期，监测本领域的技术发展趋势、核心专利分布等。

2. 在技术跟踪方面

企业在完成研发之后进行专利信息分析，可跟踪相关技术发展动态，进行技术预测，并尽早了解其专利技术是否被侵权、侵权程度及侵权对象，及早做好应对策略。同时，通过跟踪相关技术领域的主要竞争对手和潜在对手，可以规划公司的整体专利布局，提升市场竞争力，或为侵权诉讼累积谈判筹码。

此外，及时了解本领域最新技术发展趋势，可以激发企业员工的创新意识。

(三)制定关键

1. 体系为王

对于战略制定而言，体系为王，或者是“体系统领战略制定的全局”。当然，对于不同客户而言，定制化需求各异，在进行战略制定之前需要“弄透”客户的真正问题所在、真正想要的东西是什么，在此基础上确定战略制定体系的具体内容。

基础分析的内容是战略制定的基石。在基础分析中，需要对企业的内外部环境进行必要的、详略得当的研究和阐述。对于基础分析中的内部分析、外部分析两部分而言，同样也有研究层面的划分，以及内在逻辑体系的考虑。这里尤其需要消除一种误解，即认为基础分析只是“分析员层次的工作”。基础分析的所有内容还需要考虑与整个战略制定体系后三个层面的逻辑联系，这其实是一个相当高的要求。内外部环境分析的框架和方法也是相当定制化的，虽然有共通之处，但是务必要根据客户的特定需求来设定，从来没有一成不变的分析思路和模式。需要强调，切勿将一堆资料和数据进行堆砌，这样导致的结果是基础分析没有逻辑或逻辑混乱，并且与后面的其他内容形成“两张皮”，互不关联。

完成基础分析之后，接着进行企业战略的制定，这里指“企业层面”的战略。它包括了传统的战略框架中的愿景、使命、目标、在行业中的地位等因素，同时也可以考虑企业自身的运营模式、经营领域的选择等。这些都是对整个企业的通盘考虑，是真正属于企业的董事长或总经理层面需要考虑的问题，当然这些内容之间也需要极强的逻辑性，并且要以基础分析为依托。在具体的内容安排上，结合客户实际需要可简可繁、可多可少。另外，要慎重对待国内外各咨询公司的战略培训教材、战略咨询报告，更要慎重对待战略相关的各指标和概念的范围以及界定。既不要望文生义地理解，更不要僵化地去记忆和搬用。事实上，战略管理的理论以及实践经验本来就在不断推进和变革，千万不要做“枷锁”的奴役者。

随后进行业务战略的制定，它涵盖了企业选定业务领域的战略考虑。毋庸置疑，业务战略既要依托于基础分析，又要基于企业层面的战略来进行制定。它需要进一步切实明晰企业战略所确立的竞争优势是什么，这是企业战略和业务战略之间的一座桥梁。以实现这些竞争优势为目的，接着引出业务的总体战略和各业务的具体战略（注意，除非是业务单一的情况，业务战略也有总体战略和各业务具体战略两部分的内容）。业务的总体战略绝不是业务选择和组合的代名词，它包含了更多的内容，例如，业务协同的分析。另外，业务的总体战略和各业务的具体战略之间存在紧密的逻辑联系，它们也同样构成一个系统的体系，并且内部还分别自成体系。这里并非刻意追求“体系”，而是因为业务战略的体系化不仅能够确保整个战略制定的逻辑严谨，而且对于挑剔求细的客户而言也具有说服力。很多时候，对于在某些行业沉浸几十年的客户而言，可以容忍咨询师在对客户的业务或行业知识上存在一定的偏差甚至是误解，但是客户对于业务战略分析框架的不完备会非常愤怒。

最后是职能战略的制定。这里仍需强调是从“战略”来围绕职能层面分析需要做什么，不能和所谓的“管理提升”或“组织架构调整”等混同在一起。在企业层面、业务层面的战略确定之后，职能层面要相应进行重新设计和调整。这里同样也自成一个内在的分析体系，同时职能战略所涉及的范围、重点以及内容深度都需要结合前面企业层面、业务层面的战略内容，以及客户的需要加以细细考量。[①]

2. 创新为魂

对于战略制定而言，创新为魂，或者是“创新决定战略制定的内涵与分量”。创新并非战略制定的独有要求，整个中国的各个领域都在强调创新。具体到战略制定，创新可以分为理念创新、工具创新、方法创新等。理念创新指的是在战略制定中提出客户所不曾意识到或接触过的理念；工具创新指的是在战略制定中创造性地运用原有的分析工具或模型，或者创造新的分析工具或模型；方法创新指的是当传统的工作方法无助于战略制定时，寻求新的方法来为客户谋求战略。对于战略制定而言，创新并不止这些，同时每一次的战略制定也无须苛求在这些方面都要有创新。

仍旧以上面列举的三种创新继续讨论。从难度上而言，理念创新实际上是最难的，虽然看起来理念创新似乎比较简单、容易。理念创新的实质是对客户做人做事原则的一种升华或颠覆，因此难度极大。就以刚结束的一个战略项目为例，战略制定要使客户理解并考虑接受生存方式或运营模式的变革，客户即使接受了项目组的建议，也会面临痛苦的自我批判与革新。理念创新绝不是国内小品中的流行词“忽悠”。如果咨询项目组中没有人对人生、对组织、对世界有比较透彻的领悟，那么理念创新的可能性极小。

工具创新看起来复杂，但是它所针对的问题是明确的，最终要达到的目的也是确定的，因此重要的在于如何去“操作”，把工具做出来。战略制定的每一种工具或模型，都有着自身的前提和假设，并且都是一定商业时代与历史的产物，照搬照用这些工具会与实际脱离，更重要的是，客户面临的各种具体问题多种多样，需要具体问题具体分析。而咨询顾问所提出的结论、所针对的客户问题这二者之间需要工具和模型的衔接。这既体现了专业性，又能授人以渔。

方法创新可以提示顾问不要拘于成法。

(四)战略实施

企业战略制定与战略实施是企业战略管理中的核心。战略制定是实施战略管理的基础，而战略实施则是战略执行的手段。企业战略制定的正确与否及战略实施效果的好坏，都直接关系到企业战略管理的成败。

---

① 蒋君仙，黄春. 国际采购与供应环境[M]. 上海：复旦大学出版社，2022.

在战略管理中,战略实施是战略制定的继续,即企业制定出目标和战略以后,必须将战略的构想转化成战略的行动。在这个转化过程中,企业首先要考虑战略制定与战略实施的关系,二者配合得越好,战略管理越容易获得成功。企业为了实现自己的目标,不仅要有效地制定战略,而且也要有效地实施战略。如果哪一方面出现了问题,都会影响到整个战略的成败。例如,企业已制定出良好的战略,而且能够有效地实施这一战略。在这种情况下,尽管企业仍旧不能控制企业外部的环境因素,但由于企业能够成功地制定与实施战略,企业的目标便能够顺利地实现。相反如果企业没能完善地制定出自己的战略,但执行这种战略时却一丝不苟。在这种情况下,企业会产生两种不同的结果:一种结果,由于企业能够很好地执行战略而克服了原有战略的不足之处,或者至少为管理人员提出了可能失败的警告。例如,企业的销售人员发现企业战略中在市场营销方面存在问题,便将战略的重点放在促进企业成功的销售方面。而另一种结果是,企业认真地执行了这个不完善的战略,结果加速了企业的失败。如企业对一个尚有许多问题的新产品所制定的战略是迅速扩大生产和加强市场营销,如果在执行过程中企业不加任何变动而认真执行的话,则只会加速企业的失败。面对这两种情况,企业要及时准确地判断出在这种情况下,战略会造成什么结局,采取主动措施加以改进。再如,企业已制定有很好的战略但贯彻实施得很差。这种情况往往是由于企业管理人员过分注重战略的制定,忽视战略的实施的缘故。一旦问题发生,管理人员的反应常常是重新制定战略,而不是去检查实施过程是否出了问题。结果,重新制定出来的战略仍按照老办法去实行,其结果只能失败。还有企业制定的战略本身不完善又没有很好地执行。在这种情况下,企业的管理人员很难把战略扭转到正确的轨道上来。因为,企业如果保留原来的战略而改变实施的方式,或者改变战略而保留原有的实施方式,都不会产生好的结果,仍旧要失败。

通过分析,可以清楚地看出:第一,战略实施与战略制定同样重要。在实践中企业管理人员在制定战略时,往往简单地假定企业能够有效地实施这一战略,这是不对的。第二,如果战略实施无效,也很难判断企业所制定战略的质量。因此,企业需要针对存在的问题诊断出战略失败的原因,以便找到一种补救的办法。

(五)审查内容

审查企业战略制定的主要内容是战略制定。

1. 审查企业是否对组织所处的环境进行分析,是否对外部环境、内部环境进行分析,是否运用科学分析方法,是否收集足够的资料,对相关信息是否进行综合、概括、系统化。

2. 审查企业是否分析所拥有的资源。资源的收集是否完整，各部分数据是否形成一个有机的整体，数据来源是否真实可靠等。

3. 审查是否分析了组织文化。对组织文化是否进行了科学地概括，组织文化与战略之间是否建立了联系。

（六）专利分析

战略制定是战略管理的主要内容，包括：认定企业的外部机会与威胁、认定企业的内部优势与弱点、确定企业战略制定任务、建立长期目标、制定可供选择的战略以及选择特定的实施战略等。当前经济的发展越来越倚重科技水平的提升，能够较全面完整地反映科技发展特别是技术发展态势的专利信息就日渐成为重要的情报来源，专利信息分析也因而在战略制定中发挥着日益重要的作用，它有助于掌握技术分布态势、技术研发脉络、当前热点和未来趋势，从而为技术创新活动进行科学合理的定位。因此，专利信息分析是辅助科研机构、高新企业、政府部门进行科技研发与布局的有效分析手段之一，有助于为不同层面的科技经济发展战略的制定与部署提供依据，为提升自主创新能力、优化实施效果、增强竞争优势提供重要的方向引导与决策辅助。

（七）操作实务

在战略方向没有确定之前，任何战术都无所谓好坏。正如一句英国谚语：对一艘盲目航行的船来说，任何方向的风都是逆风。

可见正确的战略对企业发展是何等重要。那么，企业要建立科学的发展战略得修炼什么呢？一是会领先半步，练就一双火眼金睛，灵光闪现就有战略眼光；二是找准自己的战略高地（位置）；三是要善于把握自己相对优于对手的核心能力；四是通过“有所为有所不为”建立核心竞争优势；五是制定战略时要有危机意识、风险意识，可以借用“外脑”避免决策失误。

1. 与时俱进：练就战略眼光

纵观全球的商业巨子们，他们的成功皆得益于其高瞻远瞩的战略眼光。这种战略眼光除了智慧灵光般地闪现，还展现出这些领导人坚定的决心和企业上下因此而形成的强大凝聚力。企管专家谭小芳表示，从他们身上不难看出，任何一个成功的企业要么有最出色的产品，要么采用了最恰当的生产、销售方式。随后，为抢占市场而采取攻击性营销策略；为保住市场而对顾客“甜言蜜语”；为了保持活力而不间断地对内部整顿；为取得社会认可而对外展现自身的文化和价值观。而中国的企业家不缺少智慧和足够的战略头脑，但要想摆脱企业因人而盛，因人而衰的怪圈：首先要做的是让企业也具备智慧的头脑，其次是让企业的头脑学会不断学习和更新。

2.深谋远虑：寻找战略高地

一家企业就像一个人在整个社会环境中寻找自己的位置一样：其一，战略制定，要看清楚自己所处的市场环境；其二，要弄明白眼下消费潮流的走向，其中还包括某些产品的特殊的市场规律。例如，饮料等一次性消耗品的市场优势在于人们前一次的消费几乎不影响后来的消费，市场时时存在，并随着收入水平的增长而逐步扩大，该行业的企业不愁没饭吃，只不过受制于“恩格尔定律”，即“食物支出在总支出中的比重呈下降趋势，市场的发展不如总体市场容量的发展快”而已。而像家电类等耐用品与前者相比就呈市场劣势，在激烈的市场竞争中，耐用品的耐用性成为必然的要求，而一旦产品耐用，在人口没有重大增长的相对静态的条件下，在产品日益占据市场的同时，其市场容量就会日益变小。不过它属于需求价格弹性小和需求收入弹性大的商品，能够从价格上涨和收入增长中获得更大的利润，利润率较高，一定程度上弥补了市场容量上的不足。企管专家贾长松表示，耐用品市场容量日益饱和，市场开拓日益艰难的压力却是客观存在的。其三，要预测出未来5年自己行业的发展趋势。也就是说在分析了以上三者后，找到自己的企业什么事能做，什么事不能做；什么事擅长，什么事不擅长；什么事有利，什么事不利。这些带有方向性，能改变决策和未来发展的走势，并以此来充实、规范自己，才能使自己的企业朝着可持续、稳健性的良性循环的方向发展。而只有制定出这种具有超前、长期、创新的发展战略，企业才不会因“逞一时之能而盲目扩张；遇少许风险会迷失方向，贪眼前暴利就偏离主业”。

同时，企业的战略决策也应当是针对目标的。如果目标定错了，经营战略决策也不会正确。我们许多国有企业曾经把产量作为第一目标，结果造成库存积压，卖不出去；后来一些企业又把销量作为第一指标，结果产品是卖出去了，但钱却收不回来，导致巨额应收账款被拖欠的“负增长”。当投资资本回报高于资本成本时，企业才是真正意义上的“赚钱”。

3.核心能力：抢占战略制高点

企业还有一个通病：核心能力缺乏症。一些大公司资金雄厚，却往往同时向十几个领域发展，都铺开但都不深入。市场一旦发生变化，最先倒闭的正是那些四处撒网的公司，这是因缺乏核心能力所致。核心能力正是要强化自己的绝对优势，达到竞争中抢占战略制高点的目的。

一个企业要善于把握自己相对优于对手的核心能力。也就是说，要建立人无我有的核心竞争力。因为在无界限的经济竞争下，市场越大越需要特定的顾客，即要

“专”,否则你永远无法满足顾客真正的需求,也就无法实现可持续的经营发展。而且,这个“专”还要与众不同,核心竞争力的“核心”是必须专注于你能够使顾客满意的领域。因为没有人能满足所有人在所有领域的需求,核心竞争力就是提供给顾客他人无法提供的特殊价值的能力。但核心竞争力的价值是会随时间而消失的,尤其是当别人也拥有它时。

而要营造核心竞争力,就要在这几方面强化:首先,在于组织中的人,而不在技术或产品;其次,最赚钱的是人的想象力,获得它取决于员工快速学习的能力;再次,提供他人无法模仿的独占性产品或服务,是今后竞争的最有效武器;最后,切记要从过去的“因为我看见,所以我相信”的思维转为“相信它,就看得见它”,重设新的游戏规则,使自己成为一个“新思维模式的拓荒者”。企管专家谭小芳表示,致力于专业化经营,强化企业核心竞争能力在市场不景气时正是规避风险的一种有效的方法。从顾客角度看,他们认为企业应专一于窄小的领域,尤其当你从中取得一定知名度时,更应如此,一旦你拓宽领域顾客即会产生疑虑。

4. 扬长避短:建立竞争优势

如今的供求关系变了,这是一个以买方市场为标志的过剩时代。你必须创造能比别人提供更多价值的东西,才能生存。这就要求你必须比别人强。要实现这一点,你就必须很专业。而企业只有专注于从内部发展自身的核心能力,方能扬长避短,在市场上为顾客创造价值。同时,一个企业独特的核心能力往往是竞争者难于模仿的,也叫作“核心竞争力”。这有利于企业在激烈的市场竞争中建立持久的竞争优势,保证企业的可持续发展。即“有所不为方可有所为”。“有所不为”是为了保证企业各项业务间的关联和资源共享,应放弃进入与公司核心能力相背离的业务领域;而“有所为”即集中公司的各项资源,建立企业的核心竞争能力。如果置核心能力于不顾,盲目地进行多元化经营,必然会分散企业资源,失去发展重点,耗散竞争优势。

5. 投石问路:避免决策失误

有关调查表明,中国诸多行业都呈现出“三三制”特征,即 1/3 盈利,1/3 持平,1/3 亏损。而在一些过度竞争的行业里,企业亏损面还远远超出“三三制”的比例。企管专家谭小芳表示,决策失误的问题企业却“错在其中”不知错,与问题企业恰恰相反的是,优秀企业反而拥有更多危机意识。

值得欣慰的是,目前我们的企业已逐步对经营战略开始重视起来。据国家经贸委企业研究中心的一项课题研究表明:中国绝大多数优势企业已从过去那种无意识的经营管理逐步转变以现代经营战略为导向的有意识行为。并初具以下的一些特征：一是在战略制定中开始注意对市场的调研和对企业内外环境的分析；二是一些公司的领导层已开始重视经营战略的实施；三是注意了在战略实施中不断进行修改和完善。

最后如果要用八个字来概括战略要点，那就是“少就是多”“小就是大”。前一句指一种简洁高雅的建筑风格，也点出了企业内部发展的优势所在。即如果用较少的20%的资源去做更多的事，你实际会得到那更多的80%。后一句则点出了企业外部扩张的新诀窍，指在大企业中培养小企业的企业精神，使每个员工成为企业家。我们知道，大企业在大发展中，也出现了一些致命的弱点：一是必然需要秩序井然的等级架构和系统完整的规范原则，它们却能扼杀企业的创造力；二是大企业由于有长年的成功作后盾，非常容易形成一种“天下唯我独尊”的自大心理；三是大企业的规模庞大，如果遇上困难和危机，则易运转失灵。要摧毁它的最好方法是把大企业分散成一个个脱体的小企业，进行“扁平化”管理，使之能专注于自己的核心能力。

二、战略管理实施三大要点

（一）重视对经营环境的研究

由于战略管理将企业的成长和发展纳入了变化的环境，管理工作要以未来的环境变化趋势作为决策的基础，这就使企业管理者们重视对经营环境的研究，正确地确定公司的发展方向，选择公司合适的经营领域或产品——市场领域，从而能更好地把握外部环境所提供的机会，增强企业经营活动对外部环境的适应性，从而使二者达成最佳的结合。

（二）重视战略的实施

由于战略管理不只是停留在战略分析及战略制定上，而且是将战略的实施作为其管理的一部分，这就使企业的战略在日常生产经营活动中，根据环境的变化对战略不断地评价和修改，使企业战略得到不断完善，也使战略管理本身得到不断的完善。这种循环往复的过程，更加突出了战略在管理实践中的指导作用。

（三）日常的经营与计划控制，近期目标与长远目标结合在一起

由于战略管理把规划出的战略付诸实施，而战略的实施又同日常的经营计划控制结合在一起，这就把近期目标（或作业性目标）与长远目标（战略性目标）结合起来，把总体战略目标同局部的战术目标统一起来，从而可以调动各级管理人员参与战略管理的积极性，有利于充分利用企业的各种资源并提高协同效果。

第四节　常用的竞争战略

一、差异化战略

差异化战略，也称别具一格战略、差别化战略。

(一)差异化战略概述

差异化战略，也被称为独具特色战略，是一种为了让企业的产品和服务在企业形象上与竞争对手产生显著差异，从而获得竞争上的优势而制定的策略。差异化战略在西方发达国家已成为许多企业发展过程中的重要策略之一，它对企业的生存、成长起到了积极作用。这一战略的核心目标是创造那些在整个行业和消费者眼中都是独一无二的产品与服务。在激烈的市场竞争中，实施差异化战略能够有效地增强企业的市场竞争力。差异化战略有多种不同的实施方式，包括但不限于产品、服务以及品牌形象的差异化。差异化战略能给企业带来显著的经济效益，同时也会产生一定的负面效果。采纳差异化的策略有助于增强用户对品牌的忠诚度。差异化战略还有助于企业提高其市场占有率并增加企业盈利能力。因此，采用差异化策略是一种能让企业实现高于行业平均水平的盈利的有效竞争手段。差异化战略也可理解为“与众不同”的战略，即通过不同程度地提供独特而新颖的产品来满足顾客需求。为了实施差异化的策略，我们可以考虑多种方法，包括设计或品牌的形象、技术的独特性、外观的独特性、客户的服务体验、销售网络以及其他各种独特的方面。实施差异化战略要考虑到产品生命周期不同阶段的需求和市场环境变化以及竞争对手等因素。在多个领域里，公司达到差异化是最理想的状况。

一旦差异化战略得以成功执行，它便转变为一种在特定产业中追求高收益的主动策略，这是因为它构建了一个防御体系来对抗五大竞争对手，尽管其防御方式和成本优势各不相同。差异化战略的核心是提供独特的产品和服务。波特持有观点，实施差异化策略在某些情况下可能与追求更大市场份额的行动产生冲突。

实施差异化战略通常需要公司对该战略的排他性进行充分的思想准备。在竞争日益激烈和消费者对产品需求越来越多样化的情况下，公司需要保持一定的市场份额以获得持续发展，而市场上竞争者的数量不断增多则会导致企业之间的价格竞争更加激烈。这种策略和提升市场份额是两个难以同时实现的目标。在市场上竞争的结果是导致产品和服务之间存在很大差别，而这些差异又会对顾客造成影响，从而损害公司利益。在制定公司差异化策略的过程中，总伴随着高昂的成本。有时，尽管整个行业的客户都认识到公司的独到之处，但并不是所有的客户都愿意或具备支付公司高额价格的能力。

产品的差异化为我们带来了显著的经济收益，这不仅有助于应对供应方的压力，还能减轻购买方的负担，因此当客户没有更多的选择空间时，他们对价格的敏感度也相对较低。企业可采用“成本领先”和“差别化竞争”两种策略来保持自己的市场竞争力。那些最终选择差异化策略以赢得客户信赖的企业，在面临替代产品的威胁时，其地位往往比其他的竞争者更为有利。因此，企业必须制定并实施产品差异化战略才能使自己立于不败之地。有时，追求产品的差异化可能与努力获得更大的市场份额存在冲突。在竞争日益激烈的今天，企业要想保持并不断地扩大市场占有率，就必须实施一种能够使自己处于领先地位的战略——差异化。通常，公司需要对这一战略的排他性做好心理准备，因为这一战略与提升市场份额是不能同时考虑的。一个普遍存在的现象是，当涉及大规模的研究、产品设计、高品质的原材料或周到的客户服务等差异化活动时，实现产品的差异化往往意味着需要付出高昂的成本。

（二）差异化战略的类型

1. 产品差异化战略。产品差异化的主要因素有特征、工作性能、一致性、耐用性、可靠性、易修理性、式样和设计。

2. 服务差异化战略。服务的差异化主要包括送货、安装、顾客咨询培训、服务等因素。

3. 人事差异化战略。训练有素的员工应能体现出六个特征：胜任、礼貌、可信、可靠、反应敏捷、善于交流。

4. 形象差异化战略。

（三）差异化战略的特征

1. 基础研究能力强（产品创新）。

2. 有机式的组织结构，各部门之间协调性强。

3. 超越思维定式的创造性思维能力和洞察力。

4. 市场运作能力强（市场研究能力，促销能力使市场认可产品是有差异的）。

5. 基于创新的奖酬制度。

6. 公司在产品质量和技术领先方面的声望。

（四）差异化战略的适用条件与组织要求

1. 可以有很多途径创造企业与竞争对手产品之间的差异，并且这种差异被顾客认为是有价值的。

2.顾客对产品的需求和使用要求是多种多样的,即顾客需求是有差异的。

3.采用类似差异化途径的竞争对手很少,即真正能够保证企业是“差异化”的。

4.技术变革很快,市场上的竞争主要集中在不断地推出新的产品特色。

除上述外部条件之外,企业实施差异化战略还必须具备以下内部条件。

1.具有很强的研究开发能力,研究人员要有创造性的眼光。

2.企业具有以其产品质量或技术领先的声望。

3.企业在这一行业有悠久的历史或吸取其他企业的技能并自成一体。

4.很强的市场营销能力。

5.研究与开发、产品开发以及市场营销等职能部门之间要具有很强的协调性。

6.企业要具备能吸引高级研究人员、创造性人才和高技能职员的物质设施。

7.各种销售渠道强有力的合作。

(五)差异化战略的收益与风险

实施差异化战略的意义在于以下几方面。

1.建立起顾客对企业的忠诚。

2.形成强有力的产业进入障碍。

3.增强了企业对供应商讨价还价的能力,这主要是由于差异化战略提高了企业的边际收益。

4.削弱购买商讨价还价的能力。企业通过差异化战略,一方面,使得购买商缺乏与之可比较的产品选择,降低了购买商对价格的敏感度;另一方面,通过产品差异化使购买商具有较高的转换成本,使其依赖于企业。

5.由于差异化战略使企业建立起顾客的忠诚,所以这使替代品无法在性能上与之竞争。

差异化战略也包含一系列风险。

1.可能丧失部分客户。如果采用成本领先战略的竞争对手压低产品价格,使其与实行差异化战略的厂家的产品价格差距拉得很大,在这种情况下,用户为了大量节省费用,放弃取得差异的厂家所拥有的产品特征、服务或形象,转而选择物美价廉的产品。

2.用户所需的产品差异的因素下降。当用户变得越来越老练时,对产品的特征和差别体会不明显时,就可能发生忽略差异的情况。

3.大量的模仿缩小了感觉得到的差异。特别是,当产品发展到成熟期时,拥有技术实力的厂家很容易通过逼真的模仿，减少产品之间的差异。

4.过度差异化。

（六）差异化战略的优势

采用差异化策略是提高企业竞争力的关键途径。本文通过建立模型分析了差异化战略的形成机制及作用机理。产品的差异化会在不同的层面上影响市场价格、市场的竞争态势、市场的集中度、进入市场的障碍以及市场的整体表现。差异化产品可分为高价值型产品、低价值型产品和中间产品价格较低的产品等三类。提供差异化的产品或服务可以满足特定消费者群体的独特需求，这种差异化是其他竞争对手无法提供的，能够与竞争对手进行竞争；产品或服务的差异化可能会减少客户对价格的感知，使他们不太可能转向购买其他产品或服务，从而避免企业在价格上的竞争。因此，在制定产品策略时应该考虑如何通过产品差异化来获得竞争优势。具体的细节可以从以下几个维度进行考察。

1.企业产品之所以能获得较高的溢价，是因为差异化的存在。这样的溢价应当弥补由于差异化导致的额外成本，并能为企业创造更高的盈利。产品差异化的程度越高，其独特的特性或功能就越难以被其他产品或功能所替代或模仿，这也意味着顾客更倾向于为这种差异化支付更高的成本，从而使企业获得更大的差异化优势。

2.由于产品和服务的差异化是其他竞争者无法提供相同价格的，这无疑大大降低了客户的议价实力。

3.采纳差异化策略的公司在面对替代产品的竞争时，可能会比它们的竞争者更具优势。购买不同产品的消费者通常不倾向于选择替代产品。

4.产品的差异化可能会带来某些障碍，特别是在产品差异化更为突出的行业中，由于产品差异化导致的进入障碍会相对增加。

二、差异化策略在房产业的应用分析

如果企业想要拓展市场，那么必须为其产品或服务寻找能够超越竞争对手的有效营销策略。在当今市场竞争中，谁拥有独特而鲜明的特色和优势，谁就会立于不败之地。因此，对于企业家来说，差异化策略的重要性日益凸显。所谓“差异化”就是针对不同的消费者和市场细分来制定相应的价格、广告等手段以达到与众不同的效果。采用差异化策略是企业增强竞争力的关键路径，而高效的差异化策略可以为企业带来可观的盈利。

（一）差异化策略在房产业的运用现状

随着房地产市场竞争的加剧，房地产开发企业必须通过采用差异化策略来满足市场的需求，只有这样才能在激烈的市场竞争中发展壮大自己。可以说房产业实施差异化策略势在必行。

（二）差异化策略在房产业的应用分析

1. 产品差异化

对于房地产有形产品来讲，产品差异化是最基础的，也是首先需要掌握的。同其他产品比较，房地产产品本身有较大的差异化。

（1）产品质量

产品的质量构成了其生存的核心，房地产领域的产品同样不能避免这一点。如何提高产品质量呢？首先要考虑的是设计的品质。好的建筑外观不仅能体现出设计师的艺术水平，而且对消费者有着潜移默化的影响。接下来，我们要考虑的是工程的品质。再次，就是安装施工质量。工程的质量标准不仅局限于安全性，还包括防水措施、墙体平整度以及门窗密封的重要性。再次，是管理质量。常言道 100－1＝0，这句话的含义是，哪怕是微不足道的一件事，也有可能让所有的努力变得毫无意义。所以我们要从细节着手来提高建筑工程质量，包括施工管理和技术措施两方面。最终，我们关注的是环境的品质以及相关的配套服务。

（2）产品性能

比如说，在相同的地理位置上，你的楼盘相较于其他楼盘拥有更为优越的生态环境；基于相同的得房率，你所拥有的房型相较于其他楼盘，提供了更丰富或更便捷的功能组合选择。这些都是顾客对开发商所提供的产品和服务的评价标准，也就是消费者对该品牌的感知价值。只要销售价格没有超出消费者的预期价值，他们就会愿意支付更高的价格来购买性能出色的房产产品。

（3）产品特色

产品的独特性意味着房地产产品的基本功能得到了增强和完善。

例如，在大多数住宅小区的绿化工作并未受到足够的关注的情况下，强调绿化并优化住宅区的生态功能，无疑是一种独特的特色。例如，在住宅区域引入智能设备、集中供暖和供应饮用水，以及建设分层住宅、大面积的采光窗户、阳光充足的客厅、可移动的透光屋顶天井和室内自动报警系统，这些都是房地产的独特之处。

（4）产品设计风格

从开发者的视角出发，他们追求的是建设的便捷性以及顺利进入市场的能力。从消费者的视角出发，他们期望产品不仅性能上乘，还具有独特的外观和特点。从设计师的角度看要求功能实用可靠，造型美观协调。在设计过程中，我们必须同时考虑这两个方面，以追求最佳效果。设计师在构思时应该充分考虑到消费者心理与需求。在设计的最后决策中，目标市场的消费者对于产品的独特性和价值的比较有了明确的理解。

2. 服务差异化

商品房与其他商品的区别在于，它的消费者既有共同的需求，也有独特的需求。当竞争者在满足客户的共同需求上势均力敌时，决定客户购买意向的关键往往是哪一个商品更能满足他们的独特需求，从而更容易赢得他们的喜爱。所以在销售过程中，要注意抓住每个顾客的个性化需求，并针对不同类型的客户提供相应的差异化服务。这些个性化的需求常常超出了产品本身的能力范围，因此需要通过附加在产品上的服务来满足这些需求，这也正是我们常说的"通过服务可以增加产品的附加价值"。

3. 品牌差异化

在我国，绝大多数的消费者已经步入了"品牌消费"的时期。在这种情况下，消费者就不能对企业产生信任感和安全感。众多的开发企业在进行房地产的开发和销售时，往往只关注短期的成果，而忽视了品牌的声誉。房地产企业只有树立起自己的品牌，才能提高竞争力和市场占有率。在购买住房的过程中，消费者只能依赖彼此之间传递的信息来做出选择。从某种程度上说，鉴于房地产消费的独特性，消费者在选择住房时需要非常谨慎，因此房地产行业确实需要加强品牌意识。

4. 营销渠道差异化——业主直销

在营销学的领域里，有一种观点认为，一个人在他的生活中可能会遇到并引发类似的购物行为，这样的人最多可以达到 250 人。这就说明了一个人在社会上所占比例最大的群体就是熟人圈，而这个圈子里的每个人都是相互联系的。因此，在房地产销售活动中，如果一个已经购置了房产的业主能够通过亲身经历来向亲友和同事推介楼盘，那么这样的推销方式可能会比单纯的销售人员推销更为有效。

(三)房产业实施差异化策略的对策

1. 有效差异对策

有效差异，也就是能够有效形成企业市场力量、提高市场绩效的差异化。有效差异对策包括以下几个方面。

(1)实在性

实施某种差异化策略确实可以为大量的客户带来更大的实际益处。只有当房地产产品存在明显的差异性时，消费者才能真正地从中受益。这种差异性是吸引消费者关注的关键，因为只有真正能为消费者带来实际益处的产品差异，才能赢得消费者的信任，并在激烈的市场竞争中保持领先地位。尽管产品之间存在明显的差异，但这并不意味着产品在品牌和商誉方面不能为消费者提供优质的购买体验。事实上,人们往往会把产品与企业之间的差别看作是一种有形的物质形态或某种无形的精神价值。品牌和商誉不仅为我们提供了卓越的质量和性能保障,同时也为消费者带来了社会地位和社会阶层的尊荣与成就,这样的心理体验也被视为一种真实的利益属性。

(2)独特性

这种差异化是其他开发公司所不具备的,或者是我们公司非常明确和显著地为客户提供的。在激烈竞争中,只有通过差异化策略,才能使企业获得更多的利润空间,赢得更大的市场份额,从而提高市场占有率。一个有效的差异化策略应当展现出与竞争者不同的独特属性,也就是说,它需要有其独到之处,只有这样,差异性的优势才能被更多人所关注。在竞争日益激烈的市场环境中,如何提高产品或服务的价值?为了解决产品的独特性问题,我们需要从两个方面进行思考:首先是概念上的创新,通常的策略是基于产品的性能和用户的愉悦感来进行探索;另一个则是营销手段上的创新。其次是对调性的处理,通常的做法是将理智的情感转化为情感,使枯燥的事物变得有趣,并带有时代特色。

(3)不易模仿性

对于其他开发商来说,模仿某一特定的差异化是相当困难的。如果一个公司不能很好地实施自己的差异化战略,那么这个公司将无法生存下去。在市场竞争异常激烈的背景下,实施有效的差异化策略的根本前提是对手很难进行模仿。尽管如此,在当前的中国房地产市场中,盲目跟风的情况非常普遍。由于竞争对手的模仿行为,导致差异化程度下降,这使得企业在差异化策略上投入过多,但实际效果却并不理想。

差异化的减少主要在规划设计、建材选择和施工技术方面得到体现。因此,开发企业可以考虑建立模仿障碍的经验与外部的稳固联系、内部的协调关系,以及先行者的优势,这些都是模仿者难以突破的障碍。

2.准确定位对策

对差异化实行准确定位,可以设计出对自己楼盘的目标市场最有吸引力的差异化。

(1)内容定位

各个开发公司和他们所开发的楼盘都拥有独特的优点;我们应当将自己与竞争对手的长处做一番对比;开发房地产时,要注意避免与其他企业的雷同现象。加强并凸显自身的强项。如果两家都做房地产，其利润将是零，因为前者拥有较高的信誉。举例来说，一个开发商开发的楼盘在环境和户型设计上与另一个开发商的相似楼盘展开了竞争。尽管如此，我们公司的声誉更为卓越，同时在员工素质和服务上也展现出了明显的优越性；我们应当突出品牌与服务的优越性作为区别。

(2)传播定位

开发商不仅需要明确自己的差异化目标，还需要对这一目标进行有效的推广和宣传。这就要求企业在策划营销时，应充分考虑到不同消费者对品牌及产品认知上的差异。比如说，当开发商选择“信誉最好”作为他们的核心主题时，他们必须确保这一主题的推广能够深深打动消费者的心。在众多的楼盘中选择那些信誉较高的品牌，并对这些品牌进行适当的宣传，就能使消费者产生一种认同感。一个更为理想的策略是推广自己的楼盘销售表现出色、交付的时间最早、与销售相关的争议最少，以及获得的奖励数量最多、最高等。在这个基础上，再考虑到消费者对这些项目的评价以及与竞争对手的差距情况，便能使“信誉最佳”成为现实。除此之外，“信誉最好”的理念也可以通过其他营销策略，如定价、广告宣传、推广策略和分销途径来展现。

3.风险规避对策

房产业实施差异化策略存在一定的风险，下面简要介绍一下如何规避这些风险。

(1)实施差异化造成的成本过大

在进行楼盘开发的过程中，开发公司必须进行深入的市场研究，并对差异化的投入与产出比进行精确的评估。只有在确保差异化导致的价格上涨不会妨碍消费者购买的基础上，经过全面的思考，这种策略才能被采纳。

(2)顾客需求的变化

随着消费者心态的日益成熟，他们对产品差异化的需求可能会减少。在这种环境中，企业要想生存发展就必须从产品上做文章，而不是一味地迎合消费者的喜好。在当前的市场环境下，开发企业需要进行全方位的市场调研，深入了解消费者的实际需求，并根据这些需求来制定差异化的策略，以便与竞争对手进行有针对性的差异化竞争。

(3)差异化策略影响市场占有率提升

在实施差异化策略的过程中，可能会遇到阻碍其市场份额增长的问题，也就是说，其市场份额可能低于那些采取成本领先策略的公司。这是因为在竞争激烈的市场中，企业之间存在着巨大的差别，而这种差别是由不同类型的产品所决定的。在这种情况下，企业需要综合考虑其产品质量和盈利能力，不仅要关注市场份额的多少，还需要权衡利润的规模。因此，本文提出了一种基于“差异化”思想下的企业竞争优势战略——低成本营销战略。经过全面的思考和评估，我们可以确定采纳这种战术的优点和缺点，从而决定是否需要改变现有的战术。

三、成本领先战略

成本领先战略指的是，当企业提供相同的产品或服务时，通过加强内部的成本控制，将成本降到最低，使成本或费用显著低于行业的平均水平或主要的竞争对手，从而获得更高的市场份额或更高的利润，成为行业中的成本领先者的一种竞争策略。

(一)基本概念

成本领先战略，也被称为成本领先战略，是指企业在提供相同的产品或服务时，通过加强内部的成本控制，在研究低成本分销系统的开发、生产、销售、服务和广告等方面将成本降到最低，使成本或费用显著低于行业的平均水平或主要的竞争对手，从而获得更高的市场占有率或利润，成为行业中的成本领先者的一种竞争策略。在市场竞争激烈而又残酷的今天，企业只有实施成本领先战略才能立于不败之地，才能求得生存与发展。在三种主要的策略中，成本领先策略可能是最为明确和清晰的。所谓低成本战略就是以最小的投入获得最大收益的策略。在这一战略方针的引领之下，企业选择在其所处的产业环境中实施低成本的生产模式。在许多国家中，企业都是以追求利润最大化作为自己的目标。该企业的业务领域非常广泛，不仅为多个产业部门提供服务，还可能涉及其他相关产业的业务，因此，企业的运营对其成本优势起着至关重要的作用。

(二)主要类型

根据企业获取成本优势的方法不同，把成本领先战略概括为如下几种主要类型。

1.简化产品型成本领先战略就是使产品简单化，即将产品或服务中添加的花样全部取消。

2.改进设计型成本领先战略。

3.材料节约型成本领先战略。

4.人工费用降低型成本领先战略。

5.生产创新及自动化型成本领先战略。

(三)适用条件

1.现有竞争企业之间的价格竞争非常激烈。

2.企业所处产业的产品基本上是标准化或者同质化的。

3.实现产品差异化的途径很少。

4.多数顾客使用产品的方式相同。

5.消费者的转换成本很低。

6.消费者具有较大的降价谈判能力。

(四)可得收益

1.抵挡住现有竞争对手的对抗。

2.抵御购买商讨价还价的能力。

3.更灵活地处理供应商的提价行为。

4.形成进入障碍。

5.树立与替代品的竞争优势。

(五)需承担风险

1.降价过度引起利润率降低。

2.新加入者可能后来居上。

3.丧失对市场变化的预见能力。

4.技术变化降低企业资源的效用。

5.容易受外部环境的影响。

四、集中化战略

专一化战略,也称集中化战略、目标集中战略、目标聚集战略、目标聚集性战略。专一化战略是主攻某个特殊的顾客群、某产品线的一个细分区段或某一地区市场。正如差别化战略一样,专一化战略可以具有许多形式。虽然低成本与差别化战略都是要在全产业范围内实现其目标,专一化战略的整体却是围绕着很好地为某一特殊目标服务这一中心建立的,它所开发推行的每一项职能化方针都要考虑这一中心思想。

(一)主要形式

专一化战略有两种形式,即企业在目标细分市场中寻求成本优势的成本集中和在细分市场中寻求差异化的差异集中。

(二)战略核心

这种战略的核心是取得某种对特定顾客有价值的专一性服务,侧重从企业内部建立竞争优势。专一化战略的实施首先表现在提供咨询服务上，要做到人无我有、人有我精、人精我专，掌握主动权。

（三）特点及优势

1.专一化战略特点

所谓的专一化战略，指的是企业将特定的消费者群体、某一产品线的特定细分或某一特定地区的市场作为其主要的战略目标。它是一种独特的、有特色的经营战略，是区别于其他竞争战略的最重要特征之一。该战略的核心目标是为特定的目标提供服务，旨在满足特定群体的需求，从而达到差异化或降低成本的效果。专一化是企业经营中最重要的策略之一。在特定的客户群体中，专一化战略往往体现为总成本的领先策略和差异化策略。换句话说，专一化战略旨在为特定的目标群体提供更高效、更出色的服务，从而超越广大市场上的竞争者，实现差异化、降低成本或二者都能获得。

2.专一化战略优势

（1）以特殊的服务范围来抵御竞争压力

企业的专一化战略常常依赖于地理位置、时间节点和目标群体等多个独特因素来构建其特定的服务范畴，从而以更高的专业水平形成对竞争对手的明显优势。这种特定性决定了在一定区域内拥有相对集中的消费群体，从而获得竞争优势和较快发展。比如说，那些位于主要交通路线或高人口密度区域的大型商场在销售上具有明显的优势；在某些特殊行业如航空运输业和旅游业中也有明显的竞争优势。相较于常规医院，口腔医院因其专业的口腔医疗服务，更容易吸引口腔疾病，尤其是牙病的患者。在这些特定区域内开展专一性经营能使企业获得更大利益。企业要想成功实施专一化战略，选择合适的产品范围或特定市场是至关重要的。在美国和欧洲等许多国家里，有相当多的公司选择了以某一特定行业为核心业务，然后再逐步扩展其他相关产业或领域的专业化道路。知名的企业管理专家谭小芳指出，选择针对广大市场的产品或服务进行专业化的经营可能会导致企业的失败。在美国和日本，由于专业人员缺乏，医疗资源也不足，因此许多牙科诊所只提供单一的专科服务。例如，口腔和牙齿的问题每天都会对人们的日常生活产生直接的影响，给人留下深刻的印象，但口腔和牙齿的问题通常不会对生命造成威胁，因此患者更倾向于接受这种专业的服务；如果只专注于特定领域的产品或服务，则会使公司丧失竞争优势，甚至破产。由于人体的其他系统是相互关联的，因此在治疗过程中通常需要进行全面的诊断，这使得专门化的治疗方法失去了其原有的优势。因此，在一定范围内开展专业化生产与服务是有好处的，但是，如果只考虑自己的需求而不考虑市场需求，则很容易陷入盲目竞争和恶性竞争。例如，肯德基和麦当劳的快餐连锁店满足了那些工作节奏快、休息时间短的员工、家庭和游客的饮食需求，因此迅速发展成了一个专门的市场。

(2)以低成本的特殊产品形成优势

例如，可口可乐通过其独特的配方创造了低成本，从而在饮料市场上长时间维持了其竞争力。可口可乐之所以能够成功地实现其品牌延伸战略并取得巨大效益，关键在于它有自己独特的"可口可乐"文化。这种优势本质上是差异化的，如果能够同时具备产品差异化和低成本的优势，那么一定能够获得高于产业平均水平的高利润。

(3)以攻代守

当一个企业面临来自强劲竞争者的全方位压迫时，通过实施专一化战略来替代传统的攻击和防守，通常能够建立起一种明显的竞争优势，尤其是在对抗拥有系列化产品或广阔市场的对手时，这种策略显得尤为有效。比如说，挪威的船舶制造业在总体上很难与欧洲、美国、日本等具有强大实力的造船公司相匹敌，因此选择生产破冰船并取得了巨大的成功。其根本原因就是因为它采用了单一品牌经营模式——"一专多能"。面对众多糕点公司的广大市场，专门经营的蛋糕店经常能够稳固其市场地位。

3. 专一化战略条件

专一化战略通常是聚焦于攻击对手的弱点，或者通过特定的业务活动方式以较低的成本形成对竞争对手的优势，要想在这方面取得优势，需要满足一些特定的条件。

(1)拥有特殊的受欢迎的产品。

(2)开发专有技术。

(3)不渗透的市场结构。

(4)不易模仿的生产、服务以及消费活动链。

当然，上述构成专一化的战略条件需要企业去寻找和创造，已具备专一化战略优势的企业仍须不断改善自身的地位或巩固已有市场。

(四)战略风险

1. 容易限锚获取整体市场份额

目标市场的专一化战略具有其独特之处，目标市场的独立性越高，与其整体市场份额之间的差异也就越明显。因此，在进行专一化战略时必须充分考虑其自身特点和外部环境因素。采纳专一化策略的公司往往面临着其独特性与市场份额之间的冲突，如果选择不当，可能导致专一化策略的不成功。因此，在确定自己的经营方针时，必须考虑到这种特定情况下的独特矛盾。与这一对立关系相呼应的是，企业的利润率和销售额是相互牺牲的。如果能够在产品多样化和价格差异化中寻找到平衡点，那么企业将会取得较好的利润。比如说，那些专门为愿意支付高额价格的客户设计和加工服装的公司，将会失去在中低端服装市场的份额。因此，对专一性战略的研究必须考虑到产品在整个市场上销售时价格和质量之间的平衡关系。众多企业在追求专一化优势的同时，也试图进入更广阔的市场，这种策略性的冲突最终可能导致企业失去其独特的市场份额。

2. 企业对环境变化适应能力差

采纳专一化策略的公司通常依赖于特定的市场环境来维持其生存和增长，当具有高度可替代性的产品或市场出现波动时，这些公司可能会面临巨大的经济损失。因此，在激烈竞争环境下，一些企业为了获得优势地位而采取了多样化经营战略，以扩大市场占有率，提高竞争能力。比如说，滑板的出现给旱冰鞋市场带来了巨大的竞争压力。滑板作为一种大众化消费品，其销量在很大程度上取决于消费者的消费水平与需求偏好。例如，那些投资成本相对较高的夜总会和其他娱乐场所，它们主要为高收入群体或特定的客户群体提供服务，从而获得较高的利润。但当经济出现衰退或公共资金消费受到严格限制时，这些以娱乐为主的企业可能会面临巨大的亏损。

3. 成本差增大而使专一化优势被抵消

当为广大市场提供服务的竞争者与专业化企业之间的成本差距扩大，这可能导致为特定细分市场提供服务的公司失去成本上的优势，或者抵消专业化策略带来的差异化优势。在这种情况下，专一化是一种非常重要的竞争手段。知名的企业管理专家谭小芳指出，这种成本差异的扩大可能会减少买方的收益或降低他们使用替代产品的转移费用，从而加强专一化市场与广大市场的相互渗透；同时由于专一化对价格和质量要求较低，使得专一化在某些特定领域内能够取得比广泛化更多的竞争优势。由专一化战略带来的成本上的优势或差异化的优势可能会逐步减少。因此，专一化产业的经营者必须在保证其自身竞争优势不变的前提下，尽可能地减少对单一细分市场中竞争者数量的要求，以避免因市场竞争过度而导致的市场份额流失。例如，过度依赖广告宣传来塑造自家市场的产品，如化妆品和保健用品等，很容易被面向普通消费者的产品通过高额的专一化产品广告宣传投入所侵占。

（五）集中化战略的条件

对于企业来说，执行集中化战略的核心在于明确战略目标，并将主要精力聚焦在物流业务的一个或多个特定方向上，以实现关键突破。在确定了目标之后，就要制定相应的策略，并通过有效组织保证其实现。一个普遍的准则是，企业应当优先选择其竞争者中最脆弱的部分，以及那些最不容易受到替代产品冲击的目标。因此，在实施过程中必须考虑到不同行业、同一行业内部以及同一行业内的其他企业可能会出现的情况。无论是基于低成本的集中化策略还是基于差异化的集中化策略，都必须满足以下的前提条件。

1. 目标市场足够大且可以盈利，或者虽然是小市场但具有成长潜力。

2. 企业的资源或能力有限，不允许选定多个细分市场作为目标。

3. 在所选定的目标细分市场中没有其他的竞争对手采用这一战略。

4. 企业拥有足够的能力和资源，能在目标市场上站稳脚跟。

5. 企业凭其建立起来的顾客商誉和企业服务来抵御行业中的竞争者。

五、区域发展战略

区域经济发展战略指的是对某一特定区域内与经济和社会发展相关的全局性、长远性和关键性问题进行的全面规划和决策。更具体地说，这是指在一个相对长的时间段内，基于对区域经济和社会发展的评估，同时考虑区域经济和社会发展的多方面关系，对区域经济发展的导向思想、预期目标、需要解决的关键问题、所需经历的阶段以及必须实施的策略进行全面的规划和决策。

（一）内涵

区域经济发展战略的内涵，就是倡导一种非均衡协调发展的区域经济发展战略。具体地说，有以下几点。

非均衡协调发展战略是一种适度倾斜的发展战略。[①] 适度倾斜意味着基于全国的整体规划，将投资和生产的方向适当地偏向沿海地区。这不仅有利于我国沿海地区发挥比较优势，而且有利于促进中西部地区加快发展。由于地理位置和历史背景的影响，东部地区更容易受到海外先进地区的经济影响和产业梯度的转移，这使得它起步迅速、疼痛较小，并有可能迅速崛起为亚太地区的新兴经济区域。因此，在当前国家实施西部大开发战略中，应特别注意对东部地区进行适度倾斜，以加快中西部地区的建设步伐。然而，适度的倾斜意味着需要妥善处理重点和非重点开发区域之间的关系，这既不是一种均衡的布局，也不是简单地支持东部地区，而是要充分利用各

① 刘丽娟. 区域经济发展理论与实践研究[M]. 北京：中国原子能出版社，2020.

地的优势，发挥长处，规避短处，共同发展。

非均衡协调发展代表了一种不断变化且开放的策略。它与平衡协调发展有着本质上的区别。在国民经济开放体系中，非均衡协调发展并不是一个静态现象，而是一个持续不断的动态发展过程。因此，非均衡协调发展必须坚持“整体大于部分之总和”的思想。从宏观角度看，我们需要重点推动生产力的空间分布，以实现高投资回报率和地区经济的快速增长，同时也要根据社会主义市场经济的标准进行调整和协调。稳定地保持各地区之间以及不同层次的经济发展水平的差距，实现资源的合理配置。为了促进中西部地区的经济增长，我们需要制定区域经济发展的策略，平衡区域之间的经济联系，调整主导产业与其他产业之间的关系，以及中央与地方之间的关系。这样可以形成一个合理的东部、中部和西部的区域经济分工模式，并在追求效率的同时，确保公平地发展。从时间上看，我国的区域经济发展是一个不断调整的过程。区域经济的发展策略已经经历了从均衡到非均衡，再到均衡的转变过程。目前我国正处于一个由非均衡向均衡转变时期。在选择一个国家的区域经济发展策略时，我们不能简单地将均衡或非均衡的发展策略看作是绝对的。均衡与非均衡都是一种动态过程，不可能一蹴而就。无论是从二者在功能上的不同，还是从发展的根本性质来看，均衡和非均衡都是相互补充的，只有这样，经济才能健康、迅速和协调地发展。

(二)走势

自我国开始改革开放，我们采纳了区域经济的非均衡倾斜经济增长策略；实行“一五”计划期间的优先发展重工业政策，导致东西部经济发展不平衡。在过分强调经济效益的目标时，却忽略了平衡的重要性，导致投资的焦点和政策优惠过分偏向东部沿海地区，从而加剧了区域经济的不平衡和利益关系的严重扭曲。因此，要使区域经济持续快速健康地发展，就必须制定正确的区域经济发展战略，并采取一系列有效措施保证其顺利运行。在调整和选择我国的区域经济发展策略时，我们既不能重复过去的错误，也不能过度纠正，而应该走向极端，过分强调地区的效率，以牺牲全国的经济增长速度和整体的经济效益为代价。从长远来看，我国必须实行全面的、可持续的区域经济政策。在规划我国区域经济的新发展策略时，我们必须深入考虑我国特有和复杂的区域问题，以实现全局和局部利益的和谐统一。我们需要将东部沿海地区的经济增长与中西部地区的经济发展紧密结合，利用东部沿海地区的经济增长来推动中西部地区的经济发展，确保沿海地区与内陆、东部和中西部地区的经济能够持续和协调地发展。

目前,对我国应该实行何种区域经济发展战略主要有以下观点。

1. 区域经济协调发展战略

该指导方针强调"持续推动区域经济的协调增长,并逐渐减少各地区之间的发展不平衡"。从"九五"计划开始,中西部地区的区域经济协调发展将逐渐加强。遵循市场经济的原则、经济的内在联系以及各自的地理和自然特点,突破行政界限,在已有的经济布局基础上,依托中心城市和主要交通路线,形成多个跨省区市的经济区。这样可以促进各区域优势产业的发展,避免产业结构的同质化,从而推动区域经济在一个更高的起点上持续前进。

2. 多极增长发展战略

在中西部地区选择几个省、市或地区或流域(如长江流域),像过去扶助东部沿海增长极那样,培养使其成为新的经济增长极。

3. 沿江经济带以互助互动为中心的协调发展战略

该战略的核心内容是:以水资源的开发和利用为引领,将黄金水道的开发和利用与发展灌溉农业和发展高能耗、高水耗、大运量的工业体系相结合;在市场机制的指导下,推动资源的相互补充和合作;在一般产业和高新技术产业之间进行协调,创建沿江经济带的市场联盟,整合区域市场和金融市场,坚定地将资源的开发和利用与环境的保护结合起来,以实现区域经济的持续增长。

上面提到的三个观点均具备其合理、科学和实施的可能性。鉴于我国当前区域经济发展的不均衡性,我们也意识到,在制定发展策略时,应从整体角度出发,特别关注如何实现区域经济的协调发展。同时,我们也高度重视在区域发展中的公平性和效率问题,并努力在这三方面找到最适合的发展模式。因此,作者建议我国在现阶段应采纳非均衡协调的发展策略。

非均衡协调发展战略指的是,在我国各个地区发展相同产业或相同产业的投入产出效果存在差异的情况下,由于国家资源极为有限,为了提高资源配置的效率并确保国民经济的快速增长,国家必须集中有限的人力、物力和财力资源,采取重点开发的策略,并在资源分配和财政投入方面对重点开发地区的重点产业进行倾斜,从而实现中西部地区和东部沿海地区的共同富裕。

此外,我们需要确保国民经济的各个地区和各个产业间的发展能够和谐统一。在我国当前经济发展中存在着不平衡现象,这种状况严重影响了我国整体经济实力和竞争力水平的提高。这意味着国家实施的倾斜政策必须是适度的,必须以保持地区产业的协调发展为前提,因此,适度倾斜和协调发展的结合就变成了非均衡协调发展战略的核心要素。

(三)意义

为了达到经济和社会的目标,区域经济发展策略是不可或缺的。从我国现阶段来看,要使国民经济持续稳定地协调发展,必须确立新时期区域经济发展战略。与区域经济发展战略相对应的是:激活经济高速增长的动力,并采取非均衡的发展策略;为了进一步推动经济增长,我们采纳了一个在全局上相对均衡,但在局部上存在不均衡的发展策略;确保发展的协调性,追求共同的繁荣,并采纳协同发展的策略。

为了实现共同的富裕,区域经济的发展策略是必要的。社会主义生产的核心目标是满足广大人民不断增长的物质和文化需求,而实现共同富裕则是社会主义的根本属性。从这个意义上讲,它既不同于一般社会再生产过程中的宏观布局和产业政策,也不等同于传统的计划经济体制下的资源配置方式,而是一种全新的、具有中国特色的理论与实践。区域经济发展战略的核心理念是从“先富到后富,再到共同富裕”。区域经济发展战略的核心思想是遵循经济增长的固有规律,允许某些地区先行发展,而不是对其进行限制,其终极目标是促进全体人民的共同富裕。

六、增长型战略

增长型战略,又称扩张型战略、发展型战略。

(一)增长型战略的概念特征

从企业成长的视角看,每一个成功的公司都会经历一个不同时长的增长型战略执行阶段,因为从根本上讲,只有增长型战略才能持续扩大企业规模,将企业从竞争力较弱的小企业转变为实力强大的大企业。在不同时期和环境条件下,企业采取的是以追求利润最大化为目标的扩张性或收缩性较强的竞争策略,即成长型战略。相较于其他种类的战略趋势,增长型战略展现出以下几个显著特点。

1.采纳增长型策略的公司并不总是比整体经济增速更快,但它们的增长速度常常超过其产品所处的市场。市场份额的上升可以被视为一个衡量经济增长的关键指标。增长型战略不仅应该体现在绝对市场份额的增长上,更应该是在市场总容量增长的基础上实现相对份额的提升。

2.采纳增长策略的公司常常实现的利润远远超出了社会的平均利润率。鉴于这些企业的快速发展,它们更有可能实现较高的规模经济回报,进而减少生产的总成本,并实现超出预期的盈利。

3.那些采纳增长战略的公司更倾向于使用非价格策略来与其竞争者进行竞争。

采纳增长型战略的企业不仅在市场开发方面投入大量精力，还在新产品的研发和管理模式上追求竞争上的优势。因此，这些企业的竞争优势并不意味着会损害自身的价格战。通常，它们更倾向于使用更具创新性的产品、劳务和管理效率作为其竞争策略。

4. 增长型策略鼓励公司在发展过程中以创新为基础。这些公司经常致力于研发新的产品、新的市场、新的生产工艺以及旧产品的新应用；为了抓住更多的成长机遇，我们追求更高的风险收益。

5. 与仅仅适应外部环境的简单方式不同，采纳增长型策略的公司更倾向于通过创造之前并不存在的特定物品或需求来调整外部环境，使之更符合其自身需求。这种引导或创造适宜环境的方式是由其发展特性所决定的：为了真正达到预定的发展目标，必须有一个特定且适宜的外部环境，仅仅被动地适应这个环境显然并不总是有益的。

（二）增长型战略的类型

从战略角度看，企业的增长可以被划分为整体化的扩张和多元化的扩张。多样化扩张主要是指通过兼并、收购和重组等方式扩大企业规模，形成新的经济组织形式。一体化的扩展可以进一步细分为横向一体化（也称为水平一体化）和纵向一体化（亦即垂直一体化）。多样化扩张可以分为新建业务扩张和并购活动扩展两种类型。为了实现这些扩展，我们采用了内部和外部的发展策略，如合并和合资等方式。其中内部发展是指企业为保持其原有优势地位并获得长期竞争优势所进行的投资活动。内部发展指的是现有的企业或公司通过发放新的股票或积累自身的资金，来扩大现有的生产规模，或者建立新的工厂、新的部门、新的子公司等。外部发展是指一个企业通过兼并或合作等方式取得其他企业的所有权。合并描述的是一家公司从另一家公司中获得资源，而这一过程中并没有人进行反抗。这种过程通常在企业间发生。若被合并的公司选择反抗，那么这个过程可以被称作并购。

1. 横向一体化

横向一体化指企业现有生产活动的扩展并由此导致现有产品市场份额的扩大。该类增长可以从三个方向进行。

（1）扩大原有产品的生产和销售。

（2）向与原产品有关的功能或技术方向扩展。

（3）与上述两个方向有关的向国际市场扩展或向新的客户类别扩展。

通过横向一体化，可以带来企业同类生产规模的扩大，实现规模经济。由于该类增长与原有生产活动有关，比起其他类型增长更易于实现，故一般来说，企业早期的增长多以此为主，且实现的方式以内部增长为主。

2. 纵向一体化

纵向一体化是指企业将其生产活动扩展到原来的上游和下游生产阶段。纵向一体化是现代企业经营发展的一种趋势。在实际操作中，许多大型公司都经历了某种程度的纵向整合。纵向一体化是在企业间存在着横向分工时产生的一种特殊经济现象。这种类型的扩张让企业能够通过其内部组织结构和交易手段，将各个生产环节紧密地连接在一起，从而达到交易的内部化。纵向一体化是提高企业效率、降低成本、增加利润的一种有效方式。纵向整合涵盖了后向整合和前向整合两种方式。后向一体化是指原供应商与原客户公司之间的合作关系。后向一体化是指企业干预原供应商的生产过程；前向一体化指由企业直接投资于其上游的供应商或下游的客户公司。前向一体化是指企业对其原来的客户公司的生产和经营活动进行控制。

3. 多样化战略

多样性是一个涵盖面非常广的观念，它既可能与相关产品的行为有关，也可能与非相关产品的行为有关。因此，多样化不仅包括同类商品或劳务的多样化，还包含了不同类型商品和服务之间的多样化。鉴于横向一体化已经触及同类型产品的多样性，而纵向一体化已经触及与之相关但处于不同生产阶段的产品多样性，因此这里所说的多样化仅仅是指与之无关的产品的多样性。对于企业来说，其经营战略必须考虑到与之有关的各种可能情况。然而，要精确地判断它们是否相关是一件相当困难的事。本文认为，对有关部门来说，最重要的是确定其是否存在多元化行为。实际操作中，许多公司在多个领域的扩张往往与它们之前的市场推广和技术研发有所关联。因此，如果企业的多样化扩展不是由原来部门或其成员直接参与的话，那么，就会影响到企业对新技术、新工艺及新产品开发的决策。特别是在研究和开发方面，主要是基于现有的生产活动需求，但也可以应用于其他不相关的生产部门。

多元化的扩展是基于对市场风险和环境不确定性的预防意识。在竞争激烈的市场经济中，企业要想生存下去并获得发展，就必须不断地进行多样化扩张。拥有多元化经营模式的企业有能力减缓某些不稳定因素带来的冲击。另外，某些原始生产的产品在市场上的需求减少，这也推动了公司寻找更多的机遇，以最大化地发挥其生产潜能。多样化的目的在于提高公司竞争力，扩大市场份额。当某产品在市场上展现出强烈的需求时，可能会吸引新的企业参与这种生产行为。

不同的企业增长策略和手段都有可能促成企业在多个部门和多个地理位置上的

发展。企业在不同地区或同一区域内经营,由于其地理位置、经济环境、资源禀赋等因素影响,必然形成具有各自特色的产业组织形态与竞争态势。当一个企业的规模扩大到某一水平,这种涉及多个部门和多个地理位置的经营模式,对于企业更好地发挥各地的优势、减少生产开销和增加利润具有至关重要的意义。

(三)采用原因和适用条件

采用增长型战略的原因有以下几个方面。

1.在动态的环境竞争中,增长是一种求生的手段。不断的变革能够不断地创造更高的生产经营效率和效益,从而能在不同的环境中适应并生存。

2.扩大规模和销售可以使企业利用经验曲线或规模经济效益,即降低生产成本。

3.寻求发展是企业这种有机组织体的本性。

4.企业家强烈的发展欲望是企业发展的第一推动力。

5.许多企业管理者把增长等同于成功。这种认识上的错误是因为没有意识到简单的总量增长有时可能意味着效率和效益的下降,从而追求增长型战略。

6.增长快的企业容易掩饰其失误和低效率。

7.企业增长得越快,企业管理者就越容易得到升迁或奖励,这是由最高管理者或最高管理集体所持有的价值观决定的。

采用增长型战略的使用是有相应的适用条件的。

1.公司有责任在战略规划期间对宏观经济状况和产业经济情况进行深入分析。企业可以利用外部市场机会和内部竞争优势来制定长期发展战略。这一决策是由采纳企业增长战略的发展公司所作出的,为了成功执行这种增长战略,企业需要从外部环境中获取更丰富的资源。从一个角度看,如果未来的企业和宏观经济环境在微观层面上更为有利,那么企业将更容易获取这些资源,从而减少了执行这一战略所需的成本。因此,如果宏观经济形势不好,那么企业就应该调整自己的经营方针,采取更为积极的措施来应对这种不利的宏观经济形势。从需求分析的视角来看,如果宏观和微观经济环境都呈现出相对乐观的趋势,那么消费品和投资品的需求者都会有一个合理的预期,即未来收入将会有所增长。因此,他们的需求规模也会相应地扩大,以确保企业的增长型发展战略得到充分的需求支持。因此,增长型战略将成为今后相当长一段时间内我国企业的首选战略。根据上述的分析,选择增长型战略之前,必须对经济走势进行深入的分析,一个良好的经济环境通常是实现增长型战略成功的关键因素之一。

2.增长型的发展策略必须与政府监管机构的相关政策、法规和条例保持一致。

在全球范围内,绝大多数国家都在积极推动高科技的进步,因此,这种类型的企业通常可以思考采纳增长驱动的策略。

3. 为了满足增长型战略的要求,公司必须具备充足的资源获取能力。在企业发展过程中,如何选择并有效利用这些资源成为关键。鉴于实施增长型战略需要大量的资源输入,因此企业从内部和外部获取资源的能力变得尤为关键。这里所说的资源是一个宽泛的定义:它不仅涵盖了通常所说的资本资源,还涵盖了人力资源和信息资源等多个方面。

4. 要评估增长型战略的适应性,还需要对公司的文化进行深入分析。在不同时期,不同情况下,企业文化都有自己独特的特点。如果一个公司的文化核心是稳定性,那么在执行增长型战略时,就需要克服与之相关的文化障碍。本文最后指出,对于中国这样一个经济尚不发达的国家而言,企业战略与企业文化之间存在着密切关联。当然,企业文化不是永远不会改变的,实际上,培养积极和有效的企业文化必须以企业战略为指导。需要特别指出的是,企业文化有可能为某一战略的执行带来额外的成本,而不是简单地认为企业文化是决定企业战略方向的关键因素。

(四)利弊分析

增长型战略所带来的好处可以从以下几个维度来看。

1. 企业有能力通过不断的发展来增加其自身的价值,这反映了公司在扩张后市场份额和绝对财富的显著增长。这样的价值不仅能为企业员工带来荣誉,同时也能为企业的进一步壮大提供推动力。

2. 企业有能力通过持续的变革来提高其生产和经营的效率和收益。得益于增长型的发展模式,企业有机会接触到以往无法触及的全新商机,从而避免了组织结构的老化,让企业始终保持着活力和生机。

3. 采用增长型战略可以维持企业的市场竞争力,并带来独特的竞争上风。如果一个企业选择了增长型战略,而其竞争对手仍然选择稳定或紧缩的策略,那么它在未来很有可能获得竞争上的优势。

增长型战略存在几个明显的不足之处。

1. 当采纳增长型策略并取得初步成果时,可能会导致盲目追求和单纯为了进步而发展,这可能会破坏公司的资源均衡。为了解决这个问题,企业在做出任何战略决策之前,都需要重新评估和分析其内部和外部环境,以及评估企业的资源状况和潜在的外部机会。

2.过于迅速的增长可能会导致企业整体素质的下降，尽管企业在外部看起来有很好的应对能力，但实际上可能会引发内部的危机和混乱。如果企业不能及时调整其组织结构以适应新形势，就会导致企业经营决策失误、效率低下，甚至走向衰亡。这种情况主要是因为公司新增了过多的机构、设备和员工，导致没有建立一个协同工作的系统。为了解决这个问题，企业可以思考建立一个战略管理的暂时机构，该机构将负责协调和管理扩张后企业内部的各个部门和人员之间的关系，当所有因素都整合在一起后，再考虑取消这个机构。

3.增长型战略可能导致企业领导者更加关注投资模式、收益率、市场份额和组织结构等方面的问题，而忽略了产品的服务和质量，更多地关注宏观层面的发展而忽略了微观层面的问题，从而无法使企业达到最优的运营状态。为了克服这个问题，企业管理者需要对增长型战略有一个准确和全面的认识。他们必须意识到，企业的战略态势是企业战略体系的一个组成部分，因此，在实施过程中必须全面考虑。

(五)决策模型

1.增长型战略的条件模型

增长型战略是指在已有的基础之上，企业朝着更高层次的目标进行发展的策略。它是指一个国家或地区为了实现经济高速增长所采取的一系列重大战略决策和行动。增长型战略作为公司层面的一种策略，其实并不带有太多的神秘感。因为它是相对于稳定型战略而言的。但是，目前许多学者更倾向于将增长型战略称为发展战略。这种提法比较模糊，容易使人误解为增长型战略是发展战略中的一个分支，甚至是不正确的。实际上，企业发展战略的定义应该更为宽泛，根据不同的发展趋势，存在三种不同的战略类型:增长型战略、稳定型战略和收缩型战略。其中，增长型战略又可以细分为横向扩张与纵向扩展两种方式。这三个策略共同形成了公司的宏观战略，目的是应对企业在不同行业中的产品或业务在各种市场中的发展趋势。

增长型战略最终目的是要实现企业增长。企业之所以选择增长型的势态，是因为外在机会与内部优势的组合。

第一种情况，企业外部环境有机会，且企业内部具备相关优势，企业应该果断选择增长型战略。

第二种情况，企业外部环境有机会，但企业内部不具备相关优势，企业可以选择增长型战略。这往往是和企业高层领导的决策风格相联系的，很多企业的高层领导会倾向选择增长型的发展方式。其实，理性的决策思路要考虑企业是否能弥补内部劣势来把握发展机遇。如果能弥补就选择增长型;如果不能则考虑稳定型战略。

第三种情况,企业内部有优势,但外部的机会不太好,企业最好少选增长型战略,也就是尽量不选择增长型战略。因为企业没有必要在外在无机会的情况下还加大各项投入,其结果往往事与愿违,不会带来企业的增长。近年来,国内很多产业已经形成了稳定的格局,外在环境的机会已大不如以前,如彩电、饮用水和洗发水等,尽管这些产业爆发了一轮又一轮的广告战、价格战、终端战,然而每一次激烈竞争之后格局依旧。对这些行业的企业而言,最好的选择莫过于保持稳定,保存实力积蓄力量,伺机发展。

第四种情况,企业外部无机会且内部无优势可言,不选择增长型战略。

2.增长型战略的途径模型

一旦企业确定了以增长为导向的战略方向,就必须选择以增长为核心的战略路径。增长型战略是一种综合性的经营战略。诸如一体化和多元化这样的常见战略都是增长型战略的实施路径。

一体化战略意味着企业应充分发挥其在产品、技术和市场方面的优越性,以实现在经营活动中的更深层次和更广泛的拓展。目前我国大多数企业都把实施“走出去”作为一种重要手段,即通过对外投资来实现产业升级和扩大规模,提高核心竞争力。选择此种路径的公司应当思考在其内部开展哪些业务,以及哪些企业能够安全地迁移到外部,而不是盲目地进行横向或纵向的扩展。一、一体化与国际化企业的国际化就是将生产或服务从一国扩展到另一国来。国际化意味着将公司的产品销售到本国市场之外。企业选择采用这一途径时,必须根据自身条件确定目标市场及相应策略,并进行有效管理,以达到预期目的。企业决定采纳国际化的发展路径,其中一个关键因素是在国际市场上有新的机会出现,例如能够转移企业的核心竞争优势,实现地理位置的经济效益,以及建立最优的经验曲线等。

多元化代表了企业在多个业务领域的综合增长。多元化战略也可以理解为一种手段,即利用各种资源来增加新的收入和利润来源,使之成为企业的核心竞争力。选择走向多样化发展路径的企业有可能在各种不同的产业环境中开展多样化的业务活动。企业通过多元化可以使企业获得规模效益、增强竞争优势和降低经营风险。尽管关于企业多元化的讨论已经相当丰富,但实际上,与专业化相对照,企业的多元化更多的是为了解决其生存挑战。多元化并不是一种简单地扩张和延伸,而是一个复杂的系统工程。言下之意,这代表了企业在特定时期为了生存和成长所作出的策略选择。随着时间的推移,一些有实力和竞争力的企业逐渐成熟起来,他们不再一味地追求单一经营模式,而是将多元化作为一个长期的战略来实施。就像过去许多国内的中小型企业为了维持运营而选择了多样化的发展路径，但这并不是这些企业长久以来的发展策略。经过一段特定的成长时期后，这些公司将会转向更加专业化的发展路径。

3. 增长型战略的实现方式模型

为了实施上述提到的增长策略，企业主要采取了三种策略：自主的“开发”、团队合作的“开发”以及并购活动。“开发”即在自己的基础上建立新的业务领域，或者从其他公司购买其技术或设备等。所谓的独立“开发”或称为内部创业，指的是企业在内部进行创新，推出新的产品或探索新的市场机会来实现其成长。如采用技术研发、生产经营等方面的自主创新，以保持企业在竞争中的优势地位。所谓的合作“开发”或称为合作发展，指的是企业与其他公司的合作关系，双方共同研发新产品或共同探索新的市场以实现共同发展。并购则是企业之间的兼并和联合，以获取更大的利益。普遍存在的企业战略联盟也是一种合作性的“开发”方式。企业兼并和收购都属于“联合”的方式之一，二者既有区别又有联系。“并购”是合并和收购的缩写，合并是指两家公司在相对平等的基础上整合彼此的业务，通常情况下，它们所拥有的资源和实力结合在一起，可以产生比各自独立发展更强的竞争优势；收购则是指一家公司对另一家公司的资产或者股权进行购买。收购是指一家企业通过购买另一家企业的部分或全部股权，将被收购企业的业务纳入其战略投资组合，从而更有效地利用其核心竞争力。本文以企业为研究对象，从经济理论分析了影响企业选择战略联盟的几个关键因素。当企业思考如何选择不同的增长策略时，往往会受到两大核心因素的制约。即企业自身所处行业特征和企业本身的经营状况。首先，企业是否拥有该行业所需的发展资源，例如资金、专业人才和品牌等，以及这些资源的掌握程度如何；另一重要方面，就是企业拥有的关键要素的数量及质量。其次，企业对这些核心要素的掌控能力，主要体现在企业对这些资源的管理水平，以及企业在资源运营方面，如财务管理、市场推广和研发等方面的综合能力。

首先，企业不仅掌握了该行业发展所需的各种要素，而且这些要素的掌握程度也相当高。因此，企业应当选择独立的“开发”策略，以实现与之相关的增长战略；其次，企业对于行业发展要素的掌握程度较高，而企业则可以通过合作“开发”或并购等方式来进行该行业发展的扩张。其次，尽管企业在该行业的发展要素方面的掌握程度相对较低，但其对这些要素的控制能力却相当高。为了更快地实现与之相关的增长战略，企业应当考虑采用并购作为其战略路径；再者，由于企业在该行业的发展要素上的掌握程度相对较低，并且对这些要素的管理和控制能力也不强，因此，企业最好选择通过合作“开发”的方式来实施相关的增长战略路径；此外，在企业实施该行业增长型战略过程中，还可以考虑采取联合投资或兼并等手段进行扩张，以达到快速扩大规模并提高竞争力之目的。最终，通常情况下，一个企业对特定行业的发展要素有着高度的掌握，但对这些要素的控制能力相对较弱，这种情况是不存在的，也不会再对其实施方法进行探讨。

总体来说，为了达到增长战略的目标，各个企业可以根据自己的具体状况来选择最合适的策略，而同一家企业也可以根据其不同的业务需求来选择三种不同的策略组合。

第三章　企业内部管理与宏观经济管理

第一节　企业内部管理

一个企业经历一段发展成为一定规模，产品经历成长并成熟，企业利润基本维持在一定水平。企业利润如何进一步增长和提升，那就要有新的产品更新换代，替代现在的产品结构。

一、技术创新和技术进步

技术创新是指由技术的新构想，经过研究与开发或技术组合，到获得实际应用，并产生经济、社会效益的商业化全过程的活动。技术开发是指把科学技术的潜在生产能力转化为直接的、现实的生产能力的过程。技术开发是以新技术、新工艺、新材料、新设备和新产品的开发以及老产品的技术改造和技术革新为中心，把知识性科技成果转化为实物产品的科研活动，它是企业技术创新的重要过程和内容。技术开发活动过程包括市场调查、技术预测、科学技术研究、技术设计、技术鉴定和评价等诸多阶段的工作，是科学技术研究和生产活动的结合部、既受科学技术发展规律的制约，又受经济发展规律的制约。

技术开发应坚持先进性、适用性、经济性原则，并把自主创新和技术引进、技术改造结合起来，要改变过去忽视技术创新、重引进轻消化吸收、技术改造科技含量低或以改造为名搞基本建设等现象，建立技术创新机制，把技术进步作为出发点和落脚点，切实搞好技术开发工作。技术开发一般应遵循以下几项原则：以正确的技术开发战略为指导；符合社会需要；符合国家技术政策；坚持技术上的适应性和经济上的合理性；坚持通用化、标准化和系列化；便于使用和制造；要有创新精神，永远不满足现状。在技术开发方式上，可以根据企业自身的实力和需要，选择独立研究与开发、科技协作、技术引进、购买技术成果等策略。在开发时机上，也有抢先策略、紧跟策略、稳进策略等。

技术进步是指在一个经济系统的产出增长中，扣除劳动和资本等基本要素投入量增长之外的其他促使产出增长的因素总和。它是一个含义十分广泛的概念，人们一般用它来表示社会技术经济活动的结果。技术进步的实现手段很多，如提高教育水平和劳动者素质、实现规模经济等，但实现的根本途径则是技术创新。技术进步要依靠技术创新，技术创新又推动技术进步。技术进步是生产和经济发展的客观要求，而技术进步又必然要求不断进行技术创新，技术创新是技术进步的直接的根本手段。

技术创新和技术进步的极端重要性已被越来越多的人所认识。首先，企业只有不断增强自主创新能力，依靠技术创新推动技术进步，才能不断运用新原理、创造新材料、新产品，不断满足社会日益增长的需要，从而不断扩大市场，提高企业的声誉和知名度，使企业的产品具有强大的生命力和竞争力。其次，企业只有依靠技术创新推动技术进步，才能不断改革工艺方法、工艺流程和生产手段，使企业提高生产技术水平，全面改善各项经济技术指标，提高经济效益。再次，企业只有依靠技术创新推动技术进步，才能不断改进旧的管理方法和管理手段，推动企业不断兴旺发达和永续发展。正是由于这些道理，所以现代企业在管理过程中都十分重视技术创新和技术进步，这已成为现代企业发展的硬道理和大趋势。企业必须适应世界科技发展的大趋势和国际产业结构调整要求，建立以企业为中心的技术创新体系，推进产学研相结合，开发和保护自主知识产权，促进科技成果向现实生产力转化，加快技术创新和产业升级，集中力量开发重大技术装备、关键技术、重点产品等，使其产品质量、工艺技术、生产装备、劳动生产率等接近或达到世界先进水平。

全国各地高楼大厦犹如雨后春笋般拔立，建筑工程也同时造成了巨大能耗。因此，技术创新和技术进步就显得尤为重要。本文首先阐述了以建筑企业中的节能施工为例，阐述了节能施工对建筑企业可持续的重要性，然后总结出了节能建筑技术在房屋建筑中的应用，最后阐述了我国建筑企业技术创新的现状和未来发展，相信以节能施工技术为契机的建筑企业技术创新和改进能够更好地造福于人类。在全球都在倡导节能减排的大环境下，绿色环保成为当今社会的主旋律。我国提出的科学发展观就是应时代的要求产生的。基于节能理念，建筑工业中也要应用节能技术才能实现全面协调可持续发展。节能施工技术的应用，既可以保护环境，减少污染，还能提高人民生活质量，体现了节能的真正价值所在。本文就主要以节能技术的创新应用为例子阐述了实现技术创新和技术进步对建筑企业可持续发展的重要意义。

(一)节能施工创新技术的重要性

节能施工技术在建筑工程上的运用,就是要减少能源消耗,实现绿色建筑。节能建筑主要具有以下特征:注重环境与建筑的相互协调,维持二者的良好邻里关系,做到和睦相处;在施工建筑材料的选择方面,要提前制订选购方案,材料本身要是节能材料,从采购到运输、加工,整个过程也应该保证是绿色环保的,要实现循环再利用;在施工工作中,选用高素质节能建筑人才,技术使用低能耗、高效率、少污染的技术和措施。

我国是一个能耗大国,大家应该积极响应号召,一切以节能减排为目的。节能施工技术在建筑方面的应用可以帮助我们尽量少用不可再生资源,节约土地、水、建筑能源等,同时也可以为人们提供一个健康、舒适的生活场所和工作环境。节能主要体现在建筑行业,就是要从图纸设计开始,到使用的建筑材料、施工技术,全面实现节能目标。建筑相关单位应该遵守相关法律法规和章程,认真贯彻落实国家标准条款,既保证正常施工运营,又保证节能减排,实现企业的可持续发展。

(二)应用节能施工创新技术的优势

房屋建筑节能施工有着很重要的意义。可以应对时代要求,推动新能源的开发,加大对太阳、风能的使用,降低对传统建筑材料的依赖性,促进新技术的推广,有效推进循环经济的发展。节能施工技术本身体现了全面协调可持续发展战略,既可以推进建筑行业的快速发展,提升建筑行业的整体发展水平,还促进了国民经济的发展,同时起到了节能减排、保护环境的效果。

1. 门窗节能技术的优势

采用新型玻璃:有一种低辐射玻璃如果制成中空的,比较适用于北方,冬天可以保暖,夏天可以隔热。它的传热系数是普通单层玻璃的 1/4～1/3。这种低辐射玻璃的主要特点是反射率低,这是因为它的表面涂了一层半导体氧化物的薄膜,可大量获得太阳的辐射能,对红外光和可见光的透光率较高。因为对常温下长波红外热的反射率高,因而有很好的保温性能。

提高外窗气密性:在门窗框与墙缝间,设置泡沫塑料密封条,采用弹性松软、密闭型材料;在框与扇之间,可以使用橡胶、泡沫密封条等;扇与扇之间可以使用缝外压条等;扇与玻璃之间的密封可以使用弹性压条等。

门窗节能施工的控制要点:门窗严禁用射钉枪固定;墙体间缝与框之间的填充材料要嵌满压实,表面平整无裂缝;中空玻璃的安装要符合要求规定,弹性止动片要安装在玻璃两侧,间距不大于 300 毫米,压条连续时,第一个弹性片应距槽角 50 毫米。

2. 屋面节能技术的优势

合理选择保温材料:保温材料有很多,板状的有水泥聚苯板、聚苯乙烯板、加气混凝土块等,散料浇水泥浇筑的有浮石、炉渣、珍珠岩等。在选用屋面保温隔热材料时,又按照有关设计要求和产品规范,选择容重低、吸水率低、导热系数小的保温材料,材料保存方面要注意防水防潮,在施工时,如果有必要,可首先进行适配。

倒置式屋面:传统屋面构造中,防水层在保温层上面。所谓倒置式屋面,就是将这两层颠倒。因为在传统工艺中,通常使用水泥珍珠膨胀岩、矿棉岩棉等非增水性材料,如果吸湿,会增加导热系数,因此需要一次建立防水层、保温层、隔气层,复杂了构造,增加了造价。同时由于防水材料位于最上层,老化的加速会导致缩短防水层的寿命,为防止此现象的发生而加铺的保护层,会增加额外投资。

屋面绿化:经过绿化的屋面,可以降低屋面的表面温度和屋面下的温度,同时还可以降低建筑物周围环境温度。种植屋面保温效果明显。

屋面保温施工的注意要点:首先,保证基层施工的平整和干燥。其次,板材之间的黏合要牢固,松散材料的铺设要保证厚度、压实、平整。再次,在基层防水层的铺设完毕后,要及时进行保温隔热层的施工,还要防止保温隔热层的受潮、受损。然后,保温层厚度的偏差不能超过5%的范围。最后,要在保温层上设置封闭隔离层。

(三)实现节能施工技术对建筑企业可持续发展的建议

20世纪70年代,由于世界能源危机的爆发,促进了建筑节能技术的快速发展。20世纪80年代,我国已经意识到建筑节能工作的重要性,但是由于当时特殊的国情和我国的经济发展状况,严重制约了节能技术的研究和发展。当下,对环境的重视,和谐发展观的提出,说明我国已经把节能施工放在了足够的高度。建筑市场上各种节能减排技术的使用,使得我国建筑工程空前发展,能源浪费的情况进一步呈现下降趋势。关于实现节能施工技术对建筑企业可持续发展应主要朝着以下几个方面发展。

1. 加强节能技术的理论研究:与国外相比,我国的房屋建筑节能减排技术还处在幼稚阶段。虽然,国外的节能技术应用已经达到非常成熟的地步,并且依然呈现出持续上升的态势,但是在理论方面的研究却不够系统,没有一套完整的理论体系来供我们学习借鉴。因此,我国的研究人员要在节能理论方面做大量工作,促进我国专业人才的学习,最后为我国建筑工程服务。新型节能材料的开发利用:在节能材料的市场,还是国外产品居于主导地位,这就会在无形中提高成本。因此,我国自己必须研发节能材料,占领市场,降低成本,追逐超额利润。

2.借鉴国外先进技术:改革开放的三十年,其实是我们学习国外的三十年,建筑节能技术也不排除在外。虽然,经过不断地借鉴和学习,我们的节能技术取得了长足的进步,但是与国外的差距还是非常明显。这就要求我们要继续更广泛地借鉴国外的先进技术,洋为中用,来促进我国建筑节能技术的发展。

我国的房屋建筑节能技术呈现出全方位、多元化发展的趋势。从技术理论和技术层面来讲,都能够满足我国建筑行业的基本要求,但还是要继续推进节能技术的广泛使用和节能材料的研发,使得我国建筑工程朝向一个健康、稳定、可持续的方向发展。

节能施工技术在建筑工程方面的应用,不仅可以很好地造福人类的安居生活,还能够实现建筑企业的可持续发展。只有将节能施工技术与建筑工程技术良好地结合在一起,才能达到满意的效果。因此,要大力推广节能施工等创新技术,加大投入,这带给我们的不仅仅是节能减排,还会使建筑行业发展更繁荣,同时促进社会进步。因此,我们要有效利用施工创新技术和先进技术,不断研发新技术,发展能够可持续发展的建筑。

二、企业生产管理的任务和内容

企业的生产过程是指从产品的生产准备开始,直到产品生产出来为止的全过程,它包括并列的四个运动过程:生产技术准备过程、基本生产过程、辅助生产过程、生产服务过程。

生产管理就是对企业生产活动进行计划、组织和控制等管理工作的总称。其基本任务就是按照企业的生产经营大纲,充分利用企业的生产要素,用经济的方式,按期生产出合格的产品。生产管理主要包括生产过程组织、生产计划和生产控制等内容。

(一)更新观念,深化对企业管理的认识

当前,国有企业改制后讲得比较多的是外部条件。建立明确的产权制度,落实企业自主权,完善社会保障体系等。诚然,这是非常重要的,这方面的改革今后还要加快,但外因毕竟是变化的条件,变化的根据主要是内因,即企业的管理。加强企业内部管理非企业自身努力不可,这项工作搞不好,即使产权制度明确了,企业经营自主权落实了,社会保障体系完善了,国有企业的活力也难以发挥出来。所以,能不能搞好企业内部管理,是关系到国有企业,特别是大中型企业兴衰成败的问题。实践证明,任何一个具有生机和活力的企业,它们所以能够持续不断地提高资本运营效益与

效率，都是根植于科学的企业管理。因此，国有企业转机建制，必须转变观念，强化管理。一是把企业改制与企业内部管理有机结合起来，克服“以改代管”的现象，以改制保管理，以管理保改制；二是正确处理好企业效益的增长和管理加强的关系，克服只要效益好就是管理好的片面认识，不能用利润上升掩盖管理上的淡化、弱化现象，解决好企业管理滑坡的问题；三是以市场为导向和归宿，拓宽企业管理的广度和宽度，从企业的经营决策到工程验交后的服务，以及影响企业效益的各个环节都纳入企业管理的内容，要从过去局限于工程施工过程或某一方面的管理，扩大到包括工程施工的人、财、物和工、运、管全过程的管理；四是向深度发展，要探索一些更深层次的问题，推进“三改一管”，把改革、改制和改组结合起来，把管理抓上去。深化改革要求管理工作深化，管理的深化能够保证改革有条不紊地进行，使改革落到实处，观念的更新则是管理深化的保证，这是转机建制的前提条件。

(二)明确目标，建立科学的管理机制

科学的产权制度和科学的管理机制，是企业转机建制的两大支撑条件，二者相互依存，缺一不可，如果只改产权制度，不改内部管理机制，现代企业制度只能是穿新鞋走老路，有名无实。

传统的管理制度是管理者根据工作任务的不同，将企业内部机构分成各司其职的职能部门，将员工细分为工作任务和工种各不相同的岗位，并制定出一系列的规章制度予以保证，这种高度细化的劳动分工，否定了企业经营中的粗放式管理，保证了高度的专业化，促进了技术水平的提高。在一定的生产力发展水平下有着积极的作用。但是，这种管理制度的考核指标重数量，轻质量；重投入，轻产出；重物力和财力，轻人的智力；注重完成任务，轻经济效益，已成为影响企业的重大问题，必须加以改造。

建立科学的管理制度首先要求摒弃过时的观念、体制和运行机制，把追求单一的发展速度完成施工任务总额转变为追求成本、质量、服务效益和速度的统一，从管理理念、企业的组织制度、管理体制和运作机制等方面，对旧制度进行改造。通过推进深层次的改革，重组企业机制，完全脱胎换骨，实现企业内部的“裂变改制”，达到国有企业转机建制，建立现代企业制度提高经济效益的目的。

1.要突出人本管理，建立约束和激励机制

人是生产力最活跃、最积极的因素。我国的经济体制改革是以增强企业活力为中心环节的；增强企业活力的力量源泉，就在于充分发挥劳动者的智慧和才能。俗话说：事在人为，物在人管，财在人用。企业要实现转机建制，必须切实加强以人为中心

的管理,通过优化对职工行为的管理方式,健全约束机制和激励机制,提高职工参与生产经营决策的意识和能力,充分发挥职工的积极性和创造性,为广大职工创造一种自己能够掌握自己命运,激发其潜在能力的文化氛围,创造出自己的管理特色和新意。

2.要引用先进的管理方法,提高企业管理素质

“机制”说到底,是企业内部各项管理制度的组合,是企业的神经网络问题,是搞活国有企业致命的问题之一。要搞活机制,必须健全、完善内部各项管理体制制度,实现其有效、合理的优化组合,而先进的管理方法,则是实现其有效组合的前提条件。

(三)抓住关键,完善各项管理手段

科学的管理机制,必须依据先进的管理方法和手段来运作实现,通过改革和完善企业内部管理模式,提高企业管理整体素质,达到机制创新、制度创新、技术创新、管理创新并举,真正实现企业转换经营机制,建立适应市场经济新体制的现代企业制度。

企业管理是一项复杂的系统工程,要发挥管理的有效功能,必须优化管理系统。为此要抓住几个关键环节。

1.必须以质量为龙头

工程质量是一个企业综合素质高低的综合反映,也是施工企业的生存之本。抓住了质量,就是抓住了企业内部管理的“牛鼻子”。对施工企业质量管理,当前要以贯标为契机,完善质量保证体系,严格过程控制,严格落实内控标准制度,多创精品名牌工程,实现对业主的质量承诺。质量管理是全员、全面、全过程的管理,我公司近些年来狠抓质量不放松,从人、机、料、工、管、环全方位到科教、施工生产、工程验交全过程,都严格按程序办事,这种质保体系的正常有效运转,保证了我公司工程质量合格率达到100%,优良率达96%以上。

2.必须以成本为核心

企业的基本目的是追求投资回报,实现效益的最优化。而效益的一个最突出指标就是利润,与利润矛盾地统一于一体的是成本。作为企业,不论前方与后方,不论机关与基层,一切活动都与成本有关。所以抓成本管理首先要教育和动员全体职工,要增强全体职工的成本意识,确定科学的成本目标,使之积极参与并监督搞好成本核算和控制,挖掘降低成本的潜力,减支节约,降低消耗。其次要抓重点,抓大头。除了抓住科技进步降成本这个大头以外,还要抓好业务招待费、差旅费、低值易耗品、经营收入及各种应收款以及施工现场等各种管理,要经常做好经济活动分析,找出升高成

本、出现浪费和各种漏洞的真正原因，然后对症下药，采取果断措施加以解决。近几年，我公司针对可比成本有升高趋势的现象，狠抓了工程项目利润提留、内部劳务承包等管理，做到计划归口、经营归口、收入归口、分成政策归口，堵住了各种漏洞；严格出差管理，实行单位、财务、公司领导三级把关，事前借款控制，事后报账控制，既做到了统筹兼顾，办好了该办的事，又大大降低了管理费支出。

3. 必须以制度作保证

企业的规章制度，是管理工作基础的东西。抓内部管理制度，一是制度要全，做到事事有章可循，二是制度执行要严，做到人人有章必依。公司不论是质量、安全、环保、档案、财务、物资、计划、劳动、现场等物质文明建设方面，还是政工、计划生育等精神文明建设方面，都有系统配套的管理制度。同时，狠抓制度落实。比如现场管理，规定现场物品一定要做到定置化；又如劳动管理，公司实行班组、分公司、项目三级巡查制度，从公司（分公司）领导到工人，上下班都实行严格的考勤登记制度。

4. 必须坚持持之以恒

只有“恒”才能使管理转变为生产力，而半路停步的管理，哪怕再严，都是对管理系统的破坏，是对企业大厦根基的动摇，其后果与不抓管理一样恶劣。要做到“恒”，就要不断强化全员特别是管理人员的管理意识，提高管理素质，从而克服那种靠外部力量促管理的被动做法，不断改进管理方法和手段，真正做到常抓不懈。

三、全面质量管理

全面质量管理这个名称，最先是 20 世纪 60 年代初由美国的著名专家菲根堡姆提出。它是在传统的质量管理基础上，随着科学技术的发展和经营管理上的需要发展起来的现代化质量管理，现已成为一门系统性很强的科学。

全面质量管理是企业等领域不可或缺的管理理念，在管理界得到广泛应用，它是探讨企业如何提高工作效率和经济效益，改进产品质量的概念，一直是管理领域研究的热门课题。

（一）全面质量管理的起源

全面质量管理是质量管理的高级阶段，它起源于 20 世纪 50 年代的美国，长期以来，在推动企业发展，提高产品质量以及增强企业竞争力方面发挥了巨大作用。随着生产力的发展、技术的进步以及知识经济时代的到来，全面质量管理不断呈现出新的发展动态。全面质量管理是在传统质量管理的基础上发展起来的一种先进的质量管理理念和技术方法，被广泛应用于各个领域，随着科技的进步，生产力的发展，员工的能动性和参与管理的积极性成为确保企业立足于市场的不可缺少的因素。

(二)全面质量管理的内容

全面质量管理最早是由美国菲根堡姆博士提出的,其核心思想是在企业各部门做出质量发展、保持和改进的计划,以最优质的水平进行生产与服务,获得消费者最大程度的满意。即以顾客为中心,把让顾客满意作为检测质量的重要标准。1961 年菲根堡姆提出全面质量管理的概念后,在世界各国得到广泛的推广和应用,成为各企业提高产品质量,增强企业竞争力的有效途径。

1.全面质量管理的含义

全面质量管理是一门系统性很强的科学,是一种由顾客的需要和期望驱动的管理哲学。是以质量为中心,建立在全员参与基础上的一种管理方法,其目的在于获得顾客满意、组织成员和社会的利益。世界权威公认的全面质量管理概念是美国菲根堡姆于《全面质量管理》首先提出的"全面质量管理是为了能够在经济的水平上,并考虑到充分满足用户要求的条件下进行市场研究、设计、生产和服务,把企业内各部门研制质量、维持质量和提高质量的活动构成为一体的一种有效体系"。

简单地说,全面质量管理,就是组织企业全体职工和有关部门参加综合运用现代科学和管理技术成果,控制影响产品质量全过程和各因素,合理高效地生产和提供消费者满意的产品的系统管理活动。质量不仅取决于各种工序,还涉及企业各个部门人员。所以,质量的保证要通过全面质量管理来实现。

2.全面质量管理的内容

内容与方法的全面性:不仅要着眼于产品的质量,而且要注重形成产品的工作质量。工作质量是产品质量的保证。通过提高工作质量不仅可以保证提高产品质量,而且还可以使得成本降低、供货及时、服务周到、更好地满足用户需求的目的。

全过程控制:即对市场调查、研究开发、设计、生产准备、采购、生产制造、包装、检验、储存、运输、销售、为用户服务等全过程都进行质量控制。

全员性:即企业全体人员,包括领导人员、工程技术人员、管理人员和工人等都参加全面质量管理,并对产品质量各负其责。

(三)全面质量管理的重要性

全面质量管理是一种现代化的质量管理,是一种以质量为核心的管理理念,是企业提高自身素质,增强市场竞争力的有效途径,已成为事实上的国际统一思维、统一语言、统一文化,已成为一种世界管理潮流。

首先,全面质量管理又是控制产品质量的现代化管理方法。全面质量管理是系统的经营管理理念，产品的生产往往涉及几百个甚至成千上万套件，又要经过几十甚至上百道工序，影响产品质量的因素很多，以致一个关键细节的疏忽就会酿成难以预料的质量事故，因此，产品质量控制已经成为一个复杂的系统工程。全面质量管理又是一门新兴的、与时俱进的管理学科，它把一切能够促进、提高和改进产品质量的自然科学与社会科学的成果都吸收、应用到管理中来。帮助人们对产品质量进行定量分析，在生产经营活动中用科学说话，及时正确地给经营决策部门和质量控制部门提供动态质量信息，合理地调整生产系统和控制产品质量。其次，全面质量管理还要求与产品质量水平相适应的技术基础工作。它包括标准、计量、检验、设计图纸、工艺规范的正确、先进，包括与产品水平相协调的设备管理、生产环境、工程能力等。现代的专业技术和管理技术是现代化工业生产的两个轮子，缺一不可。最后，全面质量管理最讲实事求是。它要求所有的数据、图表、曲线真实可靠，反映生产现场的实际情况，反馈工序过程的真实状态。

全面质量管理运行至今天，已成为企业管理的核心内容之一，没有质量企业就会在市场竞争中走向消亡，企业的质量比企业中的任何领导人对企业的指令都更具有约束力和控制力。

(四)全面质量管理的含义和特点

全面质量管理是由企业各部门和全体职工参加，综合运用现代管理技术与方法，通过质量保证体系，对影响产品质量的全过程和各种因素进行控制，以确保产品质量的稳定与提高的系统管理活动。

1. 全面质量管理的特点

第一，全面的质量含义。质量不仅包括产品的质量，而且包括工作质量。产品质量是企业各部门工作质量的最终体现，工作质量是提高产品质量的基础和保证。第二，全过程的管理。产品质量是在企业生产经营的全过程中形成的，因而质量管理也必须渗透到生产经营的全过程之中。第三，全员的管理。产品质量是全体员工工作质量的体现，因而要动员每一名员工积极服从质量管理工作，实行全员管理。第四，多种多样的管理方法。全面质量管理综合运用多种管理技术和方法，大大提高了管理的科学性。

2. 全面质量管理的基本原则

第一，质量第一的原则。全面的质量是企业在现代市场激烈竞争中的立足点，是企业的生命，因此，必须把质量放在各项工作的首位。第二，一切为用户服务的原则。全面质量管理是从了解用户需要、到经济有效地满足用户要求的经营性管理，用户满意是产品质量的最高标准。第三，预防为主的原则。全面质量管理要求“防检结合，预防为主”，重点放在“事先控制”上，努力做到防患于未然。第四，一切用数据说话的原则。全面质量管理以质量数据为依据，全面进行质量分析，把握质量运动的特点和规律，从而有效地进行质量控制，保证了质量管理活动的科学性。第五，一切按PDCA循环管理的原则。PDCA循环管理是全面质量管理活动的标准化程序，按照这个程序开展活动，可以有效地提高质量管理工作的效率。

3. 质量保证体系

质量保证体系是企业在生产经营过程中建立的严密、协调、高效的全面质量管理系统，包括设计试制、生产制造、辅助生产和销售使用四个过程的质量保证。质量保证体系的运行方式就是PDCA循环，是计划—实施—检查—处理这一过程的简称。4个阶段分为8个工作步骤，计划包括找出现存问题、分析产生问题的原因、找出主要原因、制定改进措施4个步骤；实施、检查分别为第5、6两个步骤，总结处理包括总结经验、找出尚未解决的问题第7、8两个步骤。

质量管理中要运用一些统计分析方法。常用的有排列图法、因果分析图法，以及相关图法、直方图法和控制图法等。

四、企业财务管理

财务管理在企业经营中具有重要影响，企业财务管理是根据资金运动的规律，遵守国家法律制度，对企业生产经营过程中资金的形成、使用和分配，进行预测、计划、控制、核实和分析，提高资金运用效果，实现资本保值增值的管理工作，本文就此做一简要分析。

(一)成本和成本管理

企业在生产过程中所发生的直接费用和间接费用的总和构成产品的制造成本。管理费用、销售费用和财务费用属于期间费用不能计入产品成本。

成本管理是企业为降低产品成本而进行的各项管理工作的总称，主要包括成本计划、成本核算、成本分析、成本控制等内容，主要是在实际成本发生以前，在分析过去生产经营活动的基础上，调查了解市场和技术发展趋势，预测产品成本的变化，确定目标成本，制订成本计划；根据成本计划的要求和各种消耗定额及标准，对实际成本发生过程进行控制，采取有效措施，克服影响成本的不利因素；对生产过程的实际消耗和各项开支进行准确及时地核算，保证实际成本的真实性与可比性；对实际发生的成本进行分析，即分析实际成本与定额标准的差异及原因，便于采取有效措施，使成本管理达到新的水平。

(二)企业资金筹集

企业资金由两部分构成,一部分是所有者权益,即企业所有者对企业净资产的所有权,包括投入资本、资本公积金、盈余公积金和未分配利润等;另一部分是企业的负债即企业承担的能以货币计量、需要以资产或劳务偿付的债务,主要有流动负债和长期负债等。企业资金筹集的渠道主要是国家投入资金、企业内部积累、金融机构资金、其他法人资金、国外资金、职工和民间资金等方面。在市场经济条件下,合理筹措资金是企业财务管理的一项重要任务。企业筹措资金的方式主要有争取国家拨款、金融机构贷款、内部积累、发行股票、发行债券、租赁、联营和引进外资等多种形式。

(三)企业资产管理

1. 流动资产管理

企业的流动资产是指可以在一年内或超过一年的一个营业周期内变现或者运用的资产。

流动资产管理的要求:正确预测流动资产的需要量;合理筹集流动资产运动所需要的资金;科学控制流动资产的占用数量;不断加速流动资产的循环与周转。

2. 固定资产管理

固定资产是指使用期限超过一年,单位价值在规定标准以上,并且在使用过程中保持原有实物形态的资产。

固定资产管理的要求:摸清固定资产家底,科学确定固定资产需用量,搞好固定资产投资;正确计提固定资产折旧,使固定资产的有形损耗和无形损耗都能得到合理补偿。切实搞好固定资产的保全,保证固定资产完整无缺;不断提高固定资产的利用效果,充分发挥固定资产的效能。

3. 无形资产管理

无形资产是指企业长期使用但没有实物形态的资产,包括专利权、商标权、著作权、土地及矿山使用权、非专利技术、商誉等,具有无实体性、专用性和不确定性等特点。

管理无形资产的要求:正确评估无形资产的价值,防止这部分资产的流失和侵蚀;按规定期限分期摊销已使用的无形资产;重视无形资产的作用,充分发挥无形资产的效能并不断提高其使用的效益。

4. 财务分析

财务分析是运用财务报表数据对企业过去的财务状况和经营成果及未来前景做

出的评价。通过财务分析，可以为财务决策、计划和控制提供广泛的帮助。在财务分析中，比率分析是最基本的分析方法，主要分为三类：偿债能力分析，就是通过企业偿债能力指标的计算和分析，来判断企业负债的安全性和短期负债的偿还能力；营运能力分析，主要通过一系列指标分析判断企业资金流进、流出速度及销售活跃情况；企业盈利能力分析，主要通过一系列指标分析判断企业的盈利状况。

（四）利润分配

《企业财务通则》规定，企业的利润按照国家规定做相应的调整后，依法缴纳所得税；缴纳所得税后的利润，除国家另有规定外，按照下列顺序分配：第一，弥补被没收财物损失，支付各项税收的滞纳金和罚款；第二，弥补以前年度亏损；第三，提取法定盈余公积金；第四，提取公益金；第五，向投资者分配利润。企业以前年度未分配利润，可以并入本年度向投资者分配。

对于股份制企业而言，按以上利润分配程序提取公益金后，再按以下分配顺序进行分配：第一，支付优先股股利；第二，提取任意盈余公积金；第三，支付普通股股利。

（五）财务管理在企业经营中的地位

在发展经济建设，促进国民经济发展的当今社会中，企业管理以财务管理为中心是当今新体制、新经济形势的产物，是社会经济发展的客观必然结果。

我国财务管理从国家对企业高度集中管理到成为企业管理中心，经历了一个漫长过程。从财务管理地位的变迁过程不难看出与社会经济环境的关系。企业成为竞争的主体，必须自主经营、自负盈亏、自我约束和自我发展，使社会资源流向那些利用效率高，效益好的企业而最终达到合理配置，使投入的资本不断运动和增值，这就迫使企业注重运用资金，控制成本和增加盈利。

企业的生产经营活动表现为商品的制造、销售和提供服务，但本质是企业资金的运动和资金的增值过程。企业生产经营的复杂性，决定了企业管理必须包括许多方面的内容，如技术管理、生产管理、设备管理、物资供应管理、销售管理、财务管理等各项管理工作，他们既有各自的特点，又相互联系密切配合。企业为了生存和发展，就必须加强财务管理，充分发挥财务管理的核心作用。

（六）企业财务管理的方法

企业要建立以财务管理为核心的管理体系，要服从和服务于经营需要，改善和提高工作效率及经济利益。就要建立健全会计信息和统计信息相结合的电算化管理。

1.要建立一支符合现代企业发展的会计队伍

这支队伍既要有现代企业的管理观念，又要有现代企业管理的知识，还要有管理现代企业的才能。在此基础上确定新的财务管理思路，激励财务人员参与全过程的经营管理，进行全过程的经济监督，开展全过程的经济服务，把财务管理渗透到企业经营的全过程。

2. 以预算为主体牵头，实行全面预算管理

在社会主义市场经济体制下，资源配置将变得复杂化，管理功能多样，只有实行全面预算管理，才能实施有效控制，其主要工作是，第一，编制企业经营预算；第二，进行有条不紊的预算管理，包括对预算执行情况的跟踪、分析、评价和考核；第三，搞好月度、季度的结算和年度决算。通过预算控制，避免浪费和损失，增产节约、增收节支，确保企业经济效益的实现。

3. 进行资本金的管理，确保资本的保值增值

现代企业的国有资产，是我国社会生产力发展的物质基础，在国民经济中起主导作用。对资本进行管理可以有效地保证企业所有者的权益，使企业各项资本性支出都建立在科学决策的基础上。特别要保证和发挥投资项目的最佳效益，确保资本的保值增值。在考核企业资本金保值增值的内容上，一般包括实收资本、资本公积、盈余公积和未分配利润四个部分，资本金是实现企业自主经营、自负盈亏的前提条件。

因此，建立资本金制度，防止企业行为短期化，防止资产流失，维护企业法人的权益，在现代企业财务管理中就显得十分重要。

4. 进行资金管理，提高资金使用效率

资金是社会化大生产和市场经济运行的“血液”。资金运动不畅或短缺，社会活动就会受到阻碍。以资金管理为中心，加强资金管理，加速资金运转，提高资金的增值能力，利用效果，是市场经济对现代企业经营活动的客观要求。

为此，财务管理要以资金管理为中心，充分发挥资金管理的积极作用，防止资金的浪费和损失。

5. 以管理会计为基础，参与企业的经营决策

管理会计是一个对信息进行搜索、分类、汇总、分析和报告的管理系统。现代企业的经营思路不仅在于眼前利益，而且着眼于企业长远规划和战略思考。财务管理要以管理会计为基础，建立会计核算体系，以正确反映企业理财情况和经营成果。

6. 进行成本费用控制，提高企业经济效益

成本费用控制是指对企业成本费用计划执行过程中的监督、检查、纠偏活动，是企业成本费用管理的重要环节。它是保证目标成本和成本费用计划实现的重要措施；是保证成本费用核算真实准确的必要条件；是促进降低成本费用的有效途径。

7. 理顺财务管理部门与其他职能部门的职权关系

在现代企业制度下，根据产权明晰的原则和企业财产委托经营制度的要求，财务部门与会计部门必须是分设的。财务管理部门还要明确划分与企业管理、生产销售和决策等部门之间的职权范围，形成以财务管理为核心、分工明确、相互协调的管理网络系统。①

企业财务管理贯穿企业经营全过程、覆盖经营全方位，处于企业管理的核心地位。要做好企业财务管理工作，一是靠具有良好素质的财务队伍；二是靠建立科学的合理的财务管理体制；三是靠运用先进可行的管理方法。但首先要转变观念，真正确立财务管理在企业管理中的中心地位，充分认识和发挥财务管理的作用。

第二节　宏观经济管理

我国的宏观经济管理一直对外贸出口有着较强的依赖性，而本国的金融体系改革却发展缓慢，造成了我国经济结构严重失衡。在全球经济一体化趋势不断加强的今天，我国只有根据国际经济变化的趋势，对宏观经济管理进行创新策略的调整，这样才能够适应国际经济发展的实际需要。

一、关于宏观经济管理的独特性质

在社会主义市场经济的背景下，一个统一、开放、竞争和有序的现代市场结构对于宏观经济的运作起到了根本性的调控和推进作用。市场是资源配置的基础手段，也是政府调控经济活动的重要工具。市场具有对社会资源进行高效分配的能力；对企业的经济效益进行公正的评估；具备自动调整商品供应和需求关系的功能；能够迅速地呈现并传达各类经济相关的信息。

在宏观经济的运作中，政府扮演着至关重要的角色：第一，它需要参与并组织国民收入的分配过程；其次，政府需要购置和使用众多的社会产品。政府通过对宏观经济活动进行宏观调控，以达到调节经济、稳定社会的目的。这样的做法无疑会对社会的总供应和总需求之间的均衡关系产生影响。第二，政府通过制定各种宏观经济政策来调节经济，实现其宏观调控目标。第三，政府在社会投资中扮演着关键角色。在当前经济形势下，政府投资项目主要用于基础设施建设、生态环境改善等方面。政府

① 刘媛，姜剑，胡琳. 企业财务管理与内部审计研究[M]. 郑州：黄河水利出版社，2019.

的投资规模和方向对于国民经济的整体发展具有至关重要的影响;政府要建立有效的社会保障体系,保证社会成员在基本生活需要得到满足后继续保持一定水平的消费能力,从而使经济长期稳定增长。第四,政府需要出台货币政策来限制货币的流通。第五,作为宏观经济的主要管理者,政府有能力通过各种政策和税收措施来调控市场参与者的行为,从而对整体经济状况进行有效的宏观管理。在我国现阶段,国家还没有建立起一个完善的社会主义市场经济体系,市场机制尚未完全发育起来。因此,宏观经济管理呈现出行政性、整体性以及间接性的多重特质。在市场经济条件下,宏观经济管理不仅包括宏观总量调控,还涉及微观经济结构优化及微观企业行为调整等方面的内容。在宏观经济管理过程中,妥善处理政府与市场之间的互动关系显得尤为关键。

(一)宏观经济管理

宏观经济管理是一个以中央政府为核心的过程,在这个过程中,国家各级政府为了确保国民经济在市场调控的基础上能够持续、迅速和健康地发展,并实现良好的宏观经济效果,会运用各种经济、法律和行政手段,对国民经济的整体发展趋势和相应的比例关系进行有意识地引导和调整。

1. 宏观经济管理的必要性

(1)为了补偿"市场的不足",强化宏观经济的管理变得尤为重要。市场经济条件下,市场机制是经济活动运行的基本方式,但同时又存在着一定程度上的局限性。市场机制并不是解决所有问题的万能工具,它存在一些固有的缺点,例如市场机制调节的盲目性、滞后性、短暂性、分化性和市场调节在某些领域的无效性。因此,需要通过国家的宏观经济管理来弥补这些市场缺陷。

(2)为了保持市场的有序运行,强化宏观经济的管理是至关重要的。在我国社会主义经济制度下,市场机制是资源配置的基本手段,它通过竞争来实现对资源的有效配置。在市场经济的背景下,确保市场竞争的公正性是发挥市场在资源配置上优势的关键因素之一。市场经济是一种竞争经济,市场机制在资源配置中具有基础性作用,可以促进社会生产力发展,提高经济运行效率。仅仅依赖市场的自我调节机制是不足以保证市场竞争公平性的,这样还可能导致市场垄断和过度的投机行为,从而破坏公平竞争的基本机制,并进一步引发市场秩序的混乱。因此,必须依靠政府对市场主体行为进行有效的调控。为了确保市场经济的有序运行和公平竞争,政府采取了建立、维护和保障制度规范的措施,并进行了严格的市场监管,以确保市场交易的公平性。

(3)为促进国民经济持续快速健康发展,有必要加强宏观经济管理。

(4)为更好地发挥公有制的优越性,有必要加强宏观经济管理。

(5)为维护公平分配和国家整体利益,有必要加强宏观经济管理。

2.宏观经济管理目标

这描述的是一个社会状况,其中所有具备工作能力且愿意投入工作的人,都能在相对合适的环境中找到合适的职位。充分就业是指每个公民均能得到充分、稳定、充足的劳动报酬或其他形式的收入,而不是指所有个人都可以获得足够数量的劳动机会。全面就业并不等同于"全员就业"或"每个人都能找到工作"。实际上,人们是根据个人的劳动时间、劳动收入等方面的差异而进行选择,因而不同的个体对同一问题作出的判断往往有所不同,即所谓"非自愿失业"。仅当失业是非自愿的情况下,它才被视为真正的失业。失业率是衡量一个国家或地区经济发展水平的主要标志之一,它直接关系到国民经济能否持续、快速、健康地增长,也影响着劳动者的切身利益。过高的失业率不仅导致了人力资源的巨大浪费,给失业者和他们的家庭带来了生活上的压力,还可能转变为社会的不稳定因素。目前,我国经济正处于高速增长时期,但由于各种原因,失业率却一直居高不下。因此,在全球范围内,各国政府都把控制失业率和实现全面就业视为宏观经济管理的核心目标。所谓宏观管理,是指一国或地区各级政府通过制定经济政策,对经济运行进行宏观调控,以保证经济持续、快速发展的一种活动过程。宏观经济管理职能是指在国民经济管理过程中,国家政府应当承担的责任和所能发挥的作用。

社会总供给:指一个国家或地区在一定时期内(通常为一年),全社会向市场提供的可供购买的最终产品和劳务的价值总和。它包括国内生产提供的部分与进口的商品和劳务总量。

社会总需求:指一个国家或地区在一定时期内(通常为一年),全社会通过各种渠道形成的对产品和劳务以货币支付能力的购买力的总和。按社会总需求性质划分,可分为消费需求、投资需求和出口需求三部分。

社会总供求平衡:指一个国家或地区范围内,同一的计算口径、同一时期内,社会总供给与社会总需求在总量和结构上的协调的一种经济状态。这种状态包括总量平衡和结构平衡。

社会总供求平衡的意义:社会总供求平衡均衡构成了国民经济能够持续、迅速和健康增长的基础条件。只有实现了社会总供求关系的动态平衡,才有可能为国民经济提供稳定可靠的基础条件。持续、迅速、健康地发展国民经济是宏观经济管理的根本目标,而社会的总供求平衡是国民经济持续、快速、健康发展的基础。社会总供求关系既可以通过总量均衡来实现,也可以通过结构平衡来实现。在此背景下,社会总供求平衡确保了国民经济能够持续、有序地发展,同时,社会总供求结构的均衡也确保了国民经济能够按照一定比例、和谐且健康地增长。

社会总供求平衡均衡构成了优化资源分配和经济构架的根本。社会总供求矛盾的存在及其变化,直接影响到整个国民经济运行质量和效果。合理的资源分配和经济结构的优化不仅是提升社会经济效益的关键因素,也是宏观经济管理追求的主要目标之一。社会总供求的均衡发展与整个社会生产力水平相适应,并能使国民经济持续稳定地向前发展。在社会供需达到基本平衡的前提下,国民经济的各个部门和行业之间存在一个大致的平均利润率。生产要素在这些部门和行业之间的流动保持相对稳定,这有助于推动社会资源的合理分配,优化经济结构,并持续提高国民经济效益。因此,社会总供求不一定总是趋于均衡,有时还可能出现某些失衡或失调现象,这就要求我们对经济运行中存在的问题加以重视,并采取相应对策加以解决。与此同时,社会总供求平衡已经达到了基本的平衡,这也为经济结构的调整提供了一个极佳的机会。随着我国经济体制改革的进一步深入,市场体系逐步建立,市场竞争日趋激烈,消费者对商品要求日益多样化。在这种情况下,供应压力与需求压力并存,为了追求更高的盈利,企业会积极地调整其产业和产品结构,以更好地适应不断变化的需求模式。

为了提升城乡居民的生活品质,社会总供求平衡显得尤为关键。随着经济体制改革的深入进行,我国经济发展速度加快,人民生活改善较快。在社会供需达到基本均衡的背景下,与广大城乡居民的日常生活紧密相连的物价保持稳定,就业机会相对充足,商品供应丰富,服务细致,收入水平持续上升,居民的物质和文化生活品质也在不断提升。

为了实现社会经济的发展战略目标,社会总供求平衡显得尤为关键。我国当前正处于社会主义初级阶段,社会总供给与总需求之间存在着矛盾和不协调。每一个国家都有其特定的社会经济发展战略目标,为了确保这些战略目标能够得以实现,必须构建一个有利于社会经济发展的良好环境。因此,必须把社会总供求平衡放在整个国民经济和社会发展战略中加以研究和考虑。只有当社会总供求平衡达到基本均衡时,国民经济才有可能持续、迅速和健康地增长,并在此基础上,进一步推动经济、社会、生态和人的全方位发展等多个发展策略目标的达成。

经济波动:指经济总量扩张与收缩的一种经济运动现象。

经济周期：指因经济波动而使宏观经济运行呈现出繁荣、衰退、萧条、复苏的周期性运动过程。

按经济周期波动性质，一般可分为绝对周期和增长周期。绝对周期指经济总量绝对水平的波动，主要表现为经济衰退中经济总量绝对水平的下降；增长周期指经济总量相对水平的波动，主要表现为经济衰退中，经济总量水平增长的同时经济增长率的下降。

宏观经济计划是国家为了实现一定的经济发展目标而对未来一定时期国民经济发展主要方面所做的总体战略部署和安排，其特点有：宏观性、战略性、政策性。

宏观经济计划的地位。是国家管理和调节国民经济的基本依据，在宏观经济治理体系中居中心地位。宏观经济计划是宏观管理的基本依据。宏观经济计划规定着未来一个时期经济社会发展的基本目标，规定着宏观经济运行的速度、比例和效益等基本走势，一切宏观经济管理活动都要以实现宏观经济计划为主要目标。正是这种计划主导型的宏观管理模式，决定了宏观经济计划是宏观经济管理的起点和归宿；宏观经济计划是宏观经济管理的中心环节。从宏观经济管理职能看，宏观经济计划是宏观决策的具体化，体现着事关国民经济发展大局的社会经济发展目标、发展战略、重大方针政策等，决定着事关社会经济发展全局的长期规划、产业结构、区域布局、国家投资、国民经济等重大经济问题，是宏观经济管理的中心职能，在宏观经济管理中居于主导地位，其他的宏观经济管理职能，都是要服从宏观计划职能，围绕宏观经济计划的实现而展开；宏观经济计划是协调各种宏观经济管理手段的中心。为了实现宏观经济管理目标，需要借助一系列的宏观经济管理手段，其中包括：计划手段、经济手段、法律手段和行政手段等。这些手段无疑都是宏观经济管理的重要手段。但这些手段如何协调一致、形成合力，共同实现宏观经济管理目标，则必须以宏观经济计划为中心。这是因为宏观经济计划是宏观经济管理的基本依据和宏观经济管理的中心环节，也是统领宏观经济管理中各项重大的经济活动。

产业政策是国家根据国民经济发展的内在要求和一定时期内产业现状及变动趋势，以市场机制的作用为基础，通过调整和优化产业结构，提高产业素质，从而提高供给总量的增长速度，并使供给结构能够有效地适应需求结构要求的政策手段和措施的总称。

产业政策的核心是产业结构的质态升级。[①] 产业政策作为落后国家赶超发达国

① 郭玉芬.现代经济管理基础研究[M].北京：线装书局，2022.

家而出的赶超政策,其核心是通过对产业结构的自觉设计和调整,促进产业结构的高度化和合理化,进而推动国民经济持续、快速、健康的发展。

(二)财政政策工具

国家预算:国家财政收入与支出的年度计划。

税收:国家凭借政治权力参与社会产品分配的重要形式,是政府组织财政收入的重要手段。

公债:即国家信用,是国家举借的内、外债的总称,是国家以信用方式筹集财政收入的一种手段。

购买性支出:政府利用财政资金购买商品和劳务的支出。

转移性支出:政府把财政资金的一部分无偿地、单方面地转移到社会保障和财政补贴等方面的支出。

法定存款准备金政策:法定存款准备金政策是中央银行在国家法律所赋予的权力范围内,通过规定和调整法定存款准备金率,调节存款准备金和货币乘数,调控货币供应量的一种政策手段。

再贴现政策:再贴现政策是指中央银行通过规定或调整再贴现率和商业银行等金融机构向中央银行申请再贴现的票据种类资格,干预和影响货币市场的供给与需求及市场利率,以调节货币供给量的一种政策手段。

公开市场业务:公开市场业务是中央银行在货币市场上通过买卖有价证券活动调节基础货币,从而调节货币供应量的一种政策手段。

(三)紧的货币政策和紧的财政政策

这种策略组合被称为“双紧”政策。这种紧缩的货币政策主要是通过增加法定存款准备金率、再贴现率等手段来缩减信贷支出,并通过公开市场活动来减少货币供给,从而降低社会的总体需求;松的财政政策则主要是通过调整税收政策来调节经济增长,以达到扩大内需,稳定物价水平之目的。严格的财政策略主要是通过提高税收、减少财政开支、国家信誉和财政盈余等手段来限制社会总体需求的增长。“双紧政策”是一个长期的过程,在这个过程中需要考虑到各种宏观经济变量之间的关系及其相互传导机制,并结合我国国情选择恰当的实施时机。在需求急剧增加和物价不断攀升的情况下,通常建议实施“双紧”策略。如果需求紧缩,价格下跌,则可采用“双松式”搭配方法进行调节。“双紧”的组合方式对经济产生的效果与“双松”的组合完全是相反的,它的正面影响能够有效地控制社会的总体需求,并减轻通货膨胀的压力;其消极面,则使投资增长乏力,消费不振,从而导致经济增长速度下滑,就业减少。

它的负面影响是，在压制社会的总体需求时，供应也会受到限制，这可能导致整体经济的衰退。

二、宏观经济的总量平衡

宏观经济总量平衡是宏观经济运行的基本要求，也是宏观经济管理的主要目标。

社会总供给与社会总需求是宏观经济运行与管理中的两个最重要的指标。在宏观经济管理中，宏观经济运行的各种变量最终都要归结为社会总供给与社会总需求两个总量。通过对这两个总量进行科学的调节和控制，可以促进国民经济的健康协调发展。

社会总供给是指一个国家或地区在一定时期内(通常为一年)提供给社会可供最终使用的产品和劳务总量。其中，包括国内生产提供的部分和进口的商品和劳务总值。

社会总需求是指一个国家或地区在一定时期内(通常为一年)通过各种渠道形成的对产品和劳务的货币购买力。按需求性质划分，包括消费需求、投资需求和净出口需求三部分。

理解社会总供求平衡这一问题，应注意以下几点：第一，总供求平衡不是指绝对相等，而是指二者的基本平衡或基本协调；第二，总供求平衡不仅包括静态平衡，更重要的是指动态平衡；第三，总供求平衡既包括总量平衡也包括结构平衡；第四，总供求平衡既包括短期平衡，也包括长期平衡。影响短期总供求平衡的因素主要有：财政收入平衡；信贷收支平衡；国际收支平衡。

影响长期总供求平衡的因素主要有：社会资源的配置状况；技术水平和管理水平的高低；产业结构是否合理；经济管理体制是否科学、合理。

实现总供求的平衡是宏观经济管理的最终目标。实现总供求的平衡对宏观经济的顺利运行具有重要意义，具体来说：第一，实现总供求平衡是保持国民经济持续、快速、健康发展的基本条件；第二，实现总供求平衡有利于社会资源的合理配置和经济效益的提高；第三，实现总供求的基本平衡有利于经济体制改革和产业结构的调整。

三、宏观经济的周期性波动

经济周期是指宏观经济在运行的动态过程中，其运行扩张与收缩的交替变动。宏观经济周期性波动是一种客观必然现象。

经济周期通过经济增长率、工业生产指数、就业水平、收入水平等综合指标的波动显示出来。经济周期包括萧条、复苏、高涨和衰退四个紧密联系的过程，具体表现为谷底、扩张、顶峰和萎缩四个阶段。

经济的周期性波动是由社会总供需矛盾以及其他多种矛盾共同影响而产生的。因此，研究和分析经济的周期波动及其特征，对于我们认识经济运行规律，制定宏观经济政策具有重要意义。通过观察新中国成立后的经济周期性波动，我们可以识别出我国经济周期波动的几个主要特征：第一，我国的经济周期波动相当频繁，并且时间间隔呈现出不规则性；第二，我国的经济周期波动在很大程度上受到政府行为的影响；第三，我国的经济周期的波动与固定资产的投资和通货膨胀（或称紧缩）有着紧密的联系；第四，我国经济的周期性波动与不合适的产业结构有着密切的联系。

经济的周期性波动可能会干扰宏观经济的稳定，导致经济的不稳定。如何有效地克服经济周期对国民经济带来的不利影响是一个重要而迫切的课题。为了确保国民经济能够持续、稳健、迅速和健康地增长，在进行宏观经济管理时，有几个关键因素需要注意：第一，必须科学地构建宏观经济政策，并设定合适的经济增长速度，建立有效的宏观调控体系和机制，使宏观调控具有科学性、有效性；第二，我们需要适度地控制固定资产的投资规模，并特别关注投资结构的优化；第三，通过综合应用多种策略和手段，对宏观经济状况进行有效的调节和管理。经济在沿着经济发展的总体趋势的增长过程中，常常伴随着经济活动的上下波动，且呈现出周期性变动的特征，即经济活动沿着经济发展的整体趋势经历有规律的扩张和收缩。这种现象被称为周期性的经济波动。

（一）我国宏观经济周期性波动概述

经济周期波动是现代经济社会具有的一种普遍现象。马克思在《资本论》中指出：经济周期是“现代工业特有的生活过程”。这种过程实质上反映了宏观经济在运行过程中反复出现的对其均衡状态的偏离与调整过程。按照西方经济学的理论，经济周期是指经济活动沿着经济发展的总体趋势所经历的有规律的扩张和收缩。经济周期大体经历周期性的四个阶段：繁荣、衰退、萧条和复苏。

从我国的国民经济发展历程来看，经济的增长总是伴随着经济的波动。在不同的历史阶段，由于经济运行条件、宏观经济目标和宏观政策环境存在差异，经济周期性波动表现出一定的差异性和复杂性。尤其是自改革开放政策实施以来，由于受到全球经济结构、经济制度基础、经济运作方式、经济构成以及宏观经济调控策略等多种内部和外部因素的影响，我国经济的周期性波动特点变得更为突出。

从宏观角度观察，波谷持续上涨意味着我国的经济增长增强了对抗衰退的能力；

波动幅度的逐渐增大说明我国的经济正在朝着健康方向迈进。波峰持续的减少意味着我国经济在某种程度上降低了盲目扩张的倾向，从而提高了发展的稳健性；波动幅度的缩小则反映出我国经济运行趋于平稳和健康。平均经济地位的上升意味着我国经济成功地避免了剧烈的波动，整体经济水平也得到了明显的提升；周期和经济周期都呈平稳状态。周期性的增长意味着我国的经济增长呈现出更为持久的特点。同时也说明了我国经济体制改革取得了很大进展。总体而言，在体制改革与经济增长的交互影响下，我国经济的周期性波动逐渐稳定，经济增长模式也得到了显著的优化。

(二)宏观经济政策变化对银行业产生重大影响

经济增长中出现的周期性波动是一个不可避免的事实。在不同阶段，经济发展具有不同特点，相应地银行也有不同要求。只有当我们了解、掌握并合理应用这些规律时，银行业才能持续地、健康地向前发展。在这之中，由国家基于经济状况进行的宏观经济调整，对银行业产生了最为深远的影响。我国现行的货币政策是以抑制通货膨胀为目标，因此，国家宏观调控的目的就是为了控制通货膨胀。在对国家宏观经济进行调控时，应根据其性质将其分类为放宽货币供应和紧缩货币供应两大类。当宏观经济调控策略放宽银根时，对银行产生的效果是正面的，但当宏观经济调控策略收紧银根时，对银行的冲击和挑战更为明显，这种影响主要集中在以下几个关键领域。

1.银行信贷供求矛盾突出：在国家开始实施宏观经济调控之后，银行受到了宏观经济调控和产业政策调整的双重影响。在减少贷款发放，特别是流动资金贷款的同时，银行也提高了清收的速度。这导致银行的信贷供应受到了限制，但由于市场上的信贷需求是刚性的，并没有立刻相应地减少。这种供需不平衡将不可避免地影响企业的运营，降低银行的效益，并增加银行的信贷风险。对于泡沫经济，宏观经济的调控对银行产生的冲击尤为剧烈。

2.信贷结构不合理现象加剧：一是大户的贷款风险呈现出明显的集中趋势。这导致一些效益较差、生产经营困难的小企业也被纳入贷款范围。在实施宏观经济调控之后，为了更好地控制风险，银行决定将贷款的主要市场集中在那些规模较大且当期收益良好的大型核心企业上。因此，在目前宏观经济形势下，商业银行对经营管理不善和资产质量低下的大中型企业贷款有一定难度，这也是银行“惜贷”的原因之一。当表现良好的公司因行业景气的下滑或新一轮的宏观经济调整而遭遇困境时，这可能为银行带来集中的风险。这些都是商业银行信贷管理中存在的隐患和潜在威胁。此外，当银行大量进入大型企业贷款的竞争营销中，这可能导致贷前调查的宽松、贷款条件和流程的简化等不规范行为。从信贷规模看，银行业金融机构贷款主要集中于制造业、房地产业、金融业等行业。二是贷款行业的结构趋于一致的现象非常明显。这主要是受国家产业政策导向以及地方政府融资需求的拉动作用所致。现阶段，众多的银行机构在贷款的方向选择上，更倾向于电力、电信、教育、交通等领域和建设项目，导致各大商业银行的贷款结构越来越相似。这不仅会导致企业资金周转困难，而且会造成银行贷款质量下降、信贷资金流失，甚至诱发金融危机。这些授信对象普遍具备项目周期较长、自有资本相对较少、资金需求巨大以及受到政策影响较大等多种特性，因此存在着显著的风险和隐患。四是部分企业对信贷资金缺乏有效利用和管理。三是贷款结构的长期化和存贷款期限的不匹配，这两个问题都非常突出。“过分强调营销而忽视风险”和“过分关注余额而忽视结构”的现象为信贷资产带来了潜在的风险。

3.不良贷款攀升，经营难度加大：一是银行新发放的贷款在稀释不良贷款率方面的效果已明显降低。随着我国经济增长进入新常态，经济增速放缓，经济结构和产业结构不断调整优化，企业生产经营困难将逐步显现，部分企业面临停产倒闭等风险，银行的信贷管理难度也会进一步加大。二是企业对资金的紧张预期，这可能会增加信贷的总体风险。在银行资金总体紧张和流动资金供应相对减少的背景下，部分企业因担忧无法获得银行持续的资金支持，在具备还款能力的前提下选择“惜还”或“拒还”贷款，从而增大了银行贷款的风险。部分银行的不良贷款反弹压力较大，甚至出现了不良贷款集中爆发现象。在银行回收贷款、原材料价格上涨和应收账款增长的双重压力下，某些企业可能面临资金链断裂的风险。这不仅会干扰企业的日常运营，还可能对上下游以及相关企业的经营产生负面影响，最终可能导致整个银行业的金融机构面临不良贷款的增加。另外，由于信贷紧缩导致一些企业资金紧张，而一些企业又不具备向银行贷款的条件，因此，银行在审查授信时存在很大困难。另外，由于资本的限制，银行正在或正计划对某些授信客户进行压缩或退出，如果操作方式不恰当或力度过大，也有可能触发一系列的连锁效应。三是考虑到宏观经济调控对某些行业和企业可能产生的时滞效应，潜在的风险可能会在一个更长的时间段内逐渐暴露，而不良贷款也有可能在一定程度上出现反弹。

银行，作为一个特殊的货币金融机构，代表了宏观经济的周期性行业。无论是面对利率、汇率的波动，还是全球经济的起伏，银行始终处于风险的前沿。随着经济进入新常态和中国特色社会主义市场经济体制建设进程的加快，银行面临的外部冲击将越来越大，对银行风险管理提出了更高要求。在我国以间接融资为主导的金融结构中，商业银行的信贷资产在各个经济周期中面临的风险各不相同。但在经济繁荣的阶段，由于企业的盈利表现出色，贷款的质量通常不会受到影响；在经济萧条时期，由于企业面临破产或倒闭而导致银行出现巨额亏损，银行的不良贷款率就随之提高。然而，在经济下滑的阶段，除了对银行的经营收益产生直接影响外，企业的运营和盈利也可能遭受重大打击，从而为银行引入新一波的坏账。在经济下行压力增大时，由于银行信贷扩张速度过快，使其承担了更大的信贷风险。另外，商业银行的贷款规模扩张已经成为推动我国固定资产投资快速增长的关键因素。然而，随着经济的过热，宏观经济调控也使得银行成为风险的主要承受者。因此，银行信贷的增长速度和投资方向受到了限制，这无疑为银行的运营带来了更大的风险。

（三）银行业应对经济周期变化的对策建议

1. 构建宏观经济预警机制，成立决策支持机构

为了更好地理解宏观经济的运行状况，我们需要深入分析金融监管机构的政策方向，全面掌握全国各个地区的经济发展状况，并据此确定商业银行业务发展的关键区域和行业。我们需要紧密关注国家的产业政策变动，强化对行业和信贷投放的持续跟踪与分析，确保准确掌握贷款投放行业的未来趋势、市场潜力和市场规模。此外，我们还需要加强对行业信贷授信总量的研究和控制，并在此基础上构建一个能够提前响应宏观经济变化的机制，以减轻宏观经济周期波动带来的系统性风险，避免因与国家或监管机构的政策冲突而产生的风险，并从战略层面确定银行业务发展的主要方向。

2. 适应宏观经济周期的波动，调整和优化信贷资产的结构

建立一个“最优”的资产组合是至关重要的。这涉及调整现有资产、优化新增资产，并增加那些得到宏观政策支持或处于经济景气上升阶段的行业的信贷资产。同时，也需要减少那些受到宏观经济调控影响较大或正处于经济低迷时期的行业的信贷资产，从而构建一个多样化的、有助于风险分散和最大化效益的资产组合。

（1）结构性调整新增资产

从总量入手，着力解决结构性的问题，一方面控制部分行业的过度投资和盲目发展，另一方面大力支持和鼓励一些薄弱行业的发展。即使对于过热行业，在政策上也不搞“一刀切”，该控制的则是坚决控制，该支持的大力支持。结构调整主要从以下三个方面着手：行业结构调整；客户结构调整；资产结构调整。

（2）针对性优化存量资产

对于那些因经济周期转为萧条或宏观经济调控而增加风险的贷款，应当实施信

贷退出政策，将这些风险性贷款转化为现金或更为安全的贷款形式。对风险较小、没有发生金融危机的企业可以继续使用，但要严格限制使用范围和期限。对于已经转变为不良资产的贷款，需要按照不良资产的处理流程进行转移。对于已经转化为不良贷款的贷款要在规定时限内及时清理出不良债权，不能清收的则要按照相关法律法规处理。对于那些风险较高且面临支付危机的企业，应当迅速停止其贷款行为，并通过实施多种策略来积极地回收这些贷款。对于那些无法回收贷款的企业，应考虑实施资产保全措施。对有支付能力但还未完全偿债的企业，应该采取“以退为进”的策略，即通过减少贷款额等方式降低贷款率。对于那些存在风险但现金流和支付能力正常的企业，我们应该以回收贷款为核心，采纳逐步退出、逐步推进的策略，并通过增加贷款额度、提供更多抵押物和提供担保来确保贷款的安全性。对于一些已不能归还贷款的企业，也要进行破产清算或兼并处理，这样既可减少损失又能避免银行破产后的不良贷款问题。当需要退出信贷时，我们可以参考国外的做法，通过贷款交易的方式，并通过出售贷款来达到这个目的。

3. 加强利率风险管理，构建顺应宏观经济形势的资产负债管理体系

(1)经济周期与利率的关系非常密切

通常情况下，在经济周期的低迷时期，利率是最低的；当经济增长时期，利率上升最多。随着经济逐渐走向复苏，利率也开始逐渐上升，并在经济繁荣时期达到顶峰。因此，利率是反映资金供求状况和市场价格变化的敏感指标，也是调节社会总需求、促进国民经济稳定运行的重要经济杠杆。随着我国金融制度改革的不断深化，利率市场化逐渐成为金融市场改革的主要方向，这无疑将对商业银行的运营和未来发展产生长远和深刻的影响。当前，利率风险已成为我国商业银行面临的重要风险之一。商业银行需要审慎评估当前形势，加强对利率风险的管理，并适时地调整其经营战略，以实现高品质、持续和健康的发展。

(2)建立科学高效的利率定价机制

我们需要加强对利率的管理和分析，以科学和准确的方式预测利率的变化趋势、水平、结构和周期特性，从而形成对金融市场的迅速响应，最大限度地减少利率变动可能带来的不良影响。加强资金价格与利率风险管理。为了不断优化利率的定价策略，我们根据金融市场的整体利率、资本成本、贷款成本、贷款收益、风险差异和行业竞争状况等多个因素，设定了全行的基准利率。同时，根据不同市场和客户的信用状况，我们也授权了一定的浮动范围，以增强利率管理的有效性。

(3)建立完善利率风险控制体系

加大管理力度，制定严格的利率管理规定和制度，以规范操作行为。增强对利率

实施状况的研究、审查和监控，以预防利率相关的风险。

建立一个以利率风险控制为中心的资产与负债的管理框架。是商业银行适应市场经济体制变化、增强竞争能力的重要举措。加强对利率风险管理的认识，逐渐将利率风险管理确立为资产和负债管理的中心环节，以确保资产和负债的总量达到平衡和结构平衡。完善利率风险管理制度体系，健全利率风险管理机制，加强对利率风险的事前防范。明确各相关部门在利率风险管理的各个环节，如规划、识别、计量、监控和评价中的权利和职责，引进利率敏感性分析和缺口管理技术，构建利率风险限额管理体系，以确保利率风险始终处于可接受的范围内，最大限度地减少利率变动可能带来的负面影响，从而确保商业银行的经济效益持续稳定提升。

4.建立全方位的风险监管体系，加强宏观经济周期变化的风险控制

建立完善的风险管理体系，切实防范和化解金融风险，既是银行风险管理的重中之重，也是应对经济周期变动、实现可持续发展的一种现实选择。

(1)建立前瞻性的风险监管体制，加强风险预测

基于周期性原则，我们评估了信贷资产当前和未来的风险，预测了信贷项目可能的违约风险和潜在的负面影响。根据宏观经济状况和竞争环境，我们及时调整了风险管理的政策、流程和方法，以增强风险管理政策的前瞻性和适应性，从而提高风险管理的整体效率和实效性。

(2)建立立体化的风险监控体系，加强风险管理

我们需要进一步优化公司的法人治理框架，并明确董事会与管理层之间的权益与职责。在商业银行内部建立有效的公司治理机制。通过风险管理委员会，董事会能够对风险管理进行全面的战略决策管理；通过一个独立且具有权威性的风险管理机构，实现了对银行内部各个机构风险的有机整合和统一管理；通过全面而科学的风险识别、量化、监控、管理和转移手段，实现了对风险全程的有效监管；通过明确和合理的职责划分，确保风险管理在各个业务部门以及上下级之间能够有效地进行协调和联动管理。

(3)建立完善的风险准备制度，提高抗风险能力

在全球范围内，各大银行普遍将风险准备制度视为防止风险损失的最终防线和生存保障。我国国有商业银行由于历史原因以及自身体制等多方面的原因，在风险管理制度方面存在着一些问题。目前，我国的商业银行在风险管理方面尚存在不足，其风险管理能力也相对较弱，因此，风险准备机制对于银行的持续运营显得尤为关键。在金融危机之后，我国商业银行面临着巨大的压力和挑战，而风险管理能力不足又是制约其进一步发展的瓶颈之一。因此，商业银行应该抓住宏观经济繁荣的有利

时机,建立充足的风险准备金,抓住盈利空间扩大的机会,提高准备金覆盖率和资本充足率,以防止未来的风险损失对银行的持续运营造成影响。

5.利用经济周期变化,提高不良资产的处置回报率

在经济下滑的阶段,不良资产经常大量地被暴露出来,这也是商业银行急切需要处理这些不良资产的时刻。在这个过程中,银行的不良资产处置与国家的宏观经济政策有着密切的关系,同时又受经济周期波动影响。然而,一个不容忽视的事实是,在当前的经济周期中,某些行业或项目被视为不良资产,而在接下来的经济周期中,它们可能会转变为高质量的资产,这涉及不良资产处理的时机选择。这就是金融周期与经济周期不一致所导致的风险放大效应,这种效应会造成不良信贷资产的累积,最终影响金融体系乃至国民经济健康发展。因此,金融行业在处理不良资产时,必须深入理解经济周期的变化模式和其独特性,并善于利用这些变化进行处置。

6.加快金融创新,增强适应宏观经济周期变化的竞争能力

对于企业来说,创新是其持续生存和成长的关键驱动力。同时,也对商业银行带来了严峻挑战。在当前的全球背景下,金融创新的实践带来了前所未见的新工具、新技术和新市场,这在很大程度上改变了金融行业的传统业务和经营模式,重新定义了金融的总量和结构,并推动了金融和经济的飞速增长。同时,随着全球金融市场一体化进程的加快,国际资本流动日益频繁,使各国银行业之间的竞争更加激烈,这无疑给我国商业银行带来了严峻的考验。在传统银行的经营哲学中,银行的主要业务集中在存款和贷款上。由于业务范围有限和产品短缺,银行业受到经济周期波动的巨大冲击。如果不考虑国家的信誉作为支撑,在经济大幅波动的背景下,银行的运营可能会受到严重影响。因此,为了更有效地适应经济周期的波动,银行业有必要加强对业务创新研究的投入,并持续寻找能够带来利益同时规避风险的产品和解决方案。

(1)经营模式创新

简单来说,主要目的是促进投资银行业务的快速发展,同时推行“混业经营”模式。“混业经营”这个术语通常指代由商业银行进行的,包括保险和证券在内的金融服务活动;广义来讲,这是指银行不仅仅从事保险、证券等金融行业,还同时持有与金融无关的公司股权。鉴于我国当前金融的发展态势,各银行可考虑运用金融控股公司的策略,来进行多元化经营,以应对各种不同的业务需求。眼下,我们应当着重扩大投资银行的业务规模,抓住我国资本市场增长的黄金机会,将证券筹款者、投资者、证券代理、基金机构以及其他中介组织视为核心对象,为证券发行、交易、融资融券和代理业务提供全面服务。我们还应努力为未来更广泛的混合业务积累经验。当条件适宜,可以根据实际需要,通过持有控股权的子公司,来开展保险和证券等金融服务。

(2)业务方式创新

随着外国银行的涉足,国内的垄断市场格局被进一步瓦解,传统的资产负债业务的利润空间将持续萎缩,银行将不得不步入微薄利润的时代。因此,我们应当进一步加强业务的创新,从而创新地面对经济周期的波动以及市场竞争的新形势。在业务模式的创新方面,我们可以看到资产业务、负债业务以及表外业务等几个方面都有了创新。

(3)品牌管理创新

在当今的金融市场中,竞争不仅仅是竞争,而且还包括品牌之间的竞赛。通常说来,品牌的稳定性与经济时期的波动无关,这不仅是银行的核心竞争力,还构成了银行抵御经济周期波动和经济风险的基石。要使品牌持续地拥有强劲的生命活力,就必须构建一套完整的推广战略,持续创新,推进产品的不断升级和更替,寻找新的品牌发展机会,从而增强银行的市场竞争力和品牌价值。

四、宏观经济管理的主体

在宏观经济管理方面,国家的各个层级政府是主导力量。在宏观经济管理的过程中,政府借助其行政职能和生产资料所有权,发挥其特定的功能和职责。为了满足社会主义市场的经济体系需求,我国政府承担着宏观经济管理的主要职责,这包括基于总体经济发展需求进行宏观决策,并对整体国民经济的增长目标、战略方向、政策建议和宏观计划进行深入研究和实施。

(一)政府在宏观经济运行中的职能

根据国民经济发展目标,制定和实施国民经济和社会发展的长短期规划;宏观调节,即运用各种政策和手段,协调国民经济发展的重大比例关系,协调各方面的利益关系;宏观监督,即通过制定各种法规,维护社会和经济秩序,促使宏观经济目标的实现;宏观服务,即通过提供信息、公共设施、社会保障等各种服务,为企业生产经营和人民生活创造良好的环境。

1.政府在宏观经济运行中的基本职能

(1)维护产权制度

为了市场经济的存在和繁荣,产权的明晰定义及其保障是关键基础。市场经济可以被视为一种交换模式,为了确保市场经济的稳定运转,这需要以明确的产权界定和充分的产权保护作为基石。从经验上看,随着市场经济的进一步成长,经济关系也逐渐变得更加错综复杂,这使得产权的明确和维护变得尤为关键。我们观察到,尽管现代国家宪法已明确地将财产权的保护作为一项关键准则,但实践操作中仍然存在产权明确界定的问题没有得到全面解决。随着市场经济的持续发展，新的产权结构可能会应运而生，由此引发的新型产权矛盾，无疑增加了产权的定义与其保护的复杂性。在处理诸如公共产权和知识产权的议题时，我们需要从新的角度去寻找和尝试新的策略来处理它们。

(2)维护市场秩序

在市场经济体系中，竞争是核心经济。在市场经济环境下，追求盈利或者利益最大化往往成为商品制造商和经营者直接的驱动因素。但如果仅仅为了实现这种利益的最大值，就可能导致竞争变得不计后果，从而引发市场混乱和经济波动，最终导致市场经济的不稳定运行。再者，市场中的争夺是一种自然的优胜劣汰机制，这样，一部分市场份额会逐渐被少数有优势的企业所支配，导致市场逐渐被少数到少数企业所垄断。在市场垄断下，企业可以通过控制垄断价格来实现垄断利润，无需通过技术创新、降低成本和强化管理来达成。然而，这往往会导致经济失去活力和推动力，使得整个产业陷入一种失去活力的局面。显而易见，无论是混乱的市场竞争还是市场的垄断，都将妨碍市场经济的健全增长。因此，作为宏观经济的管理者，政府有责任从一个更加全局的经济发展战略出发，担负起维系市场正常秩序的重要任务。通过制定具体的规定和规则，对市场的竞争参与者进行限制，并对任何破坏市场正常秩序的行为实行打击措施；为了维持市场的活跃竞争，我们应当制定相应的法律来限制市场的独占地位。

(3)提供公共产品

经济学家相信：采纳强制的法律措施来制止商家对商品的倾销是可以实现的；在政府的立场下，刺激公共产品的产生显得更为艰难。公共产品包括了众多的例证，如国防用品、灯塔、天气预报工具、环境保护设备、公路建设项目以及基础科学和公共健康领域的帮助。由于利益分布得如此广，覆盖了所有居民，以至于没有任何企业或普通消费者能提供经济激励去提供公共产品，这样的公共产品在完全的私营生产下就不会出现。由于私人生产用于公共产品的资金常常是不足以满足需求的，因此政府有责任介入这些公共产品的生产过程中。一般上，政府必须参与公共产品的制造和供应，尤其是与社会相关的公共设施，例如邮政服务、通信设施、交通网络、港口设施和大型水利设施等，这些通常在我国仅由政府或国有公司负责。尽管很多西方发达国家在公共产品的制作和供应上大量选择了“私营”模式，但它们仍然需要来自政府的指导和政策支援。

(4)调节社会总供求关系

社会总供给与总需求的平衡，是市场经济正常运行的根本条件。社会总供给与总需求的平衡，实际上包括相辅相成的两个方面，即总量平衡和结构平衡。总量平衡是结构平衡的前提，结构平衡是总量平衡的基础。[①] 当我们处于自由竞争的环境中，社会的供求平衡主要是由市场的自发机制所驱动的。尽管市场在社会中扮演着关键角色，但经验告诉我们，要持续维持社会总供求之间的稳定是一件挑战，并需要支付高额的成本，这主要是因为市场的机制往往是缺乏策略和方向的。身为市场上主要的参与者的公司，因其固有的社会地位受到限制，往往在不充分理解经济活动信息的情况下，难以准确预测整体经济的发展方向和趋势，从而使得它们的投资行为更加契合。当这些无目的性的措施在某种程度上聚合为巨大的动力时，经济失衡将不得不发生。为了防止经济发生严重的失衡，或希望失衡后能够及时恢复到经济平衡状态，必须依赖于那些熟悉和控制经济全局的政府，积极地调整社会的总供应和需求关系。

2. 政府在市场失灵领域中的职能

(1)抑制垄断势力

经济学理论认为：企业规模大会带来效率，但它也会带来市场权势和免于竞争的压力。竞争的自由可能蜕变为串通的自由或吞并竞争对手的自由。所以，政府需要采取措施来抑制垄断势力。政府常常控制垄断企业的价格和利润，如对地方公用事业的控制，禁止合谋定价和禁止价格歧视。

(2)控制外部效应

当社会人口更加稠密时，而且当能源、化学制品和其他原材料的生产量更快增长时，负数溢出效应(或负外部效应)就由微不足道的损害而增长成为重大威胁。这就是政府参与所具有的意义。政府必须制定法规(如反污染法、反吸烟条令)来控制外部效应，如空气和水的污染，不安全的药品和食品，以及放射性的原材料。尽管批评者抱怨声称：政府的经济活动是不必要的强迫。可是现在大多数人都赞成：需要政府来控制由于市场机制而引起的一些最坏的外部效应。

(3)促进社会财富公平分配

市场经济作为一个基于承认差异为基础的竞赛性经济模式，所以基于竞争存在的薪资差距甚至是逐渐扩大的差距形成了一个正常的经济发展模式。人们必须认识到，效率不是由差距所决定的，如果排除收入差距，就无法形成一个真正意义上的市场经济环境。然而，收入的不均可能导致效率的进一步下降，进而对经济稳定增长造成威胁，这会激发社会的两极分化和不同群体与利益集团之间的深刻冲突。因此，无

---

① 罗善海，罗为. 信息化时代下经济管理及其应用研究[M]. 北京：中国商业出版社，2020.

论是在资本主义的市场经济环境还是在社会主义的市场经济体制中,仅仅依赖市场来调整收入分配是难以形成既能够不断提高经济效益,同时也可以推动社会的和谐、稳定和公正合适的分配机制的。市场调节机制的不足,需通过由政府主导的资金分配方式来加以纠正和补足。政府在收入再分配的职能方面,是主要依赖财政收支来完成的;随着政府的收入再分配功能逐渐走向更加系统化和规范化的方向,社会保障体系也在稳步完善,这已经逐步被确立为政府在调整收入分配关系时的关键手段。

3.政府在开放经济中的职能

(1)根据国际贸易条件,确定合理的主导产业

这通常需要考虑这样一些因素,即国际上先进国已有生产者的竞争力所带来的劣势,国际市场的有利条件,国内要素的结构。只有如此,才能建立起一批能够参与国际竞争的主导产业,并通过国际贸易获得利润而实现资本积累,进而增加就业机会,带动国内其他相关产业的发展。当已经建立起来的主导产业其市场(国内外)趋向于饱和时,便需采取果断措施进行产业的调整,以便通过主导产业的更新换代来保持不衰的国际竞争力。

(2)吸收先进国家的资本和技术优势,加快经济发展

当然,吸收的技术要符合本国的禀赋结构和产业特征,不合适的则要加以改进。吸引外资发展本国经济被证明是一条可行的途径,但外资所有者与后进国政府在合作中必然存在利益的矛盾,如何管理外资、发展本国产业是个关键的问题。

(3)为国内企业家参与国际竞争提供必要的支持

开放经济使国内市场与国际市场连在一起,如果没有政府给予企业家必要的支持,那么国内企业无论在本国发展还是向国外投资都将面临很大的风险。

(4)建立符合本国的制度安排并使这些制度安排与国际接轨

发展中国家使本国的制度安排尽可能地与国际接轨主要有以下两个方面的好处:一是可以提高国际竞争力;二是可以减少对外开放的交易费用。

4.政府在经济转型期的职能

这些国家的政府在市场经济的建立、完善和管理上,在社会环境的改善等方面有许多特殊的工作要做。

(1)推动市场体系的建立和完善

市场经济作为一种特定的制度性安排,并不是可以完全依赖自然和自发的努力来达到,也不能在不投入任何成本的情况下在短时间内成功地实现。在市场机制还未完全构建和优化的阶段,如果政府没有展现应有的积极角色,或许会诱发更多的经

济矛盾和社会挑战。因此,除了鼓励社会进行改革之外,政府还需努力推动市场体制的逐步构建和持续完善。

(2)促进社会保障体系的形成

在经济正经历转型的国家中,与市场制度一致的社会保障体系似乎并不完善。特别像中国这样一个人口众多的国家,在社会保障设施上之前较为不足,主要依赖国有企事业单位的有限支持来确保就业机会与居民的基础生活需求。目前,众多的国有企业运作并不高效,随着改革的进展,企业可能会经历破产、并购或重组,这无疑会导致人员流失,大量的多余劳动力会流向大众,导致失业人口快速增加,从而对我国的社会保障制度提出考验。若不妥善应对面对的这些难题,社会稳定性可能无法被守护,进而妨碍改革的流畅推进。所以,为了建立和完善我国的社会保障体系,并确保养老金、失业津贴、医疗保险、贫困援助金等得到正确的筹资和分配,仅依赖企业或个人的努力是不足以完成的,政府在这一过程中发挥着无法被其他社会组织取代的关键角色。

(3)国有资产的有效管理

原来的计划经济体制国家中,国有资产都有相当大的规模,国有经济一般占据着国民经济的主导地位。因此,在改革的过程中,如何防止国有资产流失,实现国有资产保值和增值,提高国有资产的运营效益,是政府义不容辞的责任。

(4)自然环境和社会环境的治理

环境被视为一项公共资源。在这种情况下,如果我们不能采取有效措施来解决这些问题,那么人类就无法摆脱自身面临的生存困境。在众多国家的成长轨迹中,特别是像中国这种经济持续高速增长的国家,其自然和社会环境都呈现出各种程度的退化。如果这种趋势不能得到有效控制和纠正,不仅会使人类自身面临巨大压力,也将影响整个地球的生态环境。这实质上是对将来的一种“过度消耗”。如果不采取有效的治理手段,我们可能会面临更加严重的危机。如今,人们不仅要承受由环境污染和社会秩序恶化引发的各种短期影响,而且在未来还需要为此承担更高的成本。因此,从一个长期和全面的视角来看,政府有责任采取积极的管理措施来应对这一问题。

(二)政府管理经济的有限性

作为市场经济的核心机制,宏观经济管理对于市场经济的稳健和健康增长具有显著的推动效果。从宏观角度看,宏观经济管理能够有效地协调资源配置和利益关系,实现社会经济活动效率与公平兼顾的目标。然而,从宏观经济管理的角度看,作为政府的主动策略,它并不能完全解决市场经济中遇到的所有难题,反而存在其固有的限制,可能导致其失效。如果政府不能及时有效地处理这些问题,就可能导致整个国民经济的失控和危机。当市场未能妥善处理问题时,政府的处理方式可能是积极的,也可能是消极的。由于政府的全局性特质,其功能失效可能导致社会经济遭受比普通市场失效更为严重的资源损失。

1.政府失灵的基本含义

政府失灵是指政府行动不能增进效率或政府把收入再分配给那些不应当获得这种收入的人。

2.政府失灵的原因

导致政府失灵的原因是多种多样的,下面对此从四个方面做一些简单的分析。

(1)政治决策失误

政治决策,作为一种非市场的决策方式,具有与市场决策不同的独特性质。政治决策是一种特殊的非竞争性社会行为。在市场决策过程中,个体作为主要的决策者,私有物品作为目标,并在一个完全竞争的经济环境中进行;政治决策则以国家作为决策主体,由社会组织机构承担决策任务。在政治决策过程中,集体被视为决策的主体,公共物品被视为决策的目标,并在一个具有明确政治秩序的政治市场中得以实施。政治决策具有很强的政治性、公共性和政策性等特征,这就决定了它不仅要受国家权力的制约,而且还要受到各种非国家因素的影响和限制。因此,做出政治决策是一个异常复杂的任务,其中充满了各种挑战和阻碍,这使得政府在制定和执行有效或合理的决策时面临困难,进而可能导致政治决策出现错误。具体来说,导致政治决策失误的主要因素有以下几个方面。

①公共决策失误导致的政府失灵。政府的许多关键决策流程过于烦琐。这是因为消费者对所需要的公共产品具有不同的需求偏好,从而导致了市场失灵和社会冲突。通过观察公共物品的生产与供应,我们可以明显感受到,这样的决策流程在某些情况下不只是流程烦琐,还往往缺少真实的资讯。在我国,由于受传统计划经济的影响,一些政府部门往往以牺牲公共利益为代价去满足某些人的个人利益需求,而这又是很难被接受的,从而导致了一系列社会矛盾与冲突的产生。如果政府想要适当地提供公共物品,就必须准确了解消费者的个人喜好,否则就无法实现资源的最优分配。因为,在现实生活中,由于各种因素的影响,决策者往往会对所提出的各种建议做出不同程度的修正或修改,从而形成了一个不断调整的动态系统。为了克服这些挑战,从理论角度看,我们可以通过提供经济刺激手段来“诱导”人们说出真实的话,

但到目前为止，我们还没有找到一个在实际操作中真正有效的策略。因此，当面临复杂的决策挑战和难以达到完美的决策流程时，决策过程可能会出现错误。

②决策信息的不完全性。决策信息的获取总是困难而且需要成本的，因而许多政策实际上是在信息不充分的情况下做出来的，这就很容易导致决策失误。

③决策实施过程导致政府失灵。除公共决策失误和决策信息的不完全性导致政府决策失灵之外，政府在决策的具体实施过程也经常会因为受到各种干扰而无法达到预期的目的，如有法不依、有禁不止、上有政策下有对策等。

(2)政府的过度膨胀

政府的过度膨胀似乎已成为一种不可避免的趋势。对于政府过度膨胀的原因解释比较具有代表性的是“官僚主义论”的解释。“官僚主义论”者认为政府过度膨胀是由于下列原因造成的。

①政府官员追求政府机构规模的最大化。

②政府官员的行为不受产权的约束。

③政府官员的行为不受利润的支配。

④对政府部门的监督乏力。

⑤政府机构的高度垄断性。

(3)官僚机构的低效率导致的政府失灵

官僚机构效率低下是众所周知的。其主要原因在于以下几个方面。

①官僚机构垄断公共物品的供给，缺乏竞争。

②政府官员缺乏追求公共利润的动机。

③缺乏对政府官员的有效监督。

(4)分配的不平等

市场行为可能会引发收入或财富的不平等，而那些旨在解决市场分配不均的国家介入，也可能导致权力的过度集中和收入分配的不公正。在市场经济条件下，国家通过各种方式对经济活动实施干预，以促进社会公正和效率。在任何形式的国家介入中，都存在一种现象，即某些人会故意地将自己掌握的权力强加给其他人，而这一行为往往是不可避免地发生在某些人身上，而不是其他人。因此，政府官员的寻租行为必然存在于各种社会经济关系之中。因为权力的不平等分配，政府的官员在寻租的过程中甚至成为主导者，进行了被称为“政治创租”的行为”。在西方发达国家里，寻租行为普遍存在于各种社会、组织和部门之中。尽管寻租行为没有带来任何新的产品或财富增长，但它确实导致了经济资源的转移，从而使国家的干预措施未能成功。在市场经济条件下，国家通过税收等手段来实现对资源配置、社会利益分配和收入再分配制度的调节与控制。政府在尝试重新分配收入时的决策可能导致社会不平等，例如，在表面上看起来公正的累进税制中，某些富裕阶层可能比贫困阶层更倾向于规避税务。

(5)寻租活动导致的政府失灵

人类追求自身经济利益的行为大体可分为两类：一类是生产性的、可以增进社会福利的活动，即寻利活动，如生产、研究、开发活动以及在正常市场条件下的公平交易活动等。寻利活动寻求的是社会新增的经济福利，其本身对整个社会有益，因为它能够创造社会财富。另一类是非生产性的、不会增加甚至还会减少社会福利的活动，即寻租活动，如赌博、行贿、游说、偷盗、抢劫等。寻租活动本身不会增加社会财富的总量，只能引起社会财富的转移、重新分配以及资源的非生产性耗费。寻租活动的后果有以下几个方面。

①造成了经济资源配置的扭曲，阻止了更有效的生产方式的实施。

②这种活动本身白白耗费了社会的经济资源，使本来可以用于生产性活动的资源浪费了。

③这些活动还会导致其他层次上的寻租活动。

由此可见，寻租之所以会导致政府失灵，主要是因为它导致经济资源配置的扭曲，因而成为资源无效配置的根源之一。

(三)避免政府失灵的对策

当市场机制在一国经济运行中占上风时，由此产生的市场缺陷令人想起政府调控这只“看得见的手”；而当政府调控占据主导地位时，政府的失灵又促使人们重新寻找市场那只“看不见的手”。现实中政府与市场并非水火不相容，它们更多的是相辅相成、共同发挥作用的。这一点我们可以从探究避免政府失灵的对策中清楚地看到。

1. 进行宪制改革

公共选择学派的代表人物詹姆斯·布坎南认为，要改进政府的工作，首先必须改革规则。公共选择学派没有直接提出具体的建议让政策制定者选择，而是着重从立宪的角度分析政府政策制定的规则和条件，为立宪改革提供一种指导或规范建议，从而使政策方案更为合理。

2. 在公共部门引入市场机制

经济学家们设想通过在公共部门引入市场机制来消除政府的低效率。其具体设想有:设置两个或两个以上的机构来提供相同的公共物品或服务,使这些机构之间展开竞争而增进效率;借用私营部门的奖惩机制,根据政府高级官员的工作实绩给予特别“奖金”,并允许政府机构的负责人把本机构的“结余资金”用于“预算以外”的“投资活动”,以刺激和发挥政府机构及其负责官员的积极性;将某些公共物品的生产承包给私人生产者,以便更多地依靠市场经济来生产社会所需的公共物品。此外,还可以采取加强和鼓励地方政府之间的竞争来提高地方政府的工作绩效。

3.引入利润动机

即在国家机构内建立激励机制,使政府官员树立利润观念,允许政府部门对财政剩余具有某种自由处置权。当然,这种利润动机容易造成虚假的或损害公众利益的结果,为此必须在引入利润动机的同时加强监督。

4.对国家的税收和支出加以约束

政府活动的支出依赖于赋税,因此,对政府的税收和支出加以约束,可以从根本上限制政府的行为范围,抑制政府规模的过度增长和机构膨胀。这种约束可以从政府预算的程序和预算的数量两个方面入手,其中预算的程序要求在批准程序上保持收支平衡;预算的数量要求政府收支增长直接与国民经济再增长相联系。

五、宏观经济管理目标

宏观经济管理的目标定义为,在特定时间段内,国家政府对某一经济领域的整体管理所期望实现的成果。它不仅包括总需求与总供给之间的均衡关系,而且还包括社会需求与社会生产之间的均衡性。达到总供需平衡是宏观经济管理追求的终极目标。宏观经济管理总目标包括总供给与总需求两个方面。考虑到我国的实际情况,社会主义初级阶段我国的宏观经济管理总体目标可以总结为:在充分利用市场调节功能的基础上,通过恰当地利用政府在宏观经济管理中的角色,确保国民经济能够持续、迅速、稳定和健康地增长,从而不断提升广大人民的物质和文化生活品质。

宏观经济管理的目标定义为,在特定的时间段内,国家政府对经济的整体管理所期望实现的成果。它反映了一国宏观经济系统中各要素之间相互关系以及它们相互之间作用的方向与程度。宏观经济管理的目标不仅是宏观经济管理目标的起点和终点,同时也构成了宏观经济决策过程中的核心议题。因此,研究宏观经济管理目标具有重要意义。考虑到我国的社会制度、经济结构以及当前的国情,我国的宏观经济管理目标应该是,在有助于市场基础调节功能和企业自主经营、增强活力的前提下,通过正确发挥政府的宏观经济管理职能,确保整个国民经济的持续、快速、健康发展,以实现不断获得良好的宏观效益、提高人民的物质和文化生活水平的目标。

宏观经济管理目标有四个方面的内容。

(一)经济稳定目标

宏观经济管理目标是宏观经济管理的出发点和归宿点,也是宏观经济决策的首要内容。宏观经济管理目标主要有经济稳定目标、经济增长目标、宏观效益目标、生活水平目标等。

1.经济总量平衡

这主要涉及社会总供应与社会总需求在总体数量和主要构成方面达到的基础均衡。其内涵包括总量平衡和结构平衡两个方面。在这之中,总量平衡主要涉及在特定时间段内,国内生产总值与外国商品、劳务的输入与投资需求、消费需求与国外需求之间的均衡关系。结构平衡主要涉及投资品与投资需求、消费品与消费需求之间的均衡关系。总量平衡和结构平衡既相互制约又相互促进。在宏观经济的调节过程中,总量是否能够达到平衡成为主要的矛盾。如果总量不平衡,不仅不能有效地促进经济发展,而且还会产生严重的负效应。如果我们能够紧紧抓住这一核心矛盾并有效控制其总量,那么就不会引发大规模的经济波动,从而确保国民经济的健康发展,并为微观经济打造一个公正、流畅且公平竞争的宏观经济环境。总量平衡必须控制在一定水平上所谓总量平衡就是使社会总供给和总需求保持大体相等或大致相当。根据我国近年来收集的实际数据,我国的社会供需差距通常应维持在大约5%的范围内。

2.国际收支平衡

这主要描述的是一个国家对其他国家的货币收益与其货币支出之间的平衡,可能是顺差或轻微的逆差。国际经济交往是指以货币为媒介,进行的一切商品贸易活动,包括进出口业务和资金融通等内容。货币交流主要涉及经济的交易活动。经济交易一般包括国际的贸易、金融以及其他各种经济活动等。根据其特性,国际经济交易可以被分类为自主交易和调控交易。自主性交易又分直接性贸易与非经常性贸易。随着我国对外开放策略的持续实施,与外界的经济联系逐渐增强,这导致了对外经济关系的新的转变,尤其是国际收支的平衡和国内经济的稳健增长。这种变化对国内经济产生了多方面影响,其中之一就是国际收支中经常项目和资本项目的差额增大,从而导致了货币往来量增加,引起国际收支失衡。国内的经济平衡与国际的收支平衡之间,存在着一种相互依赖和相互制衡的复杂关系。由于国内经济发展水平较低,不能有效地调节国际收支,因而造成国际收支的失衡,并由此影响整个国民经济的稳定协调发展。国内经济有能力将不均衡的问题适当地转移到国际收支的环节上，从而有助于在特定时间段内保持国内经济的稳健增长。同时，国际收支也会对国内经济运行产生直接或间接的影响。例如，在国内供应不足导致通货膨胀的情况下，通过增加从国外进口的商品和劳务，以及扩大进口规模，可以在短期内通过国际收支渠道来缓解国内经济的供需不平衡问题。反之，如果进口过旺，则又可能引起出口需求下降，使国内供给过剩，造成物价下跌和严重就业问题。国内经济的稳定增长可能会受到国际收支不平衡的反向影响。

3. 物价稳定

物价稳定主要包括三个方面的意义：一是指整体物价水平的稳定性；二是关于主要商品，尤其是某些关键消费品的物价总体水平保持稳定；三是物价的上涨幅度稳定地低于居民的平均收入增长率。物价总水平是社会总需求和总供给平衡的标志。为了确保物价总水平保持在一个相对稳定的水平，主要的衡量标准是物价总指数。物价上涨幅度与人民群众生活质量之间存在着正相关关系。在我国的市场经济中，价格机制并不意味着政府可以对价格漠不关心。因此，在市场经济体制下，要想实现物价目标，就应该建立以市场供求为基础、参考一篮子货币进行调节的有管理的浮动汇率制度。物价总指数的增长趋势导致各种商品的价格在不断变化，这对于价格体系的改革和经济结构的调整都是有益的。但在进行价格改革时，必须在国家的宏观经济调控下进行，以防止通货膨胀的发生。因此，要把控制物价上涨作为稳定物价总指数的关键措施来抓。只有当物价的增长在社会能够接受的限度之内，并且年增长率不超过3%～5%时，我们才会认为物价是稳定的。

(二)经济增长目标

宏观经济管理不仅要稳定整个国民经济，更重要的还要促进其不断发展。

1. 适度投资规模

这是影响经济增长的直接因素。所谓适度，就是既能满足一定的经济增长需要，又充分考虑一定时期内人力、物力、财力的可能。

2. 合理的产业结构

产业结构合理，经济良性循环，经济效益提高；反之，经济运行阻滞，经济效益下降。调整产业结构主要有两条途径：一是调整投资结构，通过增减对某种产业的投资而影响其发展速度；二是改变现有企业的生产方向，促使一些企业转产。

3. 科学技术进步

要促使经济增长，必须重视科学技术的发展。

(三)宏观效益目标

宏观经济管理所追求的效益是指宏观效益。

1. 宏观经济效益

宏观经济效益不仅体现在一个国家在特定时间段内的国民生产总值或国民收入的提升,同时也反映在该国人民在某一特定时间段内物质和文化生活水平的整体提升上。从这一意义上说,宏观经济效益就是国民经济整体效益和社会整体效益。宏观经济效益代表了国民经济的各个部门和单位在微观层面上的综合表现。它包括全社会再生产过程中生产要素和劳动消耗及其效果。因此,在大多数情况下,宏观经济效益和微观经济效益是一致的,但在某些情况下也会出现矛盾。由于某些经济行为从局部角度看似乎是合适的,但从整体角度看则显得不太合理,因此,其在局部的经济效益增长并不会对宏观的经济效益产生积极的推动作用。另一方面,在某些特定条件下,宏观经济效益的提高又会导致微观经济效益的降低和整个社会总供给不足等现象发生。面对这样的状况,国家政府需要采用适当的宏观经济管理策略,以指导其行为,并努力实现微观与宏观经济效益的和谐统一。

2. 社会效益

指在经济发展中,某些经济行为如产品的生产、利润的增加、技术的采用等,对整个社会的发展和进步所产生的作用和影响,主要表现在精神文明建设方面。如果某些经济行为对社会发展和进步,对人类精神文明建设有积极作用和影响,称为正社会效益,否则就是负社会效益。宏观经济管理不仅要追求较好的宏观经济效益,而且也要追求较好的社会效益。

3. 生态效益

指经济发展对生态平衡、环境保护所产生的影响。现代化生产为自然资源的合理开发创造了条件,但是也为环境污染和生态平衡的破坏提供了可能。环境保护、生态平衡是关系资源再生和人类生存的大事,因此在宏观经济发展中不仅要追求经济的快速发展,先进技术的采用和劳动效率的提高,而且要注意生态效益,使经济发展有利于环境保护和生态平衡。

(四)生活水平目标

满足广大民众不断上升的物质和文化生活需求不仅是社会主义生产的核心目标,也构成了宏观经济管理的终极追求。因此,如何实现这一总目标,不仅涉及国家政治、经济等各方面,而且与社会的稳定息息相关。在国民经济的整体发展过程中,经济的稳定性、增长速度以及宏观经济效果的提升,都是影响人民物质和文化生活水平持续提升的关键因素和基础条件。

1.提高民族素质，适度控制人口

要使人民物质文化生活水平不断提高，必须一方面通过发展经济提高国民生产总值和国民收入的水平，另一方面也要控制人口的增长，提高民族素质。否则，如果人口增长速度超过国民生产总值或国民收入的增长速度，那就意味着人均国民生产总值或人均国民收入的下降，意味着人民物质文化生活水平的降低。

2.充分就业

通常指凡有能力并自愿参加工作者，都能在较合理的条件下，随时找到适当的工作。一般把失业率低于3%～5%看作该社会能够充分就业。市场经济下可以有失业，可以有下岗，优胜劣汰。但是，下岗不是目的，政府通过再就业工程，通过培训，使下岗职工找到适合自己的工作，并使其有竞争压力。我国劳动就业问题比较突出，必须认真对待，它不仅关系到经济的发展，而且是实现社会安定的重要一环。

3.公平分配

仅仅依赖市场机制是无法真正达到社会公平的，它必须在等价交换的层面上体现出机会平等的核心理念。市场经济与社会主义本质要求相适应的关键在于如何发挥市场的作用和怎样运用市场机制。我们一方面采用市场机制，将利益的得失视为竞争的推动力，激励一部分人通过诚实的劳动和合法的经营方式先行致富，从而推动社会的进步；另一方面又要加强对市场活动中各种不正之风和腐败现象的监督检查，使之得到有效遏制。同时，我们也必须认识到我国现在仍然是一个问题在低收入阶段，我们必须将提高社会各阶层人民的生活水平视为社会主义制度的优势所在。为此，政府应在保证经济增长和增加居民收入方面发挥更大作用。我们需要利用税务和其他政策措施来消除因外部环境导致的生活不平等，避免地方、企业和个人之间的收入差距，并通过完善的社会保障制度来满足低收入人群的基本生活需求。

4.建立和完善社会保障体系

社会保障体系包括社会保险、社会救济、社会福利、优抚安置、社会互助和个人储蓄积累等保障。

六、宏观经济的监督

经济监督指的是政府和其下属的管理机构，根据相关的法律、政策和制度，对社会再生产过程中的每一个环节进行全方位的监督和指导。它是国家宏观经济运行的重要组成部分。在市场经济的背景下，强化宏观经济的监管显得尤为重要，这主要体现在以下几点：第一，增强宏观经济的监管可以帮助企业更好地自我约束，并更加自觉地遵守法律；第二，强化宏观经济的监控有助于塑造并保持一个健康的市场氛围和秩序；第三，强化对宏观经济的监控有助于政府更好地进行经济活动的宏观管理。

对于宏观经济的监督，其主要形式和内容包括：第一，依赖于综合经济管理机构来进行经济的监控；第二，通过行政途径来对经济行为进行有效的监控；第三，利用法律途径对经济进行监控。当前我国宏观经济监督中还存在一些问题，如缺乏法律保障、执法不严等。我们应当根据法治国家的核心策略，强化对宏观经济的监控。同时，在宏观经济波动中，还必须注意运用法律来调整市场经济运行中出现的一些问题。首先，有必要对各类经济相关的法律和法规进行完善，以确保其具有明确的法律依据，强化各级政府及其职能部门对经济运行过程中各类违法行为的制约机制，形成良好的社会氛围。其次，我们需要增强执法和监督的力度，提升执法的质量，确保法律的执行是必要的，严格执行法律是必要的；最后，推动司法制度的改革，构建一个权责分明、行为合规、有效监管和强有力保障的执法架构。

（一）目前我国宏观经济政策监督审计存在的问题

宏观经济政策指的是国家采用各种政策手段来对市场经济进行宏观调整，这也被视为一种关键的策略。在我国，由于经济发展较为落后，因此国家一直重视宏观经济管理，并且制定出一系列相关的宏观经济政策来促进国民经济健康有序地发展。然而，不管是哪种类型的政策，在其规划和执行阶段都会出现某种程度的偏差。因此为了更好地促进国民经济健康发展，必须加强对宏观经济政策的管理与监控，以确保宏观经济政策得以有效贯彻落实，进而为我国经济稳定可持续发展提供有力保障。因此，国家审计部门在此扮演了至关重要的角色。他们不仅确保宏观经济政策得到有效执行，还对政策进行了严格的监督和管理，如检查政策的合法性，确保政策的实施性和资金流动，以及是否能满足社会需求等。因此，加强宏观经济政策执行效果的审计监督，不仅有利于完善我国经济体制改革，而且还可以有效促进国民经济健康稳定发展。本文的目的是对宏观经济政策的执行情况进行审计监督的深入分析和讨论。

1.政策制定以及决策存在的问题

当前，宏观经济政策面临的主要问题集中在政策制定和决策层面。在这一方面，一些相关的审计机构缺乏长期的战略规划，对现行市场经济的状况和未来发展方向缺乏深入了解，同时也在理论知识方面存在不足，这些因素共同导致了政策制定过程中出现了一系列问题；另外一个原因就是由于经济管理方面存在的缺陷，比如企业自身发展规划不够清晰等问题使得宏观调控的效果不佳。在决策层面，尽管审计是审计部门的核心职责，但在政府的许多关键项目中，审计部门主要是通过实时跟踪来完成审计工作。审计过程往往相对被动，面对不符合市场规律的问题或决策，审计部门往往只能通过提供建议来减少政府的损失，但这样很难有效地起到督促和遏制的效果。

2. 对于宏观经济项目缺乏监督

虽然监督和管理是审计部门的核心职责，但现在许多审计部门由于审计风险的存在，变得过于谨慎和避之不及。在这种情况下，就需要加强对审计监督工作的重视程度，并将其贯穿于审计工作的全过程中。对于常规的经济项目，如常规的资金预算、财务税务、采购数据和投资核算等，审计监督是至关重要的。但在政府税收分配、公民住房保障和政府债务的决策执行方面，显然存在着监管和管理的不足，这可能导致决策出现偏差，甚至与国家的政策相冲突。

3. 在金融政策贷款方面缺少监管

从当前的情况来看，大多数审计机构对金融领域的政策贷款并没有给予足够的关注。相反，他们更频繁地对企业和公司的资本、债务状况以及财务收支进行审计和监管。然而，对于国家已经明确规定的项目，如企业自身的流动资金和不良资产等，审计部门的关注却相对较少。此外，他们对政策贷款的比例也没有进行严格的监管。这导致一些银行为了规避风险和追求利润，将政策贷款的重点转向了房地产等具有较好发展和收益的行业，而对于发展趋势不明显的农业或小型企业的贷款则被有意减少。

(二)完善经济政策执行审计监督的措施

伴随着社会和时代的持续进步，我国已经步入了一个高速增长的新阶段，与此同时，市场经济的不断深化也使得我国的经济制度经历了翻天覆地的变革。在这个背景下，我国开始逐渐重视宏观经济的调节与控制工作。宏观经济政策一直是我国经济调控的主要手段。它不仅可以确保大多数公民获得稳定的就业机会，抑制物价的上涨和下跌，还可以保证经济进入稳定的增长阶段，并保证净出口收入支出的均衡。另一方面还能促进国民经济健康快速地发展，提高国民生活水平，因此其作用非常大。宏观经济政策的调整主要依赖于国家审计部门的有效监管和管理，这也构成了确保社会稳定的关键基石。

1. 界定职责，创造审计条件

针对目前审计部门在审计风险以及审计职责范围方面存在的问题，首先，政府部门需要修订目前的《中华人民共和国审计法》，并且在法规中明确界定国家审计部门对国际宏观经济政策的实施具有监管职能，能够参与到宏观经济调控政策、经济项目、国企发展等重要项目的决策和修改，从而为审计部门创造基本的审计条件，保证对于经济政策的审计监管能够有效达成。

2. 加强范围，保证全面监管

对于目前审计情况而言，需要对审计部门的审计范围进行扩大，一方面坚持以预算审计为中心，同时加强对财政政策方面的审计监管，如对财政税收政策和政府决策的落实情况进行监管，同时对于政府方面的债务情况进行审计，保证审计过程的有效性和合法性。让审计能够更加全面和完善。

3. 关注扶助，保证政策落实

对于目前审计存在的问题，审计部门首先需要重点关注一些国家扶助产业的政策落实与监管情况，一方面保证中小型企业的优惠政策得到推广和落实，让中小企业得到长久的发展，同时普及国家减负政策，让企业坚持按照政策履行自身的社会责任以及义务，同时对于乱收费现象进行遏制与杜绝，保证审计的质量以及效率。

4. 公开流程，接受民众监督

为确保审计过程的公正性和透明度，审计部门应在适当的情况下对审计流程进行筛选。对于涉及国家机密和信息安全的流程，应保密。而对于某些宏观经济调控政策或惠民扶助政策的审计，应通过公告的方式进行公开，这样可以让公众对审计流程和内容有充分的了解和监督，从而更好地体现出宏观经济政策本质上是服务人民的基本理念。

审计工作本质上是一项高度重视效率和流程的任务。对于审计部门来说，要想提高审计工作的有效性，首先需要加强自身的审计标准，拓宽审计活动的覆盖范围，并加大监管力度。同时，也需要密切关注和监督国家的某些扶持政策，以确保政策的合法性和实用性，并确保审计流程的公开性和透明性，从而更有效地推动国家发展和服务于人民。

第四章　企业资产管理

第一节　企业流动资产管理

一、流动资产概述

(一)流动资产的含义

流动资产与固定资产相对应，是指企业可以在一年或者超过一年的一个营业周期内变现或者运用的资产，是企业资产中必不可少的组成部分。流动资产在周转过程中，从货币形态开始，依次改变其形态，最后又回到货币形态，各种形态的资金与生产流通紧密结合，周转速度快，变现能力强。加强对流动资产业务的审计，有利于确定流动资产业务的合法性、合规性，有利于检查流动业务账务处理的准确性，揭露其存在的弊端，提高资产的使用效益。

(二)流动资产的构成

流动资产在企业生产经营过程中以各种不同形态同时存在，主要包括如下几种。

1. 货币资金

货币资金是企业的经营资金在周转过程中暂时以货币形态表现的资金，包括库存现金、银行存款和其他货币资金。

2. 短期投资

短期投资指各种能够随时变现、持有时间不超过一年的有价证券以及不超过一年的其他投资，如各种短期债券。

3. 应收预付账款

应收预付款指在商业信用条件下企业的延期收回和预先支付的款项，如应收票据、应收账款、其他应收款等。

4. 存货

存货指企业在生产经营过程中为生产、销售或耗用而储备的物资，包括原材料、在产品、产成品和外购商品等。

(三)流动资产的周转

企业为形成流动资产而占用的资金是流动资金，流动资金存在的具体形态则是流动资产。流动资产以不同形态分别表现企业资产的不同分布状况，流动资金则以价值形态表现企业流动资产的规模及在企业全部资产中的结构。

流动资金在每次生产经营周期循环中，都要依顺序经过供应过程、生产过程和销售过程，表现为生产储备资金、未完工产品资金、成品资金、货币资金和结算资金五种形态。流动资产形态不断变化的同时，所占用的资产也不断循环周转。

流动比率是指企业的流动资产与企业的流动负债之比，其计算公式为：

流动比率＝流动资产/流动负债

流动资产大于流动负债，一般表明偿还短期负债能力强，流动比率越高，企业资产的流动性越强，表明企业有足够变现的资产用于偿债。

流动资产周转率是指企业一定时期内主营业务收入净额同平均流动资产总额的比率，是销售收入与全部流动资产平均余额的比值，反映流动资产周转速度和流动资产利用效果，其计算公式为：

流动资产周转率(次)＝主营业务收入净额/平均流动资产总额×100%

流动资产周转速度快，会相对节约流动资产，等于相对扩大资产投入，增强企业盈利能力；而周转速度慢，需要补充流动资产参加周转，形成资金浪费，降低企业盈利能力。

流动比率和流动资产周转率都是企业财务分析的重要指标，分别为企业偿债能力和发展能力的重要指标，评价企业偿债和发展能力时还应结合其他财务分析指标以及报表项目进行综合分析。

(四)流动资产的分类

从不同的角度，流动资产可以有不同的分类方式，而且不同的行业也有不同的资产构成。

1. 按照企业性质和其在生产经营中的作用分类

按照企业性质和其在生产经营中的作用，可以将其分为工业企业的流动资产和商业企业的流动资产。

(1)工业企业的流动资产分类

①储备资产。储备资产是指从购买到投入生产为止,处于生产准备阶段的流动资产,包括原材料及主要材料、辅助材料、燃料、修理用备件、低值易耗品、包装物、外购半成品等。

②生产资料。生产资料是指从投入生产成品入库为止,处于生产过程中的流动资产,包括在产品、自制半成品、待摊费用等。

③成品资产。成品资产是指从产品入库到产品销售为止,处于产品待销过程中的流动资产,包括产成品、准备销售的半成品和零部件等。

④结算资产。结算资产是指各种发出商品、应收账款和应收票据等。

⑤货币资产。货币资产是指银行存款和库存现金等。

(2)商品企业的流动资产分类

①商品资产。商品资产包括库存商品和在途商品等。

②非商品资产。非商品资产包括包装物、物料用品、低值易耗品和待摊费用等。

③结算资产。结算资产包括各种应收、应付款和应收票据等。

④货币资产。货币资产包括银行存款、库存现金等。

2.按流动资产的表现形态分类

流动资产按照表现形态可分为货币性流动资产和实物形态的流动资产。货币性流动资产以货币形态存在,包括上述结算资产和货币资产。实物形态流动资产包括上述储备资产、生产资产、成品资产等,是流动资产价格鉴证的重点。

3.按对流动资产进行计划管理的需要分类

流动资产可按计划管理的需要分为定额流动资产和非定额流动资产。定额流动资产是流动资产的基本组成部分,包括原材料、辅助材料、在产品、自制半成品、产成品等。非定额流动资产包括结算资产和货币资金。

二、货币资金管理

(一)货币资金的含义

货币资金是指企业在生产经营过程中暂时以货币形态存在的资金,按其存放地点和用途的不同分为现金、银行存款和其他货币资金。在企业各类资产中,货币资金具有最强的流动性和变现能力,但货币资金的盈利性最弱。企业因种种需要必须持有货币资金,但应合理安排货币资金的持有量,减少货币资金的闲置,提高货币资金的使用效果。

(二)货币资金管理的内容

1. 确定货币资金的最佳持有量

货币资金的最佳持有量是指理论上最合理的货币资金持有量。保持资金的最佳持有量能使企业存量花费的代价最低，即机会成本最小，而且又相对能确保企业资金需求的最佳持有量。这是企业货币资金管理的重点。

2. 现金预算

现金预算是指用于预算企业还有多少库存，以及在不同时点上对现金支出的需要量。现金预算内容包括定期编制现金预算，合理安排现金收支，从而及时反映企业现金的余缺情况。

3. 建立和完善现金收支管理制度

建立和完善现金收支管理制度包括运用科学的管理手段，实现从预算到结算的现金使用绩效考核制度，进一步提升企业的现金使用效率。同时，加强对企业资金的控制，建立并完善资金内部控制制度，确保经营管理活动合法而有效。

三、应收账款管理

(一)应收账款的概念

应收账款是指企业因对外赊销产品、材料、供应劳务等而应向购货或接收劳务的单位收取的款项。面对国际金融形势的恶化和竞争更加激烈的市场，安全、有效地管理应收账款是企业在发展过程中必须具备的能力。

(二)应收账款的作用

应收账款在企业经营管理过程中起着巨大的作用，一方面借助应收账款，企业可以促进销售，增加销售收入；另一方面，可以减少企业存货，降低仓储、保险等管理费用。其具体作用有如下几点。

1. 促进产品销售

企业产品销售主要有现金销售和赊账销售两种方式。现金销售方式使企业可以直接获取款项，并且无须担心坏账，所以这是企业的最佳销售方式。但是，在激烈的市场竞争环境下，企业需要通过赊账销售来进一步增加销售额、开拓新市场。赊账销售方式除了向客户提供产品外，同时提供了商业信用，即向客户提供了一笔在一定期限内无偿使用的资金。因此，赊销是一种重要的促销手段，对于企业销售产品、开拓并占领市场具有重要意义。如果企业否定赊销方式，必然会把一部分财务支付能力欠缺的客户拒之门外而使其转向其他同类企业，这无疑是自断销路，缩小产品的市场份额，在竞争中处于劣势；反之，适时灵活地运用赊销方式能增加销售额，增强市场竞争力。

2. 降低管理费用

(1)降低库存水平

通过赊销方式能增加销售量，同时促进库存产品的减少。使存货转化成应收账款，有利于企业减少存货，降低仓储、保险等管理费用支出，减少库存变质等损失，有利于加速资金周转。

(2)加强与客户沟通

通过赊账销售方式，对于客户可以延期支付所购商品的货款，使客户的资金使用效率提高，为客户的生产经营带来好处，有利于建立更好的客户关系。

(三)应收账款的日常管理

应收账款过多会使得企业营业周期延长，影响企业资金循环，使大量的流动资金沉淀在非生产环节上，致使企业现金短缺，加大企业的财务风险，严重影响企业正常的生产经营。因此，完善应收账款管理机制，对加快货款回收，防范财务风险和提高经营效益具有重要意义。从企业经营全局看，应收账款的产生直接受生产部门、财务部门和销售部门等行为的影响；而产生的应收账款能否顺利回收则直接影响到企业的现金流动，进而影响企业持续经营的顺利进行。因此，企业应该从经营管理全局思考，结合企业战略需求和财务管理目标等，依托生产、销售等部门强化应收账款的日常管理和全面管理。①

综上所述，应收账款的日常管理是非常重要的，企业应进一步强化日常管理工作，采取有力的措施进一步分析和控制，及时发现问题，提前采取对策。这些措施包括以下几方面内容。

1. 加强应收账款的信用标准

(1)信用标准是企业决定授予客户信用所要求的最低标准

信用标准较严，可使企业遭受坏账损失的可能性减少，但会不利于扩大销售。反之，如果信用标准较宽，虽然有利于刺激销售增长，但有可能使坏账损失增加，得不偿失。由此可见，企业应根据所在行业的竞争情况、企业承担风险的能力和客户的资信情况进

① 曾召庆，刘伟，韩建鹏. 当代企业管理与财务经济研究(第1版)[M]. 北京：文化发展出版社，2022.

行权衡，确定合理的信用标准。

(2)加强产品生产质量和服务质量的管理

在产品质量上，应采取先进的生产设备，聘用先进技术人员，生产出物美价廉、适销对路的产品，争取采用现销方式销售产品。如果生产的产品畅销，应收账款就会大幅度地下降，还会出现预收账款。同时，在服务上企业应形成售前、售中、售后一整套的服务体系。

(3)确定应收账款最佳持有额度并对客户使用奖惩政策

确定企业应收账款的最佳持有额度是在扩大销售与控制持有成本之间的一种权衡，企业信用管理部门要综合考虑企业发展目标，以确定一个合理的应收账款持有水平。为了促使客户尽早付清欠款，企业在对外赊销和收账时要奖罚分明，即对于提前付清的客户要给予奖励，对于拖欠付款的客户要区分情况给予不同的惩罚。

(4)建立应收账款坏账准备金制度

不管企业采用怎样严格的信用政策，只要存在着商业信用行为，坏账损失的发生总是不可避免的。因此，企业要遵循稳健性原则，对坏账损失的可能性预先进行评估，建立弥补坏账损失的准备金制度，以促进企业健康发展。

2.加强应收账款的日常管理措施

(1)实施应收账款的追踪分析

赊销企业有必要在收款之前，对该项应收账款的运行过程进行追踪分析，重点要放在赊销商品的变现方面。企业要对赊销者的信用品质和偿付能力进行深入调查，分析客户现金的持有量与调剂程度能否满足兑现的需求。应将那些挂账金额大、信用品质差的客户的欠款作为考察的重点，以防患于未然。

(2)认真对待应收账款的账龄

一般而言，客户逾期拖欠时间越长，账款催收的难度越大，成为呆坏账的可能性也就越高。企业必须做好应收账款的账龄分析，密切注意应收账款的回收进度和出现的变化，把过期债权款项纳入工作重点，研究调整新的信用政策，努力提高应收账款的收现效率。

(3)谨慎对待应收账款的转换问题

虽然应收票据具有更强的追索权，但企业为及时变现应急应收票据贴现，会承担高额的贴现息。另外，企业可通过抵押或让售业务将应收账款变现，这些虽然都可以解决企业的燃眉之急，但都会给企业带来额外的负担，并增加企业的偿债风险，不利于企业的健康发展。

(4)进一步完善收账政策

企业在制定收账政策时,要在增加收账费用与减少坏账损失、减少应收账款机会成本之间进行比较、权衡,以前者小于后者为基本目标,掌握好宽严界限,拟订可取的收账计划。

(四)应收账款的催收措施

1.企业内部对应收账款的动态管理

在中小企业,应收账款的规模较小,企业的财务部门通常只是向业务员提示应收账款即将到期或已经逾期的期限,并为业务员提供业务发生的有关原始单据,供业务员催款使用。但在大的集团公司,财务部门应该设立专人负责应收账款的管理。同时,财务部门协助有关部门制定收回欠款的奖励制度,加速逾期账款回收。

2.定期分析应收账款账龄以便及时收回欠款

一般来说,逾期时间越长,越容易形成坏账。所以财务部门应定期分析应收账款账龄,向业务部门提供应收账款账龄数据及比率,催促业务部门收回逾期的账款。财务部门和业务部门都应把逾期的应收账款作为工作的重点,分析逾期的内容有:客户的信用品质发生变化了吗?还是因为市场变化,客户赊销商品造成库存积压?客户的财务资金状况因什么原因恶化?等等。考虑每一笔逾期账款产生的原因,并采取相应的收账方法。

在向客户催收货款时,必须讲究方式才能达到目的,催收应收账款的方式一般有如下几种。

(1)由公司内部业务人员直接出面

一般情况下,业务员可能与客户有多年的交情,见面易于沟通,这是其他人做不到的。

(2)由公司内部专职机构出面

在业务员的协调下,可以集中多人的智慧采取最佳方式与客户接触和谈判,避免可能的极端行为给催收货款造成麻烦。

(3)委托收账公司代理追讨

当做了种种努力,仍未能收回客户欠款时,为了避免耗费无法预测的追讨成本,这笔逾期应收账款的追收工作可以委托专业的收账公司继续追收。

总之,在市场竞争日益激烈的今天,企业要想提高销售量和市场的占有率,就必须进行赊销,应收账款对企业来说是不可避免的。所以加强对应收账款的核算和管理,尽量降低三角债、呆账和坏账事件的产生,避免企业的资金在非生产环节上沉淀,是保障企业资金正常运行的一种重要措施。

四、短期投资管理

短期投资是指可以随时兑换成现金并且持有时间不准备超过一年的投资，实物上一般是企业购买的股票、债券和国库券。

由于短期投资具有极易变现的特点，当企业现金暂时充裕时，可以选择流动性较强的股票、债券、基金进行投资，这是最佳理财方式；当企业现金不足时，可以将之前的投资出售以获取现金。短期投资作为企业用活资金的一种策略，当企业持有货币资金过多时，银行存款的收益较低，企业可以将剩余资金投入股票、基金等金融产品中，使企业获得更好的收益。

五、存货管理

(一)存货管理概述

存货是指公司在生产经营过程中为销售或者耗用而储备的资产。在企业流动资产中，存货占的比重较大，一般占流动资产的50%～60%。它是反映企业流动资金运作情况的晴雨表，因为其不仅在企业营运资本中占很大比重，而且又是流动性较差的流动资产。

因此，加强存货规划和控制，使存货保持在最佳水平上，便成为财务管理的一项重要内容。存货管理就是对企业的存货进行管理，主要包括存货的信息管理和在此基础上的决策分析，最后进行有效控制，达到存货管理的最终目的—提高经济效益。①

(二)存货的作用

1. 保证生产或销售经营的连续性

企业在生产过程中，需要有一定数量的原材料、半成品的准备，以保证整个生产过程能够顺利、有序地进行，特别是对于连续生产过程(如流水线生产)来说，一种原材料的短缺，可能导致整个生产过程的停滞。同时，各类企业都会因为各种原因导致生产水平的高低变化，拥有合理的库存可以缓解这种变化对企业生产活动及获利能力的影响。所以，维持一定数量的原材料、半成品对于企业均衡生产，提升生产效率起着至关重要的作用。

存货储备能增强企业销售方面的机动性以及适应市场变化的能力。当企业有足

① 魏静.财务管理案例[M].昆明：云南大学出版社，2022.

够的库存产品时,可以有效地供应市场。相反,如某种畅销产品库存不够时,将会失去潜在的收益以及未来的推销良机,并有可能因此而失去顾客。

2. 降低进货成本

部分企业为了促进销售或处理积压产品,当采购方采购数量达到一定规模时,即会在价格上给予一定的折扣优惠。同时,通过增加每批采购数量,减少采购次数,可以减少采购和运输费用支出(当然,采购成本的减少应大于因此带来的库存成本)。并且,在通货膨胀时,适当地储存原材料,能使企业获得因市场物价上涨而带来的好处。

(三)存货的成本

存货成本是指企业存货所耗费的总成本,是企业为存货所产生的所有支出。主要包括采购成本、订货成本、储存成本、缺货成本等部分。

1. 采购成本

采购成本是指与采购原材料部件相关的物流费用,包括采购订单费用、采购计划制定人员的管理费用、采购人员管理费用等。

2. 订货成本

订货成本有一部分与订货次数无关,如常设采购机构的管理费、采购人员的工资等基本开支,属于固定成本。另一部分与订货次数有关,如邮资、差旅费等,它们属于变动成本。为了降低订货成本,企业需大批量采购,以减少订货次数。

3. 储存成本

储存成本是指企业在存货过程中各种要素投入的以货币计算的总和。主要包括存货资金费用或机会成本、仓储费用、保险费用、管理费用和存货损失等。储存成本可以按照与储存数额的关系分为变动性储存成本和固定性储存成本两类。其中,固定性储存成本与存货数额多少没有直接的联系,如仓库折旧费、仓库职工的固定月工资等,这类成本属于决策的无关成本。而变动性储存成本则随着存货储存数额的增减成正比例变动,如存货资金的应计利息、存货残损和变质损失、存货的保险费用等,这类成本属于决策的相关成本。

4. 缺货成本

缺货成本是指由于存货供应中断而造成的损失,包括材料供应中断造成的停工损失,产成品库存缺货造成的拖欠发货损失和丧失销售机会的损失(还应包括需要主观估计的商誉损失)等;如果生产企业以紧急采购代用材料解决库存材料中断之急,那么缺货成本表现为紧急额外购入成本(紧急额外购入的开支会大于正常采购的开支)。缺货成本能否作为决策的相关成本,应视企业是否允许出现存货短缺的不同情形而定。若允许缺货,则缺货成本便与存货数量反向相关,即属于决策相关成本;反之,若企业不允许发生缺货情形,此时缺货成本为零,也就无须加以考虑。

(四)存货控制

存货控制主要考虑如何获取存货、管理存货,主要目标包括使存货商品达到最经济的订购量并在最适当的时间订购物料,从而使存货量控制在一个适当的范围内,最终达到企业在存货使用和周转过程中相关成本最小的目标。存货的范围包括原料、零部件、在制品、产成品、包装材料和设备器具等。

存货控制的方法可以分为分类控制、定量控制、定期控制、双分制及综合控制等。

1. 分类控制

分类控制是将物料分成了几大类,依类设定控制原则,在数量上实施各类货品的控制。常用的分类是将物料分为 A、B、C 三大类,也称 ABC 存货控制。

2. 定量控制

定量控制的特征有:每次订购数量一定,由存货控制的基本原则来决定;订货周期按需求决定;确定安全存量,应付前置时间内不正常的需求;经常检查当前的存货是否减至订购点,以便订购。

定量订购制的经济订购量=平均每天使用量×一个生产周期的天数

3. 定期控制

定期控制的订货周期固定不变,订货的数量为存货水平的数量减去现存量,订货数量是不确定的;并定期执行盘点作业,确定现存量

4. 双分制

双分制将特定物料分为 A、B 两份,平常使用 A 份,而 B 份做储存。待 A 份用完后,才准动 B 份,同时订购 A 份的数量,在订货期内则以 B 份来维持需求。

5. 综合控制

综合控制采用定期的控制方法,在定期检查存货时,往往会发生存货已减至应订货存量之下的情况,即使立即订购物料,待新物料到库已无法应付需求。为了弥补这一缺点,管理人员可将双分制与定期控制配合使用。如果定期检查日期未到而双分制中的第一份存货已经用完,则应立即订购;如果定期检查的日期已过,而双分制中的第一份未用完,则仍需进行订购。

企业应结合自身实际情况和特点,选择适合的存货控制方法,并利用企业物流先进的管理理论和管理方法,对企业存货管理的全过程进行优化组合和合理配置,使存

货管理活动中的订单流、物流和资金流处于最佳状态,以最少的投入获得最大的产出,这是现代企业存货管理的趋势和重点。

第二节　企业固定资产管理

一、固定资产管理概述

(一)固定资产的概念

固定资产是产品生产过程中用来改变或者影响劳动对象的劳动资料,是固定资本的实物形态。固定资产在生产过程中可以长期发挥作用,长期保持原有的实物形态,但其价值则随着企业生产经营活动而逐渐地转移到产品成本中去,并构成产品价值的一个组成部分。根据重要原则,一个企业把劳动资料按照使用年限和原始价值划分为固定资产和低值易耗品。对于原始价值较大、使用年限较长的劳动资料,按照固定资产来进行核算;而对于原始价值较小、使用年限较短的劳动资料,则按照低值易耗品来进行核算。现行工商企业财务制度规定,固定资产指企业使用期限超过一年的房屋、建筑物、机器、机械、运输工具以及其他生产、经营有关的设备、器具、工具等;不属于生产经营主要设备的物品,单位价值在2000元以上,并且使用年限超过两年的,也应当作为固定资产。固定资产是企业的劳动工具,也是企业赖以生产经营的主要资产。

(二)固定资产的分类

企业固定资产的种类繁多,为了合理地组织固定资产的管理与核算,必须对固定资产进行分类,便于归类反映和监督各项固定资产的增加、售出、使用和保管情况。固定资产可以按不同的标准进行分类。

1.按固定资产的经济用途分类

固定资产可以分为生产经营用固定资产和非生产经营用固定资产。

2.按固定资产的使用情况分类

固定资产可以分为使用中固定资产、未使用固定资产和不需要固定资产。

3.按固定资产的所有权分类

固定资产可以分为自有固定资产和租赁固定资产。

4.按综合分类方法分类

企业实际生产经营中,更常见的是用综合分类方法将固定资产分成以下七类。

(1)生产经营用固定资产

生产经营用固定资产是指直接参与企业生产经营过程的各种固定资产，如生产经营部门和管理部门所使用的房屋、建筑物、动力设备、运输设备、工作机器及设备、仪器和管理工具等。

(2)非生产经营用固定资产

非生产经营用固定资产是指不直接参与企业生产经营活动，而是在非生产经营领域内使用的固定资产，如职工宿舍、招待所、食堂、浴室、理发室、医务室、学校等方面使用的房屋、设备等。

(3)租出固定资产

出租固定资产是指经批准以经营性租赁的方式出租给其他单位使用的固定资产。

(4)未使用固定资产

未使用固定资产是指尚未投入使用的新增固定资产，调入尚未使用的固定资产，进行改建、扩建的固定资产，以及经批准停止使用的固定资产。

(5)不需要固定资产

不需要固定资产是指本企业不需要、拟处理的固定资产。

(6)融资租入固定资产

融资租入固定资产是指以融资租赁方式租入的固定资产。

(7)土地

土地是指过去已估价并单独入账的土地，而不包括企业取得的土地使用权及因征用土地而支付的补偿费。

(三)固定资产的确认

固定资产在同时满足以下两个条件时，才能加以确认：该固定资产包含的经济利益很可能流入企业；该固定资产的成本能够可靠地计量。

企业对固定资产进行确认时，应当按照固定资产含义和确认条件，考虑企业的具体情形加以判断。企业的环保设备和安全设备等资产，虽然不能直接为企业带来经济利益，却有助于企业从相关资产中获得经济利益，也应当确认为固定资产。当固定资产的各组成部分具有不同使用寿命或者以不同方式为企业提供经济利益，适用不同折旧率或折旧方法的，应当分别将各组成部分确认为单项固定资产。

(四)固定资产的计价

固定资产计价是指以货币为计量单位来计量固定资产的价值。固定资产计价的正确与否，不仅关系到固定资产的管理和核算，而且也关系到企业的收入与费用是否配比，经营成果的核算是否真实。固定资产的计价采用原始价值、重置完全价值和净值三种计价标准。

1. 原始价值

原始价值是指企业在购置、建造或获得某项固定资产时的全部货币支出，企业为取得固定资产而缴纳的契税、耕地占用税、车辆购置税等相关税费也应包括在内。原始价值是固定资产计价的基本计价标准。

2. 重置完全价值

重置完全价值是指在当前的生产技术条件和市场情况下，重新构建某项相同的固定资产所需发生的全部支出。当某些情况下企业取得无法确定原价的固定资产时，如出现盘盈的固定资产时，按照同类固定资产的重置完全价值计价。当国家要求企业对固定资产重新进行估价时，也应当采用重置完全价值。

3. 净值

净值又称折余价值，是指固定资产原始价值或重置完全价值减去累计折旧后的净额。它反映固定资产尚未损耗的现有价值和新旧程度。这种计价方法主要用于计算盘盈、盘亏、毁损固定资产的溢余或损失。

二、固定资产的折旧管理

(一)固定资产折旧的概念

固定资产折旧，是对固定资产因为磨损和损耗而转移到成本费用中去的那一部分价值的补偿。固定资产磨损和损耗包括固定资产的有形损耗和无形损耗。其中，有形损耗又分为实物损耗和自然损耗。固定资产的实物损耗是指固定资产在使用历程中其实物形态因为运转磨损等原因发生的损耗，一般是指机器磨损。固定资产本身构造、质量和使用情形，以及固定资产的维修状况，对固定资产实物磨损水平起决定性的作用。固定资产的自然损耗，是指固定资产受自然条件的影响发生的腐蚀性损失。固定资产的无形损耗，是指固定资产在使用历程中由于技术提高等非实物磨损、非自然损耗等原因发生的价值损失。

固定资产折旧是固定资产因为磨损和损耗而逐渐转移的价值。这部分转移的价值以折旧费的形式计入相关成本费用，并从企业的营业收入中得到补偿。因此，企业应当在固定资产的使用寿命内，依照确定的方法对应计折旧额进行系统分摊。影响固定资产折旧额的因素有以下几点。

1. 固定资产原价

固定资产原价是指固定资产的成本。已达到预定可使用状态、但尚未办理竣工决算的固定资产，应当按照估计价值确定其成本，并计提折旧；待办理竣工决算手续后，再按实际成本调整原来的暂估价值，但不需要调整原已计提的折旧额。

2. 预计净残值

预计净残值是指假定固定资产预计使用寿命已满并处于使用寿命终了时，企业从该项资产处置中获得的扣除预计处置费用后的金额。

3. 固定资产减值准备

固定资产减值准备是指固定资产已计提的固定资产减值准备累计金额。

4. 固定资产的使用寿命

固定资产的使用寿命是指企业使用固定资产的预计期间，或者该固定资产所能生产产品或提供劳务的数量。企业在确定固定资产的使用寿命时，应当考虑以下因素。

(1)该资产的预计生产能力或实物产量。

(2)该资产的有形损耗，如设备使用中发生磨损、房屋建筑物受到自然侵蚀等。

(3)该资产的无形损耗，如因新技术的出现而使现有的资产技术水平相对陈旧、市场需求变化使产品过时等。

(4)法律或类似规定对该项资产使用的限制。

(二)固定资产折旧的计算方法

固定资产的折旧方法有平均年限法、工作量法、双倍余额递减法、年数总和法等。企业应根据固定资产所含经济利益的预期实现方式选择折旧方法。折旧方法一经确认，不得随意变更。如需变更，应在会计报表附注中予以说明。

1. 平均年限法

平均年限法，又称直线法，是实际中应用最为广泛的一种折旧方法。它是将固定资产原值减去净残值(残值扣除清理费用的净额)后的余额，按照预计使用年限均衡地分摊到各期的方法。平均年限法主要适用于各期的符合程度比较接近的固定资产。

(1)折旧额计算公式

$$固定资产年折旧额=\frac{原始价值+清理费用-残余价值}{折旧年限}$$

$$=\frac{原始价值\times(1-预计净残值率)}{折旧年限}$$

(2)折旧率计算公式

$$固定资产年折旧额=\frac{原始价值+清理费用-残余价值}{原始价值\times折旧年限}\times100\%$$

$$=\frac{1-预计净残值率}{折旧年限}\times100\%$$

2. 工作量法

工作量法是将固定资产原值减去净残值(残值扣除清理费用的净额)后的余额均衡地分摊至固定资产预计使用年限内完成的工作总量上,并根据当期固定资产在生产过程中实际完成的工作总量(总产量、总里程、总工时数、总工作台班等)计算折旧额的一种方法。工作量法主要适用于各个使用期内提供的收益较不均衡,使用强度差别较大的固定资产。如某些价值很大而又不经常使用的大型机器设备,汽车、船舶等运输设备等。其计算公式为:

$$单位工作量折旧额=\frac{原始价值+清理费用-残余价值}{预计使用年限内完成的总工作量}$$

$$=\frac{原始价值\times(1-预计净残值率)}{预计使用年限内完成的总工作量}$$

3. 双倍余额递减法

双倍余额递减法是指在不考虑固定资产预计净残值的情况下,根据每期期初固定资产原价减去累计折旧后的余额和双倍的直线法折旧率计算固定资产折旧的一种方法。其计算公式为:

$$固定资产年折旧率=2/预计使用寿命(年)\times100\%$$

$$固定资产月折旧率=年折旧率/12$$

$$固定资产月折旧额=固定资产账面净值\times月折旧率$$

计算方法补充说明:年折旧率保持不变;不考虑固定资产残值;在固定资产使用年限到期前2年内,将固定资产折余价值(净值)扣除预计净残值后的净额平均计提折旧。

4.年数总和法

年数总和法又称使用年限积数法，是将固定资产的原值减去预计净残值后的净额乘以一个逐年递减的分数以计算每年折旧的方法。其计算公式为：

$$固定资产年折旧额=\frac{折旧年限-已使用年数}{折旧年限\times(折旧年限+1)\div 2}\times 100\%$$

$$固定资产月折旧率=年折旧率/12$$

$$固定资产月折旧额=(固定资产原值-预计净残值)\times 月折旧率$$

双倍余额递减折旧法和年数总和折旧法都属递减折旧法。采用这两种折旧方法，主要是考虑到固定资产在使用过程中，一方面它的效率或收益能力逐年下降，另一方面它的修理费用要逐年增加。为了均衡固定资产在折旧年限内各年的使用费用，固定资产在早期所提的折旧额应大于后期所提的折旧额。

三、固定资产的日常管理

(一)实行固定资产归口分级管理，建立使用保管责任制

建立和健全固定资产管理制度，正确处理好企业和企业所属单位之间在固定资产保管和使用方面的关系，确立责任制，避免无人负责现象。企业的各项固定资产，首先要按类别实行归口管理，如施工机械、运输设备、生产设备等由机械设备部门管理，房屋建筑物、管理用具等由行政部门管理。各部门负责对所管各类固定资产的采购、调配、维修和清理，并定期对使用保管情况进行检查。

由于各项固定资产实际上是由企业所属各施工队和加工厂等掌握使用的，因此，在实行归口管理的同时，必须建立起使用单位的保管使用责任制，实行分级管理。各使用单位应对机械设备部门等负责，严格执行各项财产管理制度，加强固定资产日常维修保养，保证固定资产完整无缺，不断提高完好率和利用率。对于机械设备的管理，还要根据谁用、谁管、谁负责维护保养的原则，把机械设备保管责任落实到使用人，使每台机械设备有人管理。同时，各级使用单位均应分别指定专人，全面负责本单位的固定资产管理工作。这样，就可以做到层层负责任，物物有人管，从而有利于加强员工对机械设备保管的责任心，使企业财产不受损失；有利于促使员工加强对机械设备的维护保养，提高机械设备的完好率和利用率；有利于做到账物相符，家底

清楚。

(二)对固定资产的使用、保管、调拨、出售、清理进行经常性的核算和检查

为了保证固定资产的完整无缺,不断提高固定资产的利用效果,财务部门必须对固定资产的存在情况和使用情况进行全面的核算和考核。为此,财务部门要会同财产管理部门建立和健全固定资产管理制度和各项财产管理制度,对各项财产的增减变动、内部转移及修理、清理等规定统一而严密的手续;根据固定资产核算资料,掌握固定资产的增减变动和分布情况,检查有关单位执行财产管理办法的状况,经常分析固定资产的利用效果,促使各单位管好、用好固定资产。

财务部门对于调入或基建完工交付使用的固定资产,要协同财产管理人员深入现场,根据固定资产交接凭证,认真做好固定资产的验收和交接工作;要清点数量,核对新增机械设备主机和副机的名称、型号规格、数量是否与凭证所列相符,所附备件、工具是否齐全;要检查质量,会同技术人员和工人对机械设备的技术状况进行检查,看机械设备的性能是否良好,质量是否符合技术要求;要核实造价,看新增固定资产的造价和购进、调入的价格是否符合实际。如发现问题,要协同财产管理部门向有关部门提出意见,采取措施,及时解决。

企业对于增加的各项固定资产,都要按类、分项、依顺序进行编号,使每项固定资产都有自己的固定号码,以便查找核对,避免乱账、错账。[①] 同时要为每项固定资产开设"固定资产卡片",以登记固定资产的编号、名称、型号规格、技术特征、附属物、使用单位、所在地点、建造年份、开始使用日期、中间停用日期、原值、预计使用年限、折旧率、进行大修理次数和日期、转移调拨情况、报废清理情况等等。"固定资产卡片"通常应一式三份,一份由财务部门保管,一份由财产管理部门保管,一份由使用部门保管。财务部门保管的固定资产卡片除按固定资产类别分类外,并应按使用部门分组存放,如有变动,应随时登记有关卡片,并相应转移它的存放位置,以便于了解固定资产的实际情况。

---

① 马晓辉,罗荣华,张威.现代施工企业财务管理与审计实务[M].武汉:华中科技大学出版社,2022.

(三)做好固定资产的清查盘点工作,保证固定资产的完整无缺

为了保证固定资产的完整无缺,必须定期对固定资产进行清查盘点。建立固定资产定期清查盘点制度,除了弄清固定资产实有数量、保证账实相符外,还具有其他重要意义。首先,可以了解固定资产的使用和维护情况,进一步挖掘机械设备的生产潜力,促使增产节约运动的深入开展;其次,可以查明账外固定资产,促进企业改善固定资产管理;最后,还可发现丢失、毁损的固定资产,从而堵塞漏洞,揭发破坏盗窃行为。

固定资产的清查盘点,每年至少进行一次。为了做好定期清查盘点工作,必须依靠和发动群众,并成立主管人员、专业人员(包括财产管理人员和财务人员)、员工的“三结合”领导小组,尽可能把固定资产的清查和机械设备的大检查结合起来进行。

第三节　企业无形资产管理

一、企业无形资产概述

(一)无形资产的含义

无形资产是指企业为生产商品、提供劳务、出租给他人或者为管理目的而持有的、没有实物形态的非货币性长期资产。这些资产一般都具有较大的经济价值,能为企业带来超值收益。

(二)无形资产的特点

相较于有形资产,无形资产展现出如下几个显著特性:它并没有实体的外观,既看不到也摸不到,通常是某种形式的权利、技能或获得超出常规的收益的综合实力;在生产经营过程中不易被侵蚀和转移,一般不会贬值,因而具有保值增值作用。这是一种非货币性的长期资产;这是企业可以利用的资产,而不是出售的;其价值一般难以用传统方法计量和评估。虽然这可能为企业带来显著的经济回报,但在产生经济价值的过程中仍然存在很大的不确定因素。

(三)无形资产的内容

无形资产通常包括商标权、专利权、非专利技术、著作权、特许权和土地使用权等。

1. 商标权

商标权是指专门在某类指定的商品或服务上使用特定的名称或图案的权利。

2. 专利权

专利权是指国家专利主管机关依法授予发明创造专利申请人对其发明创造在法定期限内所享有的专有权利。

3. 非专利技术

非专利技术也称专有技术，是指不为外界所知，在生产经营活动中已采用了的、不享有法律保护的，可以带来经济效益的各种技术和诀窍。

4. 著作权

著作权是指作者对其创作的文学、科学和艺术作品依法享有的某些特殊权利。

5. 特许权

特许权又称经营特许权、专营权，指企业在某一地区经营或销售某种特定商品的权利或是一家企业接受另一家企业使用其商标、商号和技术秘密等的权利。

6. 土地使用权

土地使用权是指国家准许某企业在一定期间内对国有土地享有开发、利用和经营的权利。

(四)无形资产管理的重点

尽管无形资产涵盖了诸多方面，但对于大多数企业来说，管理无形资产的核心和焦点主要集中在商标、专利以及非专利技术的管理上。商标构成了品牌法律化的一部分，而专利则是技术法律化的一个组成部分。从这个角度来讲，企业的资产主要体现为知识产权，而无形资产又包含了众多的内容。因此，企业在无形资产管理上，主要关注的是品牌和技术的管理。

二、企业品牌管理

(一)品牌管理概述

1. 品牌的含义

品牌是一个名字、名词、符号或设计，或是上述的总和。它被视为一项宝贵的无形资产，旨在使其产品和服务与其他竞争对手有所区别。一个好的品牌不仅能够给顾客带来良好的购物体验，还能提升企业形象和声誉，提高顾客忠诚度。品牌有助于消费者更准确地识别产品或服务的生产商和来源地，从而提高消费者的购买信心，并更容易地为企业培育出忠诚的客户群体。同时，品牌还能帮助企业在激烈的竞争中脱颖而出。品牌不仅是企业塑造自身形象、提高知名度和声誉的基础，也是企业降低运营成本和实现价值增长的有效手段。在当今激烈的市场竞争中，品牌已经成为决定一个企业是否有竞争力的关键因素之一。因此，品牌建设和品牌维护的重要性逐渐受到越来越多企业的关注。

2.品牌管理的内容

为了实现品牌管理的目标，企业正在尝试采用多种策略来提升品牌的知名度和建立其品牌认知。品牌管理的目标是实现对品牌资产的最大化利用。为了实现这一目标，品牌的定位和设计、品牌策略的制定、品牌价值的评估以及品牌法律化的保护措施都是品牌管理工作的重要组成部分。

(二)进行品牌定位与设计

1.品牌定位

(1)品牌定位的含义

品牌定位是指建立或塑造一个与目标市场有关的品牌形象的过程与结果。品牌定位应该与品牌所对应的目标消费群建立一种内在的联系，考虑企业的资源条件和竞争者的品牌定位，考虑企业的成本效益比，遵循顾客导向原则，着力突出品牌的个性化与差异化。

(2)品牌定位策略

品牌定位是技术性较强的一项工作，离不开科学严密的思维，必须讲究策略和方法。品牌定位策略主要有以下几种。

①功效定位。功效定位是根据产品的功能、效果和利益进行定位的策略。功效定位要抓住消费者的特征和需求，塑造出适合消费者的功能和利益。例如，沃尔沃以强调耐用和安全性著称，海飞丝一直以来突出去屑功能，这些都属于功效定位。

②品质定位。品质定位就是以产品优良的或独特的品质作为表述内容，以吸引那些注重品质的消费者。适合这种定位的产品往往实用性较强，能经得起市场的考验，方能赢得消费者的信赖。

③情感定位。情感定位是把人类情感中的关怀、牵挂、思念、温暖、怀旧、爱情等情感内涵融入品牌中，使消费者在购买或使用产品的过程中获得这些情感体验，从而唤起消费者内心深处的认同和共鸣，最终使品牌获得消费者的喜爱。

④文化定位。文化定位是利用各种内外部传播途径形成受众对品牌的高度认同，从而形成一种文化氛围，通过这种文化氛围形成很强的客户忠诚度。

⑤质量/价格定位。质量/价格定位是将质量和价格结合起来构筑品牌识别，让消费者感觉物有所值，乐于购买。

⑥首席定位。首席定位是强调品牌在同行业或同类中的领导性和专业性定位，如宣称“销量第一”。当今社会是一个信息爆炸的社会，消费者对没有特征的信息过

眼即忘,但对领导性、专业性的品牌印象较为深刻。

⑦生活情调定位。生活情调定位就是使消费者在使用品牌产品的过程中能体会一种美好的令人惬意的生活气氛和生活感受,从而获得一种精神满足,使品牌成为生活情调和质量的保证。

⑧类别定位。类别定位是把品牌产品与某种特定的产品种类连接起来,可以通过对一种现存产品类别的细分,或用一种全新的产品类别来定位品牌,从而突出自己的与众不同,让消费者感受到差异性。

2.品牌设计

从广泛的角度看,品牌设计的领域相当宽泛,涵盖了品牌策略设计、产品设计以及品牌形象设计。从本质上讲,品牌就是一个企业所具有的形象,它包含了一系列的因素,如产品本身的特点、品质以及消费者的喜好等等。狭义上的品牌设计是指产品的文字名称、图案或二者的结合,这是一种象征产品特性的设计,是企业形象、特征、信誉和文化的综合和浓缩。随着市场经济的发展和人们物质生活水平的提高,品牌设计越来越受到消费者的重视。在这里,我们要探讨的是狭义的品牌设计概念。

(1)品牌名称设计

品牌名称设计就是指品牌命名。品牌命名对于建立品牌非常重要。好的品牌名称容易让消费者记住,是品牌资产形成的前提。品牌名称的组合方式较多,一般由汉字、字母和数字等构成。整体而言,在品牌命名的时候需要遵循以下原则。

①独特性。一个平淡无奇的品牌名称很难让消费者留下深刻的印象,因此在对品牌进行命名时,一定要结合产品特征设计出个性独特的名称,以便让消费者容易辨认且能够与其他企业或商品的名称相区别。

②简洁性。如果品牌名称太长或过于晦涩难懂,确实满足了独特性要求,但是消费者难以理解,运作起来非常困难。简洁明快的名称应该是使消费者易读、易记、易理解和易辨认的,可以有效降低设计和宣传品牌的成本,有助于提高传播效果。

③营销性。好的品牌名称应该暗示产品的利益,富有美好的寓意,具有促销、广告和说服的作用,适合包装,与企业和产品形象相匹配。

④愉悦性。愉悦性是指在设计品牌名称时,一定要注意使用美好恰当的词汇。不管是读还是看都要使人感到愉快,避免不悦和消极的感觉。

⑤文化性。由于客观上存在着不同地域、不同民族的风俗习惯及审美心理等文化差异,品牌名称要考虑到不同地域、不同民族的文化传统、民众习惯、风土人情和宗教信仰等因素。

⑥长远性。在品牌名称设计时要尽量考虑品牌远景，以免陷入区域性的误区，保证通用性。

⑦时代性。品牌名称应该要保持一定的稳定性，以便让消费者能够长期持续地关注购买并保持忠诚度。但是，随着企业的发展和社会的进步，品牌也应该与时俱进，反映时代特色和企业发展进程。

(2)品牌图案设计

品牌的图案设计包括对品牌平面图形、立体图形以及色彩等组合的设计。品牌的图案设计应该体现在以下几方面。

①营销方面。品牌的图案应该能够体现品牌产品的特征和品质，凸显出品牌的价值和理念。

②视觉方面。品牌图案应该新颖独特，醒目直观，适合各种媒体传播，能够对消费者产生强烈的视觉冲击。例如，百事可乐蓝白相间的球形图案设计，对比鲜明，异常醒目，在远处亦能轻易识别。

③设计方面。品牌图案应该色彩搭配协调，线条搭配合理，图案清晰、简约、对称，布局合理。

④情感方面。品牌图案应该极富现代气息，感染力强，令人喜爱，让人产生丰富的联想。

⑤认知方面。品牌图案应该易于辨认和记忆，通俗易懂，能够让人印象深刻，符合目标消费群体的文化背景和时代要求。

(三)制定品牌策略

1. 制定品牌宣传与推广策略

品牌的宣传与推广主要依靠公共关系(简称公关)和广告。

(1)利用公关进行品牌宣传与推广

①公关在品牌宣传与推广中的作用。公关是打造品牌的途径。公关作为一种行之有效的沟通方式，为品牌传播提供大量信息；帮助企业宣传，塑造良好的品牌形象；能够协调各方面关系，加强情感交流，获得品牌认知度和忠诚度；服务社会，追求社会效益，使企业的品牌形象得以有效提升。

②品牌公关的方式。企业利用公关实现品牌的宣传与推广，主要包括策划新闻、新闻发布会、记者招待会、演讲、领导来访、开业仪式、周年庆典、产品促销、赞助活动、社区活动、展览展示、客户活动、专题活动、公益活动以及各种会议等其他特殊事件。

(2)利用广告进行品牌宣传与推广

①广告对品牌宣传与推广的作用。广告是品牌传播的主要方式之一，它通过各

种传播媒介向消费者传播品牌信息，诉说品牌情感，构建品牌个性，进而在消费者心理上形成强大的品牌影响力。从广告心理学角度讲，广告在建立消费者品牌认知、培养品牌意向和改变对品牌的态度上有着重要作用。

②品牌广告宣传与推广应考虑的因素。利用广告进行品牌宣传与推广时，要注意结合品牌产品的特征，采用理性和感性相结合的方法，综合考虑消费者接受媒体的习惯、竞争对手的广告传播方式、相关的法律规定、广告的预算、媒体的寿命和灵活性等因素，有针对性地选择广告代言人和广告媒体。

③品牌广告宣传与推广的步骤。为了有效地进行品牌的广告推广和宣传，通常需要遵循五个关键步骤：第一，基于品牌的定位和市场营销的目标，确定品牌的具体广告和推广策略；第二，广告预算的确定是基于销售额百分比法、竞争平衡法或目标任务法等多种方法来进行的；第三，广告信息的制定是基于广告的预算以及消费者的喜好；第四，基于广告的预算、消费者对媒体的接受方式以及各种广告媒体的特性，来决定应该选择哪种广告媒体来推广品牌；第五，利用直接和间接的评估手段来评估广告的效果，为未来或其他品牌的宣传和推广提供宝贵的经验。

2.制定品牌维护策略

(1)品牌维护的含义

虽然品牌的创立、宣传和推广需要企业付出大量的人力和物力，但是品牌创立后并不意味着品牌管理的大功告成。品牌在历经艰辛成长起来后，还需要企业全心全意、持之以恒地小心呵护以形成长远的品牌优势，这就是品牌的维护。

(2)品牌维护的原则

品牌竞争力的建立需要长时间的努力，维护品牌时必须拥有前瞻性的思考，关注品牌的每一个小细节，不能盲目追求完美或急功近利，否则可能会重复许多已经失败的品牌的错误。在市场中，品牌是一个企业最基本的无形资产，也是一个国家综合实力的重要标志。在维护品牌的过程中，我们必须把消费者放在首位，平衡品牌的知名度与好评度，努力提升消费者的满意程度和对品牌的忠实度。

(3)品牌维护的内容

品牌维护涉及面广，是一项纷繁复杂的工作，包括进行品牌质量管理、品牌诚信管理、品牌机构建设和品牌创新管理。

①品牌质量管理。质量是品牌得以延续和发展的根基，优秀的品牌必须具有坚实的质量保障。对于品牌而言，消费者已经把高质量假定为品牌的内涵，因此不断提高品牌质量管理水平，保证品牌质量是企业品牌管理中的重要任务。企业尤其是中

小企业在进行品牌质量管理时，必须强化质量教育，强化质量标准化管理，强化质量监督技术，强化质量责任奖惩，强化 ISO9000 标准的实施，坚定地推行品牌战略思想，将品牌质量管理落实在实际行动中。

②品牌诚信管理。品牌是联系消费者和企业的桥梁。品牌本身就是企业对消费者在产品特征和服务上的承诺，消费者视这种承诺为诚信。企业要想塑造强有力的品牌，必须加强品牌的诚信管理。

在品牌诚信管理中，产品的质量信誉被视为最根本的标准。品牌信誉是品牌资产中最为核心和关键的要素之一，它对消费者购买行为具有重要影响，也决定着企业的发展方向。如果产品质量出现问题，消费者的信任可能会受到威胁，这将导致企业长期努力建立的品牌信任体系崩溃，品牌也可能瞬间崩溃，因此，对品牌质量的严格控制是至关重要的。

在品牌信任管理中，品牌广告的真实性也是一个核心要素。广告作为企业营销传播中最常用也是最难控制的方式之一，它直接影响到了品牌形象的树立、消费者购买行为的形成以及企业利润的获得等诸多问题。尽管广告通常采用艺术性的方式来展示产品，但过分夸张或使用不真实的信息来误导和欺骗消费者可能只会带来短暂的好处，但从长远角度看，这对品牌来说无疑是一个巨大的打击。在广告中诉诸真实诉求，可以使受众获得更加全面，准确地了解，从而提高其信任感。因此，以真实需求为导向的广告不仅是维护品牌声誉和诚信的关键，也构成了品牌长期稳健发展的基础。

③品牌机构建设。品牌维护必须依靠建立强有力的机构来执行品牌管理任务，这就是品牌的机构建设。现阶段很多企业建立品牌机构主要是品牌经理制和品牌管理委员会两种。

品牌经理制的核心管理哲学是，让品牌经理能够像管理各种不同的公司那样，对不同的品牌进行管理。品牌经理由企业的高层管理人员兼任。品牌经理的职责涵盖了某一品牌的产品开发、包装设计、市场调查、业务发展、电视广告制作以及促销支持等多个方面。品牌经理与公司高层管理人员共同决定该品牌的营销策略，并监督和执行这些营销战略，以保证其目标得以实现。这一制度的明显优势在于：它能够对品牌进行全面的规划和管理，并能够灵活地适应市场的动态变化；通过减少人力资源的重复使用，我们可以降低成本并提升工作效率；确保品牌目标管理具有显著的客户价值。我国服装生产企业应该借鉴国外成熟经验建立适合自己的品牌管理制度，制定符合本企业特点的品牌战略方案。它的不足之处是：不同类型的产品可能有多个不同的品牌和风格，因此很难塑造出一个统一且鲜明的品牌形象；缺乏有效整合的平台和渠道，无法实现规模效益。过多的品牌可能导致企业资源的分散，从而难以塑造出有影响力的品牌；缺乏系统战略指导，无法有效控制品牌建设方向。品牌间可能会出现局部的利益冲突，这对企业的整体增长是不利的；缺乏有效沟通，无法及时反馈信息等。由于存在多个领导，下级往往感到迷茫和左右摇摆，这大大降低了工作的效率。

品牌管理委员会是由企业的主管副总、品牌委员会会员、品牌项目经理、品牌经理、技术人员、营销人员和财务人员等来自不同部门的成员构成，可以弥补品牌经理制的一些不足。品牌管理委员会的主要工作内容是解决品牌体系的规划、品牌视觉形象的关联和新产品推出的原则等战略问题，它是现在很多大企业比较常用的品牌管理机构。

④品牌创新管理。创新是维持品牌恒久魅力、保持青春活力的良方，是打造强势品牌最重要的因素之一，可见创新是企业塑造强势品牌、使品牌长盛不衰的必然选择。企业的品牌创新管理包括品牌技术创新、管理创新和文化创新。企业运用技术手段，对品牌进行战略创新、制度创新、机制创新、模式创新和组织结构创新，赋予品牌更多的文化内涵，让品牌得以不断升华，创造出持久的魅力。

3. 制定品牌延伸策略

(1)品牌延伸的含义

品牌延伸是指企业研制和开发出一系列新产品，或推出原产品类别的新产品，这些新产品采用企业已经在市场上定位成功的知名品牌名称，以期通过原有品牌的光环效应，提高新产品的市场地位和销量。

(2)品牌延伸的影响

一个成功的品牌扩展可以利用现有品牌的忠诚度，充分发挥品牌的优势，从而降低新产品的市场推广成本；通过利用品牌策略组合，我们可以迅速地扩展公司的规模并提高其市场竞争力。因此，许多公司在制定其产品战略时就把品牌延伸作为重要组成部分，并将品牌延伸与产品创新相结合，以取得良好的市场效果。然而，并不是所有的品牌延伸都能取得成功。不适当的品牌延伸可能会对新产品的市场进入产生不利影响，难以赢得消费者的信任，甚至可能对现有品牌产生负面效应，严重损害原有消费者的品牌信心，并对原有品牌产品的销售造成负面影响。

(3)品牌延伸的方法

品牌延伸最基本的方法包括水平延伸和垂直延伸。

品牌的水平延伸是指在不同的品牌范围内进行品牌线或产品线的延伸，母品牌跨越不同的行业，实现不同品类的延展，当然品牌水平延伸并不是只采用单一品牌的策略。

品牌的垂直延伸是指品牌在既有品牌范围内扩充品牌线，是在本行业间的上下延伸，品牌的垂直延伸也不是只采用单一品牌的策略。品牌的垂直延伸分为向上延伸和向下延伸。

(四)评估品牌价值

1. 品牌价值的含义

品牌价值是企业和消费者相互联系作用形成的一个系统概念。它体现在企业通过对品牌的专有和垄断获得的物质文化等综合价值以及消费者通过对品牌的购买和使用获得的功能和情感价值。[①]

2. 品牌价值评估的作用

品牌价值评估对企业、消费者和投资者都具有非常重要的意义。

(1)对企业的意义

对品牌价值的评估不仅有助于量化各个品牌的价值，还可以通过比较不同品牌的价值来直观地了解各个企业的运营状况。这种评估从多个角度揭示了各品牌在市场上的地位和其变化趋势，同时也揭示了品牌价值的内在含义和一般规律，为企业在以品牌为资本的基础上进行重组和扩张提供了有力的舆论支持和社会基础。

(2)对消费者的意义

消费者通过了解评估出来的品牌价值，决定自己对某些品牌是否应该忠诚，从而更理性地指导自己的消费行为。

(3)对投资者的意义

投资者通过参考品牌价值，决定自己的投资方向，以便更全面地制定投资决策。

3. 品牌价值的评估方法

品牌资产的价值评估是一项复杂而烦琐的工作。正因为如此，品牌资产价值评估方法在理论界和实务界都存在许多争议。但若依据各种评估方法的基本特点做一归纳，品牌资产价值的评估方法基本可分为以下五类。

(1)重置成本法

重置成本法即依据实际投入在被评估品牌上的资源的现行成本确定品牌价值。换言之，品牌价值取决于按现有的市场、技术条件，重新开发一个同样的品牌所需的成本。

---

① 黎建新，瞿民华，詹志方，等. 品牌管理(第2版)[M]. 北京：机械工业出版社，2022.

(2)直接评估法

直接评估法即直接根据品牌的概念,计算出品牌资产价值。根据品牌概念,无形资产中的商标、顾客名单及部分商誉应属于品牌资产,即

品牌资产价值=商标价值+顾客名单价值+部分商誉价值

(3)市场影响力评估法

市场影响力评估法即根据品牌对市场亦即顾客产生的影响力进行测评,来评估品牌资产的价值。

(4)英特品牌评估法

英国英特品牌公司提出了英特品牌评估法。该方法根据企业市场占有率、产品销售量以及利润状况,结合主观判断的品牌力量,估算确定品牌资产的价值。其计算公式为:

$$E=IG$$

式中,E代表品牌价值;I代表品牌给企业带来的年平均利润;G代表品牌因子。

(5)北京名牌资产评估事务所评估法

北京名牌资产评估事务所参照英特品牌公司的评价体系,结合中国的实际情况,建立起了中国品牌的评价体系。这一评价体系所考虑的主要因素有:品牌的市场占有能力(M)、品牌的超值创利能力(S)和品牌的发展潜力(D)。一个品牌的综合价值(P)可简单表述为:

$$P=M+S+D$$

其中品牌的市场占有能力的代表指标是产品的销售收入;品牌的超值创利能力,即超过同行业平均创利水平的能力,其代表指标是营业利润和销售利润率;品牌发展潜力的代表指标比较复杂,但所有指标都与利润有关,主要有:商标国内外注册状况、使用时间和历史、产品出口情况、广告投入情况等。

4.品牌价值评估的内容

品牌价值的评估内容与其评估方法有着紧密的联系,使用不同的评估手段会导致评估结果的不同。目前,我国对品牌价值评估主要有收益法、市场比较法、成本法和实物期权法等几种方法,其目的是通过比较各方法在评估结果上的优劣,以选择最佳方法来完成品牌价值的评估工作。总体上看,品牌价值的评估主要涉及对商标、品牌名称、品牌寿命、品牌产品的功能、品牌的知名度、品牌产品的质量、消费者的态度、品牌的持续性、媒体对品牌的支持程度和品牌的忠诚度等方面的综合评价,从而确定品牌的资产价值,并将其列入企业的资产负债表,为企业的生产、经营、消费者的购买

和投资者的决策提供依据。

(五)实施品牌法律化保护

品牌的法律化保护是品牌资产管理的重要组成部分。一个品牌要想得以顺利发展，做好品牌法律方面的保护是很有必要的，对品牌进行法律保护的途径是全面实施商标管理。

1.商标的含义

商标是法律上的一个定义，它代表生产者或服务提供者在商品或服务上所使用的标志，这种标志将其所经营的商品或所提供的服务与其他商家所提供的商品或服务进行了区分。

这类标识通常是由文字、图形、字母、数字、三维符号以及颜色所组合而成的。商标是企业产品或服务的标记。在我国，商标可以分为两大类：普通商标和注册商标。未经正式注册的普通商标不会受到法律的保护，而已注册的商标则在规定的时间内得到法律的保护。

2.商标注册管理

(1)商标注册的原则

我国商标注册必须遵循三个原则：自愿注册与强制注册相结合的原则，申请在先和使用在先的原则，以及“一类商品、一个商标、一份申请”的原则。

①自愿注册与强制注册相结合的原则。此原则指的是商标注册一般实施自愿注册，即一般商品不注册也可以在生产和服务中使用；但是特殊商品包括人用药品和烟草制品必须强制注册，否则一律不能在市场上销售。

②申请在先和使用在先的原则。此原则指的是如果两个或两个以上的申请人，在同一类或类似商品、服务上以相同或近似的商标申请注册的，初步审定并公告申请在先的商标；同一天申请的，按照使用在先的原则，初步审定并公告使用在先的商标；同日使用或均未使用的，申请人应该协商解决；超过30天达不成协议的，由商标局裁定或抽签决定。

③“一类商品、一个商标、一份申请”的原则。申请人应当根据法律规定，按照“一类商品、一个商标、一份申请”的原则提出申请。申请人如果在不同类别的商品上使用同一商标，必须分别提出注册申请，并分别提交相关文件。

(2)商标注册的程序

商标注册的程序包括商标注册申请、商标申请审查和核准商标注册三个步骤。

商标注册申请可以由申请人自己到商标局办理申请手续或委托商标代理组织办理。商标局受理商标申请后，就会对递交上来的商标申请材料进行审查，对符合规定的申请予以初步公告。

如果商标局发现递交上来的材料不符合《中华人民共和国商标法》的相关规定，则会驳回申请，商标申请人如果对驳回不服，可以依法再向商标评审委员会要求复审，如果对复审决定不服，可依法在收到复审通知的30日内提出行政诉讼。

如果在公告的3个月期间内，没有公众提出异议，则商标局将会予以核准注册，并颁发商标注册证。注册商标的标记是“注”和“R”。

如果在公告期间有公众提出异议，而当事人不服的，可以依法提起复审，当事人对复审不服的，可以依法提起行政诉讼。

(3)注册商标专用权人的权利和义务

商标申请注册后，注册商标的拥有人就成为注册商标专用权人。注册商标专用权人享有一定的权利但也有相应的义务。

①注册商标专用权人的权利。注册商标专用权人的权利包括商标专用权、商标许可权、商标转让权、商标标示权和请求商标保护权五种权利，专用权人可以在核准范围内的商品或服务上标注“注册商标”字样，也可以将商标通过签订合同许可他人使用或者是转让商标受益。

②注册商标专用权人的义务。注册商标专用权人的义务包括按照正确的规定使用其注册商标；必须保证使用注册商标的商品和服务的质量；依法变更、转让、许可他人使用自己的注册商标等。

(4)注册商标受保护的期限

注册商标只在有效期限内才受法律保护。注册商标的有效期为10年，自商标核准注册之日起计算。注册商标有效期满，需要继续使用的，应当在有效期届满前6个月内申请续展注册；在此期间未能提出申请的，可以给予6个月的宽限期。宽限期满仍未提出申请，注销其注册商标。每次续展注册的有效期为10年，续展的次数不受限制。

3. 商标维权管理

企业的商标维权是针对其他个人或组织侵犯自己的商标权时依法做出的回应和处理。

(1)商标侵权的含义

商标侵权是指行为人未经商标权人许可，在相同或类似商品上使用与其注册商标相同或近似的商标，或者其他干涉、妨碍商标权人使用其注册商标，损害商标权人合法权益的行为　。

(2)对商标侵权的认定

根据法律规定，其他个体或组织的以下五种行为都属于侵权行为：假冒或仿冒行为；销售侵犯商标权的商品；伪造、擅自制造他人注册商标标志或者销售伪造、擅自制造的注册商标标志的；未经商标注册人同意，更换其注册商标并将该更换商标的商品又投入市场的；给他人的注册商标专用权造成其他损害的。

(3)对商标侵权的追究

当企业发现自己的商标被侵权时，一定要利用法律武器对侵权个体或组织进行打击，维护自己的合法权益。

①解决侵权行为的途径。如果企业发现自己的商标被侵权，可以有以下解决途径：双方当事人协商；不愿协商或者协商不成的，被侵权企业可以要求工商行政管理部门处理也可以向人民法院起诉。

②追究侵权行为的法律责任。如果确认侵权行为成立，被侵权企业可以要求对方承担以下法律责任：立即停止侵权行为；向自己赔偿损失；要求相关部门没收、销毁侵权商品和专门用于制造侵权商品、伪造注册商标标志的工具；要求相关部门对其侵权行为处以罚款等。

三、企业技术管理

(一)技术管理概述

1. 技术的含义

技术通常指根据生产实践经验和自然科学原理总结发展起来的各种工艺操作方法与技能的总和。

2. 企业的技术管理

(1)企业技术管理的含义

现代企业技术管理就是依据科学技术工作规律，对企业的科学研究和全部技术活动进行的计划、协调、控制和激励等方面的管理工作。

(2)企业技术管理的目的

企业技术管理的目的，是按照科学技术工作的规律性，建立科学的工作程序，有计划地、合理地利用企业技术力量和资源，把最新的科技成果尽快地转化为现实的生产力，以推动企业技术进步和经济效益的实现。

(3)企业技术管理的内容

企业技术管理是整个企业管理系统的一个子系统，包括企业的技术开发、技术改造、技术创新、技术交易和技术法律保护等内容，其中作为无形资产管理的重点是技术交易管理和技术法律保护。

(二)技术交易管理

1.技术交易的内容

技术交易是企业技术管理的重要内容，包括技术转让、技术服务、技术咨询、技术培训、技术中介、技术入股、技术承包和技术招标等。技术交易是高新技术企业产生收益的重要来源，是实现无形资产增值的主要途径。

2.技术交易的程序

技术交易的程序比较复杂，包括：收集信息情报，确定交易方；根据对方需求制定交易目标；论证交易项目；采取适当的促销策略，促进技术交易的达成；通过谈判，签订交易合同；组织技术交易实施；对技术交易进行评估，为下次交易总结经验。

(三)技术法律保护

对技术进行法律保护的途径主要有利用合同实施法律保护和利用专利实施法律保护。

1.利用合同实施法律保护

(1)对内的合同保护

企业利用合同进行技术法律保护涉及技术的开发、技术的转让以及技术的使用全过程。企业对内可以利用《中华人民共和国劳动合同法》和《工作人员保密合同规定》等各种合同形式确定技术的归属权属于企业，约束企业的开发人员及相关工作人员未经许可不能泄露、携带、使用和转让核心技术，否则将受到法律制裁。

(2)对外的合同保护

企业在对外进行技术交易的过程中可以利用《技术转让合同》《技术服务合同》《技术咨询合同》等各种技术合同来规范对方按照要求使用本企业的相关技术，未经许可一律不能泄露和转让，否则将追究法律责任。

2.利用专利实施法律保护

(1)专利的含义

企业专利一般来讲是指企业专利权，是国家专利主管机关按照法律规定的条件和程序，授予申请企业在一定期限内对其发明创造享有的独占权。

(2)企业专利构成

企业专利一般包括发明专利、实用新型专利和外观设计专利三种。

①发明专利。发明是指对产品、方法或者其改进所提出的新的技术方案。需要注意的是发明通常是自然科学领域的智力成果，文学艺术等社会科学领域的成果不属于专利意义上的发明。

②实用新型专利。实用新型是指对产品的形状、构造或其结合所提出的适于实用的新的技术方案。实用新型专利在技术水平上的要求比发明专利低，又称“小发明”。

③外观设计专利。外观设计是指对产品的形状、图案、色彩或其结合所做出的具有美感并适于工业上应用的新设计。

(3)申请专利

①申请专利的条件。企业准备将技术申请为专利时，尤其是要申请发明专利或实用新型专利时，所申请的技术方案一定要具备三个条件：新颖性、创造性和实用性，否则将不符合授予专利的最基本条件。

②申请专利的材料。在企业提出发明专利或新型实用专利申请的过程中，有必要向专利局提交专利申请申请书、发明内容的详尽解释说明以及摘要，还需提交用于确定专利受保护区域的权益要求。若希望获得外貌设计的专利，您需提交关于此外观设计的视觉图片或影像等资料，并在文件上注明采用了这种设计的产品和它们隶属的种类。

③专利申请的审批程序。一旦企业提交了专利申请的相关材料，专利局便有责任对这些提交的专利申请进行全面的审查和批准。专利局在审查过程中会遇到一些特殊问题，这些问题往往比较复杂，甚至有很多法律上的障碍。在众多发明专利中，审批流程是最为烦琐的，它涵盖了初步的审核、早期的公示、实质性的审查以及授权登记的公告这四个阶段。对于实用新型和外观设计的专利，只要在初步审查中没有驳回的理由，就可以直接颁发相应的专利证书，并同时进行登记公告，这样就不需要进行早期的公开和实质性的审查。

④注册专利的有效期限。注册专利因类别不同受法律保护的时间不同，发明专利的期限是 20 年，实用新型和外观设计专利的期限是 10 年，均自申请日开始计算。专利权期限届满后，专利权终止。专利权届满前，专利权人可以书面声明放弃专利权。

⑤专利权人的权利和义务。企业的专利一经审批之后，就成为专利权企业。专利权企业在专利有效期内对专利享有权利和负有义务。

专利权企业的权利包括独占实施权、实施许可权、专利转让权、专利标示权、放弃专利的权利和专利权遭侵害时的请求权。

专利权企业的义务包括缴纳专利年费义务、实施专利的义务和依法对职务发明创造的发明人或设计人给予奖励的义务。

(4)专利维权管理

企业的专利维权是指针对其他个人或组织侵犯自己的专利权时依法所做的回应和处理。

①专利侵权的含义。专利侵权是指未经专利权人许可，也没有法定的抗辩或免责事由，以生产经营为目的实施了专利权保护范围内的有效专利的违法行为 。

②对专利侵权的认定。当一个企业在判定其他的个人或机构是否损害其专利权利时，其基础条件是：这些个人或组织侵权的是企业本身已经生效的专利；其他的人员或是机构需要对其进行侵犯；其他的个体或者团体的专利侵犯行为都是出于生产和营业的需要而进行的；如果其他的个体或团体实施专利活动，而这一决策没有得到企业的明确许可，并且也缺乏法律支持。企业应当清楚认识到，专利侵权的形态存在多种可能，这包括制造、应用、市场销售、进口专利的产品及采用专利的技术手段等。

③对专利侵权的追究。当企业发现自己的专利被侵权时，一定要利用法律武器对侵权个体或组织进行打击，维护自己的合法权益。企业必须在得知或应该得知自己被侵权的两年内，向专利管理机关或法院提出请求，要求其责令侵权人停止侵权行为并赔偿自己的损失。

第五章　企业经营管理工作的优化

第一节　改革企业经营管理模式

一、21 世纪企业面临的竞争和挑战

社会发展到 21 世纪,科学技术飞速发展,全球化信息网络以及全球化市场初步形成,使得以新产品为核心的市场竞争更加激烈,企业面临的竞争压力越来越大,主要表现在以下几点。

(一)全球经济一体化趋势给企业带来更大竞争压力

随着信息技术的发展以及互联网的普及,世界已经发展成为一个紧密联系的统一体,国家和地区间的经济、技术壁垒逐渐消除。尤其是信息技术的发展突破了经济活动中时间与空间的限制,企业可以在更广泛的时空中寻找客户与合作伙伴。当然,企业也在全球化市场建立过程中,面临更多、更强的竞争对手。企业比以往有更多机会占领更大的市场,也更有可能因为竞争失败而被市场淘汰。经济一体化使得企业不得不面对更大范围内的市场竞争。

(二)产品研发压力增大

随着技术更新速度加快,新产品更新换代的速度会越来越快,产品的寿命周期缩短,对企业产品开发的能力要求越来越高。与此同时,因为产品结构逐渐复杂化,产品功能越来越强,增加了产品研发难度。现阶段,很多企业开始认识到开发新产品在企业发展中的重要性,所以,很多企业不惜成本投入,然而资金利用率以及投入产出比不尽如人意。主要原因在于,产品研发难度增大,周期加长,尤其是那些规模大、结构复杂及技术含量高的产品,研发过程不仅涵盖多领域,还要求多学科交叉。因此,恰当处理产品开发问题已经成为企业需要面对的重要事项。

(三)用户个性化需求增长

用户的信赖是推动企业不断发展的重要因素,用户的信任不仅取决于产品质量,还需要依靠售后的技术支持以及服务。很多著名国际企业已经在全球范围内建立起健全的服务网络,就是很好的例证。随着社会发展、产品市场繁荣,用户对产品和服务的要求与期望也更高了,消费者的需求结构也发生了变化。第一,多样化和个性化的需求越来越多,这一需求带有较大的不确定性。企业要在新环境下谋求发展,就要扭转生产管理模式,从标准化生产向定制化生产转变,由以往“一对多”的生产模式向“一对一”的定制化服务转变;第二,不断提高产品的功能、质量以及可靠性;第三,在满足个性化需要的同时,价格仍能保持批量生产时的低廉水平。

个性化需求使得多品种、小批量生产在企业生产中逐渐占据更重要的地位,同时也导致企业生产成本控制出现较大困难。而全球供应链的出现有效连接了制造商与供货商,为定制生产成本控制带来新思路。企业应该认识到,尽管个性化定制生产可以提高质量,提升客户满足度,但要保持相对低廉的价格,对企业经营管理提出了很高的要求。

(四)产品品种数量增长带来库存压力

为满足消费者多样化需求,企业加大产品研发的力度,新产品上市周期缩短,产品品种、数量成倍增长,从而带来很大的库存压力。库存占用生产资金,又对企业资金周转率提出了更高要求。

二、全球竞争对企业管理模式提出挑战

管理模式是系统化的指导和控制方法,其将企业中的人、财、物以及信息资源以一定的模式转化为市场所需的产品与服务。[①] 从企业建立的那天开始,质量、成本与时间就成为企业运作的核心,管理模式就是在这三者的基础上发展起来的。质量是企业的立足之本,成本控制是企业的生存之道,时间是企业得以发展的源泉。

如果产品质量不好,就无法获得消费者信任,企业也就不能在市场中立足;缺乏成本控制,企业就丧失了进行价格竞争的资格,无法保障生产过程有序运转;为满足消费者需求,企业需要在一定的时间范围内为消费者提供产品和服务,因此生产周期是企业能否发展的重要一环。

---

① 吴金梅,秦静,马维宏.经济管理与会计实践创新研究[M].延吉:延边大学出版社,2022.

(一)转变企业管理模式

1. 从“纵向发展”向“横向发展”转变

出于资源占有以及生产控制的需要,企业以往常常倾向通过向上下游延伸扩大自身规模,例如参股供应商或收购销售商,即“纵向发展”的模式。中国企业尤其是传统国有企业大都属于“大而全”和“小而全”的经营模式,就是“纵向发展”的典型表现形式。

比如,很多企业在发展过程中逐渐具备了零件加工、装配、包装、运输等能力,但产品开发与市场营销能力却没有相应提升,产品开发、生产和市场营销呈现中间大、两头小的“腰鼓型”模式。“腰鼓型”企业在新的市场环境下无法快速响应用户需求,因此失去了很多机遇。在市场比较稳定的条件下,“纵向发展”模式是非常有效的,然而在市场需求逐渐变化、市场竞争越来越激烈的情况下,“纵向发展”模式显现出诸多弊端,主要表现在以下几个方面。

(1)企业投资负担增加

“纵向发展”要求企业投入较多资金,无论是新建工厂还是参股、控股其他企业,企业都需要拿出“真金白银”,占用了大量企业资源。

(2)企业需要经营不擅长的业务

“纵向发展”使得企业或者“大而全”或者“小而全”,管理人员膨胀,并花费大量时间、精力、资源在多项辅助性管理工作中,甚至忽略了关键性业务,最终导致企业丧失竞争优势。

(3)面临多业务领域竞争

“纵向发展”模式存在的另一个问题就是,由于企业业务链条长,需要在多个业务领域与不同的竞争对手展开竞争。企业的资源、管理精力有一定的局限性,“纵向发展”模式的结果可想而知。

随着信息网络化的不断发展,企业之间开展业务合作更加方便,企业生存和发展更聚焦打造核心竞争力,集中精力夯实自身优势。因此,“横向发展”成为企业扩张的主流模式。这一模式的发展要点是做好核心业务,在产品价值链中深挖关键技术。

2. 企业资源管理核心从内部向外部转变

在生产计划和管理控制层面,企业在各个时期的发展重点是不同的。20 世纪 60 年代之前,企业通过批量生产、安全库存与订货确定来保障生产过程的稳定;20 世纪 60 年代之后,精细化生产等方式出现,提高了企业的经营效益;20 世纪 90 年代后,全球经济一体化格局逐渐形成,消费者需求特征有很大改变,对企业的市场竞争能力提出了新的要求，传统管理思想已不再能与新的竞争形势相适应，市场要求企业能以最快的速度回应用户需求；现阶段企业战略管理的重点在于创新与整合，创新是指企业通过引入新的产品、服务、流程或商业模式来满足市场需求，从而获得竞争优势，整合则是指将不同的资源、技术或业务进行有机结合，以优化资源配置和提升整体效能，创新与整合相辅相成，共同推动企业的发展 。想要达到这一目标，仍依靠企业现有资源是远远不够的。因此，纵向联合、横向深挖成为企业管理模式调整的必然选择。

（二）供应链管理模式产生

1. 传统管理模式的盲区

在现阶段市场竞争格局中，仅依靠企业自己的资源是很难满足市场需求的，自身经营也很难取得理想效果。美国《21 世纪制造企业的战略》提出以虚拟企业或动态联盟为前提的“敏捷制造”概念指出，“敏捷制造”属于制造业在战略高度的一次变革，面对全球化竞争买方市场，企业必须能够快速重构生产单元，以充分自治性和分布式协同取代金字塔式多层管理结构，追求员工创造性的充分发挥，将企业间的市场竞争转化成有竞争、有合作的“共赢”。

2. 供应链管理

因为“纵向”管理模式存在很多不足，从 20 世纪 80 年代开始，很多企业从该类型经营管理模式中突围出来，开始运用“横向”管理模式。对企业管理来说，就是从企业内部扩张转向外部扩展，以共同利益为目标，实现企业之间的结盟。“横向发展”建立起由供应商到制造商到分销商的链条。在链条中，各节点企业需要实现同步、协调发展，也只有这样，才能使链条上的企业受益。因此出现了供应链管理模式。

敏捷制造与供应链管理都是将企业资源管理范畴由传统的单个企业扩展到整个社会，不同企业因市场利益达成战略联盟，联盟共同“解决”满足顾客需要的问题。

供应链管理需要运用现代信息技术改造业务流程，重塑供应商与企业及客户的关系，提升企业竞争力。运用供应链管理模式，能够使企业在较短时间内寻找到合作伙伴，通过更低成本、最快速度以及最优质量在市场中占据一席之地，受益的不仅是生产制造企业，还包括供应链上的企业群体。

三、新型企业管理模式和管理工具——ERP

ERP，即 Enterprise Resource Planning，即企业资源计划。这一概念是 20 世纪 90 年代由美国企业首先提出的。ERP 还是一种企业管理思想，也是新的管理模式。作为企业管理工具中的一种，它的突出特点是必须基于先进的计算机管理系统。

(一)ERP 内涵

制造业企业的基本运营目标,是通过较少的资金投入获得最大利润。要达成这一目标,以下几个方面的任务是企业管理者必须面对的:一是制订合理的生产计划;二是合理地管理库存;三是充分利用设备;四是均衡安排作业;五是及时分析财务状况。

20 世纪 60 年代,制造业从“发出订单一催办”的计划式管理模式中突破出来,设置安全库存量,为市场需求提前做好缓冲。20 世纪 70 年代,企业管理者进一步认识到,必须有准确的订单交货日期,因此,出现了对物料清单进行精细管理和利用的计划,即 MRP。

20 世纪 80 年代,企业管理者认识到,制造业必须通过生产和库存控制集成的方法才能有效解决制造链条脱节的问题,所以,在资源计划中出现了 MRP-II。20 世纪 90 年代后,企业需要处理的信息量越来越大,资源管理的复杂性越来越高,以往的人工管理方式很难满足实际需求,因而出现了新的管理理论和计算机管理体系。

随着市场竞争越来越激烈,技术优势变得更加重要。企业没有技术优势,也就失去了竞争优势。所以,谋求技术优势成为企业发展的重点。企业管理也要与时俱进,与市场竞争需求相适应,为企业发展提供竞争制胜的武器。也因此,ERP 才有了更加广泛的应用。

ERP 在管理中的应用主要体现为四点,一是超越 MRP-II 与集成功能;二是支持混合方式制造环境;三是支持动态监控,帮助提升企业绩效;四是支撑开放性客户终端和服务器等计算环境。

ERP 管理将企业内部制造流程与供应商资源结合起来,体现了按照用户需求进行生产的管理思想。它将制造企业流程看作紧密连接的供需链,包括供应商、制造工厂、分销网络以及客户;将企业内部分为相互协同的支持子系统,例如财务、市场营销、生产制造以及质量控制、服务和工程技术支持等。

企业资源可以简单地概括成三大流,即物资流、资金流与信息流,三者共同组成了 ERP 信息管理系统。ERP 是以信息技术为前提建立的,通过现代化企业管理思想,对企业资源信息进行集成并为企业提供一定的决策、计划与控制的平台。

(二)ERP 发展

ERP 概念最初由美国的 Gartner Group 公司提出,该公司此后提出的新的概念,即 ERPⅡ,是运用更为先进的计算机技术扩大管理范围,重组企业流程。“资源整合,流程再造”可以概括 ERPⅡ管理思想。具体来说,主要是整合企业内部资源,合理规划采购、生产、库存、分销、财务等。ERP的触角会伸展至企业生产经营活动的每个环节,通过对诸多环节的"再造",使企业生产实现最佳资源组合,进而提高经营效益。

(三)ERP应用

1.ERP的有关概念

(1)物料编码

物料编码也称物料代码,是计算机系统中物料的唯一代码,主要涉及物料技术信息、物料库存信息、物料计划管理信息、物料采购管理信息、物料销售信息以及物料财务相关信息等。

(2)物料清单

所谓物料清单,是指对产品结构进行详细描述的文件。物料清单特别强调资料的准确性,要求重复率为零。此外,在物料清单资料上,准确率要超过98%;库存数据的准确率要大于95%;工艺路线的准确率要大于95%。

(3)虚拟件

所谓虚拟件,是指为了对物料清单实施简化管理,在产品结构中出现的虚构物品,它们并不出现在图纸和加工过程中,其主要作用是便于管理,例如组合采购、组合存储和组合发料等。在处理业务的过程中,计算机系统只要对虚拟件进行操作就能够生成业务单据,为企业管理提供极大的便利。

(4)工作中心

工作中心是对生产加工单元的统称。由一台或者几台功能一样的设备以及员工、小组或者是工段组成的装配场地,甚至是一个具体的车间都可被看作工作中心,这一概念使生产流程大大简化了。

(5)提前期

生产准备的提前期是指由生产计划到生产准备完成的过程;采购的提前期是指采购订单下达之后到物料入库的阶段;生产加工的提前期是指从生产加工的投入开始到生产完工入库阶段;装配的提前期是指从装配投入装配结束的过程。企业生产提前期是指整个产品生产周期,主要包括产品设计提前期、生产准备提前期、采购提前期、加工、生产等提前期。

(6)工艺路线

工艺路线是对物料的具体加工、装配顺序以及每道工序的工作中心进行说明,对各项工作的时间要求、外协工序时间以及费用进行说明。

(7)主生产计划

该生产计划简称为MPS,这是对所有具体产品在不同时间段生产状态的计划。主生产计划是按照生产计划、预测与客户订单对未来不同生产周期的产品种类以及数量进行规划,以便使生产计划有效地转换为产品计划,平衡物料与生产能力,落实时间、生产数量等信息。主生产计划是对企业一段时期中生产活动的具体安排,是通过生产计划和具体订单以及对历史销售数据的分析综合制定的。

(8)物料需求计划

所谓物料需求计划,简称MRP,是关于生产计划中所有项目采购进度的计划,主要解决五个问题,即需要生产什么,一共生产多少?需要运用什么?现在都有什么?还缺什么?怎样安排?物料需求计划是在生产计划确定之后制定的,这是生产部门有序运转需要严格遵守的计划。

(9)能力需求计划

能力需求计划,简称CRP,是指对生产所有阶段和工作中必需的资源进行精确计算,最终获得人力负荷和设备负荷等数据,并依此制定的计划,企业据此实现生产能力和生产负荷之间的平衡。在能力需求计划中需要处理的问题有:物料需要通过哪个工作中心加工?工作中心可用能力有多少?各个时段的可用能力和负荷是多少?能力需求计划属于短期计划。

(10)粗能力计划

粗能力计划简称RCCP,是指对关键工作能力展开评估后制定的生产计划,对象是指"关键工作中心"。主生产计划的可行性是通过粗能力计划校验的。粗能力计划评估按照以下步骤进行:一是建立关键工作资源清单;二是确定工作中心的负荷和能力,框定超负荷范围;三是确定负荷是由哪些因素确定的,需要占用的资源现状如何,以便管理者对工作中心的生产能力进行评估。

(11)无限能力计划

无限能力计划指在制定物料需求计划的过程中不考虑生产能力

方面的局限,对工作中心能力和负荷进行计算,获得工作中心负荷数值,出具能力报告。如果实际生产负荷大于能力,就需要调整工作中心的负荷。

(12)有限能力计划

这一计划是指在工作中心能力没有发生任何改变的情况下,生产计划需要根据优先级安排。如果工作中心的负荷已经满了,优先级别低的物料就会被推迟加工,也就是订单被推迟。这一计划不需要评估负荷与能力。

(13)投入产出控制

它还被称为输入、输出控制,是衡量生产执行情况的一种方法,是计划和实际投入与计划和实际产出的控制报告。

2.计算机技术中ERP的发展

这主要表现在软件方面,例如客户终端与服务器的体系结构、数据库技术、图形用户界面、面向客户的技术及开放等。总而言之,ERP彻底突破了以计划为生产核心的管理思想,更看重对企业供需链和信息集成的管理,能迅速提供企业内部、供销渠道、市场营销以及金融动态等方面的最新信息,便于企业管理者分析处理,进而以最快的速度做出反应。

第二节　加强财务控制

一、财务控制

(一)管理学视角的控制

现代管理学家亨利·法约尔被誉为现代管理理论的创始人,他对管理要素做了细致的划分,指出主要包括计划、组织、指挥、协调与控制几方面。他认为控制是为实现计划目标提供重要保证的实施手段,是对所有工作项目与计划实施内容符合与否的确定,是对所有计划的实施以及所指定原则一致性的保证。在管理工作中,控制手段实施的目的是明确工作中存在的问题,弥补工作缺陷,以此提高工作效率。法约尔认为,正确控制手段的实施需要明确控制对象的工作范围,防止各部门领导干预基层工作,避免出现"双重领导"或者控制不力等情况。

在管理控制中,财务控制最为重要。但在管理实践中,管理者对财务控制工作的重视不够,缺乏专业性,是企业发展效益难以提高的重要原因之一。因此,加强财务控制工作,将其作为企业管理的独立一环很有必要。

(二)财务、会计和审计学中的财务控制

《经济学大词典》将会计控制定义为通过会计信息与经营决策制订会计计划,明确会计预算,考核经营成果,推动生产活动与业务工作在既定范围内有效运行。

在近年来市场经济快速发展的背景下,财政部等为推动企业内部会计工作制度建设,促进内部会计监督工作更好开展,为社会主义市场经济秩序的良好运行提供保障,根据《中华人民共和国会计法》,颁布了《内部会计控制规范——基本规范(试行)》

与《内部会计控制规范——货币资金(试行)》等管理条例。这些为企业财务管理工作规范化提供了重要指导，具有积极意义。

二、财务控制的主要手段

企业所有的财务活动都需要通过控制实现，企业通过规章制度对预算的实际运行过程进行控制，对结果进行评估，将评估结论反馈给管理层，推动企业管理不断接近、实现经营目标。通过对财务活动的管理实现企业的短期与长期发展目标，是财务控制的主要内容。通常而言，财务控制具体的实施方式分为四种。

(一)定额标准控制

将定额作为企业资金运动中的控制实施标准。凡是与定额相符合的业务即提供支持，确保资金充足；当业务超出定额要求时，需要对超出原因展开分析，采取有针对性的处理措施。

定额管理是企业通过明确的定时定量要求对财务工作实施管理，构建具有科学依据且行之有效的多种定额标准，根据其内在联系建立对应体系。根据管理内容，定额体系主要包括资金、费用成本、设备、物资；根据性质，定额体系又可划分为效率定额、状态定额和消耗定额。

企业实施定额管理需要保障两项基础工作，即计量与验收。计量工作对原材料的使用、物资采购、入库、使用以及出库、转移等各环节内容进行监管，对实施效果进行验收、评估。

(二)授权控制

授权控制属于事前控制的一种，可以事先防范财务活动中不合理、不合法、不正确的经济行为，将其控制在活动产生效用之前。授权管理的实施方法是借助授权通知书明确责任事项与资金使用范围、额度。授权管理实施原则是对授权范围内展开的行动给予百分之百的信任，对授权之外的行为坚决制止。

授权分为两种形式：一般授权与特别授权。一般授权是企业内部基层管理者根据既定预算标准、计划内容与制度规范，在其权限范围内对合理合法的正常经营行为予以授权；特别授权指非常规经营行为需要对其展开专门研究之后再实施授权。与一般授权不同，特别授权是以某些特别的经营业务为对象，此类业务具有一定的独特性，通常不会有预算标准与计划内容作为参考依据，需要在实施中根据实际情况对其进行具体的研究与分析。

在企业财务管理中，一般授权普遍存在，通常将其权限授予基层管理人员即可，一般授权不仅提高工作效率,还能保证企业经营的灵活性与主动性。特别授权由于缺少参照依据与成熟规章,基层管理者无法直接对其负责,也不具直接处理相关业务的权力,需要高层管理者甚至企业领导者在专门研究后做出决定。

通常而言,大部分经营业务的授权都无法在一次过程中完成,而是需要经过两次或两次以上相关程序实现授权。例如采买业务,需要事先由物资使用部门填写购物申请,得到授权后递交采购部门,后者展开订货活动。物资到位后,需要向会计部门递交发票、运单与验收报告等信息资料,经过会计部门审查同意之后才可以付款,至此一次经营业务活动完成,授权也完成。换言之,采买业务的授权通常包含先后两次授权活动。第一次授权是在采购活动开始之前,对该活动的开展予以批准;第二次授权是在付款之前,对采购活动的结束提供保证。

企业经营活动中的授权控制需要确保以下方面:存在不合法行为不能授权,是最基本的授权控制要求。"责、权、利"三者结合为授权控制的基础,拥有授权权力的责任人要根据企业相关规定,在权限范围内开展授权活动,不能越权授权。未经授权,企业所有经营活动都不能付诸实施。这一授权原则能够确保企业经营活动的合理性与合法性,能够将不合规定的经营活动控制在实施之前,为企业安全、合法经营提供保障。

一方面是必须合规授权,另一方面,已被授权的经营活动必须严格执行,如果因故无法执行,需要及时向上级报告,不得擅自更改授权内容或方案,以保证经营活动按照授权方案展开。

(三)预算控制

财务预算属于控制机制的一种,在实施过程中对预算主体与预算单位展开的经营活动起指导和调节作用,体现为"自我约束"与"自我激励"。换言之,预算起一种标杆作用,帮助预算执行主体明确目标,掌握现阶段发展状况,明确实现预算目标的路径。预算是否能够完成应与其自身利益相关联,因此预算控制是对预算行为的约束。同时,预算也是对财务预算主体实施有效考核的依据。因此,在企业整体发展中,财务预算不仅控制执行主体的行为本身,而且控制行为的结果,属于企业管理机制中的重要组成部分。预算控制的作用包含以下几个方面:尽可能为预算的实现提供保障;将预算目标与实际业绩进行比较,使高层管理者充分掌握企业业务经营情况;对目标与实际经营成果之间的差异展开分析,对差异产生的原因进行研究,以诊断企业经营中存在的问题;定期对实际与预算两种业绩展开比较,为企业经营效率的提高提供保障;强化企业的经营管理工作,提高企业运用效率。

企业应从三个层次构建规范化的预算管理体系:第一,在高层管理者中建立规范的预算体系观念,如在公司章程与股东大会等层次制定相关预算条款。第二,在中层管理者中推行预算规范。第三,在具体业务部门建立规范的预算制度与预算管理办法。

财务预算以董事会、经营者以及公司各部门包括所有员工的责、权、利三者关系为基本出发点,要使企业全体员工明确各自的预算权限、预算目标,以确保预算工作中的决策、执行、结果三者之间统一协调发展,推动企业整体效益的提高。企业应将预算作为加强管理的重要手段。财务预算的本质要求是所有经营活动以财务目标为中心,促进经营策略在预算执行中有效落实。以预算目标为中心编制预算,所谓预算目标主要包括利润、成本、销售、现金流量等内容。当预算指标确定后,其在企业内部便被赋予了一定的法律效力,各部门为推动生产营销与相关活动的展开需要对财务预算中存在的可能性做全面考虑,以实现财务预算目标为中心推动经营活动的开展。

以实际效益为预算结果的考核依据,实施奖惩制度。企业最终决算与预算目标比较,根据各责任部门的预算执行结果,进行绩效考核。此外,预算委员会需要根据预算执行情况对出现偏差的原因进行分析,制定有针对性的改善措施,必要时对预算方案进行调整。

(四)实物控制

企业实物包括资产、物资、会计账目等。对实物实施控制是为了对所有实物的安全性与完整性提供保障,避免出现舞弊等行为。实物控制工作内容包括以下几个方面。

1. 实物限制接近

该措施是为了防止或降低实物被盗或被损毁等情况出现,通过明确责任为实物实体提供保护。例如对接近实物的人员进行严格控制,必要时须经相关部门批准。通常而言,企业特别需要对两类实物实施限制保护:其一,现金。现金管理必须严格,只有专职出纳人员才可接近。应设置专职保管人员进行管理,未经批准,任何人员不准入库。其二,账目报告。包括与企业资金项目等相关的资料报表等,此类实物涉及企业发展状况,是企业商业机密,应该严格限制接近,未经批准无关人员不得接近与浏览,以避免篡改数据、销毁资料或数据不当外泄等情况的发生。

2. 实物保护

实物保护能够有效避免实物被盗或被损毁等情况发生。例如,安装保险门、保险柜等设备避免被盗;设置灭火器等消防设备,避免火灾发生等。对实物保护情况应定期进行检查，及时消除安全隐患，避免实物受损。

3. 定期清查

企业需要根据经营特点，定期对财务、物资等实际存储数量进行全面检查，通过定期盘点与轮番盘存相结合的方法，充分了解与妥善处理盈亏情况，确保实存数与账存数二者相符。

第三节　创新管理理念

管理者实施管理必然是在一定的管理理念指导下进行的。正确的管理理念能确保管理者准确分析企业经营中出现的问题，充分发挥企业管理职能。

一、观念创新

管理活动属于创新活动。创新是改变旧有事物，创造新事物、新规则，是发展的根本动力，是事物内部新因素与旧因素矛盾斗争最终形成事物发展的过程。

(一)创新的意义

思想观念影响人们的行为，社会变革以思想解放为前提，创新需要观念引导。企业管理理念创新就是通过新的思维方式分析与研究企业管理工作中的现实问题，并据此采取有针对性的措施，发展新途径，创造新成果，开拓新局面。

变化是企业发展中唯一不变的。不变是相对因素，变是绝对条件。企业发展就是不断改革组织结构与经营流程，以与消费者需求相适应。其中所体现的就是创新。社会发展，企业通过创新实现与时代发展同步；科技进步，企业通过创新将科技成果转化为市场需求。在激烈的市场竞争中，创新是企业制胜的关键因素，是企业发展的根本。

(二)创新的特征

创新具有以下突出特性。

1. 新颖性

创新是对没有解决的问题实现有效处理。创新不是模仿，是通过继承实现新突破，因此所得成果是前所未有的，是新颖的，包含以往没有的新因素。

2. 未来性

创新所解决的问题是以往所没有解决的，是面向未来的，重心放在未来。在管理活动中，创新者需要围绕未来发展制订计划、设计方案，推动企业在未来更好发展。

3. 价值性

创新成果具有普遍的社会价值，主要包含经济价值、学术价值、实用价值、艺术价值等。管理者通过制定与实施管理措施对以往没有解决的问题实现有效处理，就具备一定的创新管理价值。

4. 先进性

先进性的存在需要与旧事物相比较获得。缺少先进性的创新成果仅具新颖性与价值性，仍无法成为旧事物的替代物。就产品而言，不具备先进技术就无法在激烈的市场竞争中占据一席之地。

(三)创新性思维的发展过程

创新性思维具有一定的复杂性。管理者充分掌握创新思维的特点能够有效促进成果出现。创新性思维的发展过程一般分为四个阶段：定向、逼近、成型与深化。

1. 定向阶段

在该阶段创新者主要是收集信息，对问题展开初步研究，包括问题的性质与多方面特点。创新者通过联想，从以往工作经验中获得启发，成为创新的重要依据。

2. 逼近阶段

创新者需要动员自身最大的能量，释放与运用所有能量和才能，对所追踪的目标进行研究、思考和冲击。逼近阶段属于整个过程中最为紧张的阶段。

3. 成型阶段

创新者需要灵感推动，灵感是经过深思熟虑获得的，在此状态下，创新者才思敏捷，产生新的观点，形成对应结论。灵感的出现可能十分突然，但是新观点与结论需要经过长期的积累才能形成。

4. 深化阶段

创新所得的观点与结论并非完善的，需要经过反复验证，经过丰富与完善，才能更好地建立。

创新性思维发展的四个阶段相互渗透与影响。一般情况下各阶段的次序不会颠倒，前一阶段的实施是后一阶段的基础，后一阶段包含着先前阶段的成果。例如，逼近阶段是对发展方向的调整，深化阶段会有新灵感与顿悟产生。有时前一阶段与后一阶段无法截然分割，甚至融为一体。创新性思维持续时间长短不一，主要取决于创新的复杂程度与思维能力的不同。创造性思维具有一定的复杂性，属于辩证思维活动，是对多种思维方法的综合运用，因此无法复制。

(四)创新性思维的基本形式

创新性思维属于思维模式的一种,包含基本的思维形式,主要分为以下几个方面。

1. 理论思维

一般而言,理论属于原理体系,理论思维是理性认知经过系统化所形成的思维形式。理论思维具有一定的科学性与真理性。一旦理论思维出现混乱,或与客观规律不相符,运用的结果很可能是失败。

理论思维在实践中有广泛的应用。例如通过系统理论思维在系统工程中的运用,对系统内与之相关的问题进行有效处理的现代管理方法。系统工程属于科学方法的一种,借助系统工程可以实现对组织系统更好的规划,创造更为有效的方法。

2. 直观思维

直观思维通常是指人们在实践中大脑在外界事物刺激下所产生的感觉,其特点主要是生动性、具体性与直接性,是创造性思维的基础。直观思维一般是由人们的观察力、想象力与记忆力决定的。人们进行创造性活动通常是基于知识的积累,知识积累越多,其创造力则越会有深厚的基础。

3. 倾向思维

倾向思维也是思维的一种基本形式,即人们在展开思维活动时具有一定的目的性与倾向性。在创新思维活动中经常会运用倾向性思维。一般情况下,创新者接触某一事物会在大脑中产生一定的感觉,以此为倾向,在思考问题的过程中会不经意间突然产生灵感或者顿悟,最终创造或开拓新的思路、模式或方法。

人们对事物的认知并非完全呈直线形态,通常会有曲折,甚至会有多次反复,才可以获得对事物的正确认识和理解。不论过程如何,认知过程中都会有一定的改变,灵感与顿悟也会在无意中出现。

4. 联想思维

客观事物之间存在一定的联系,联系具有相互性,事物之间的联系会在人们大脑中产生不同的反映,并成为不同联想产生的依据。联想思维是指通过对某一件事物的认知引发关于另一事物的相关认识的心理过程。在思维过程中,运用联想思维十分频繁。联想思维在创造发明、对人的创造力的开发方面具有非常积极的意义。

5. 逻辑思维

逻辑思维是通过将科学方式与抽象概念结合,对事物的本质进行解释,对现实结果进行认知表达。逻辑思维存在于人们的认知过程中,通过概念对现实的反映进行判断与推理。逻辑思维属于严密性较强的科学思维形式，要求与客观规律相符合。在反映现实的过程中，这种思维能力的强弱一定程度上是与主体知识的丰富性相关的。它不仅会影响创造的成功与否，还关乎创造时间的长短。随着电子计算机技术的应用，逻辑思维在各个领域的影响越来越显著。

创新并非创新者主观臆想的结果。其产生过程需要大量观察与反复思考、分析，并根据事先搜集的依据进行判断，展开推理。创新过程要求不断接受客观规律的检验，最终得到符合逻辑的结果。

逻辑思维在管理工作中被广泛应用。随着管理创新活动广泛开展，企业管理者主动培养员工的创新、创造能力；对企业未来发展展开研究预测，在这个过程中，逻辑思维能力的高下成为关键影响因素，也是提高管理水平的关键，因此对企业管理者而言是极为重要的管理工具。

6. 发散性思维

发散性思维是从不同的方向、不同的途径对管理中所获得的信息展开思考与重组，并以此为构建新管理模式的基础。在管理实践活动中，问题解决方案通常是由具备较强发散性思维能力的人提出的，发散性思维在处理实际问题时常常能另辟蹊径，实现对问题的完美解决。

二、过程创新

在企业实际管理中，“过程创新”作为一种新型管理理论与方法在美、日等企业中正在得到广泛应用。过程创新理论的产生与现代西方企业经营实践相适应，是对传统管理理论的完善与突破，是西方企业管理思想与方式变革的代表。

“过程创新”理论是由美国学者马歇尔·哈马提出的。马歇尔·哈马在自己的《过程创新革命》一书中对过程创新理论的基本概念做了全面解释。他指出，过程创新是为了推动管理活动中成本、品质、服务等多方面基准的有效调整与改善，是立足于管理基本原则，对传统理论的完善。在“过程创新”理论中，所谓的过程需要具备两个以上的要素，企业生产经营活动的展开由多个过程综合而得，包括管理过程与工作过程等。每个过程都需要由两个以上的环节或要素组成。例如企业订货管理的组成过程为订单接受、产品开发、按需制造、发货等。创新企业管理就是对管理过程中不合理的部分加以改善，通过以更为科学合理的方式取代传统过程，促进企业管理效率和经营效益的提升。

(一)过程创新要与企业规范转变相结合

过程创新需要立足新的发展角度,对过去的工作方法与管理方法进行重新设计,本质是对企业传统管理理念的突破。企业在发展过程中逐渐形成一定的工作方法与管理惯例,随着这些方法和惯例应用时间的增长,其中的做法和程序成为一定的固有模式,或最终成为企业规范。过程创新实际是打破原有规范的制约,重新建立与企业经营现状相适应的新的规范。

(二)过程创新要重视学习

打破旧观念接受新观念,摒弃熟悉的方法适应新方法,需要人们学习更多新知识、新理念、新方法。学习能够帮助人们正确认识革新的必要性、紧迫性,有助于旧规范的改变,有利于推动新管理方式在企业的应用。日本企业在发展中十分重视应用过程创新理论,例如成立学习小组,组长由总经理亲自担任。小组成员需要根据企业提出的创新发展目标广泛搜集、学习新的理论和知识,学习过程与企业管理创新过程紧密结合,在小组成员中通过交流、讨论、思想碰撞等最终形成企业管理创新方案。

(三)重视培养新型人才

过程创新需要人才支撑,开发人才是促进过程创新的重要一环。人才是企业发展的原动力与主体,在过程创新理论观念中,与技术开发相比,人才开发更为重要。为了促进人才培养,企业需要营造良好的崇尚学习、尊重人才的氛围,给人才以更多表现机会。企业过程创新不能过多纠结成败,要为创新营造一个宽松的环境。在过程创新中,试验、失败,再试验,再失败,直至最后成功是自然规律。

(四)领导班子是过程创新的推动者

过程创新与企业根本变化相关联,因此企业实施过程创新需要最高决策者的全力支持。实际上,企业实施过程创新大部分是由最高决策者发起的,但是过程创新的实施中,会涉及较多十分具体且针对性较强的工作内容,需要中层与基层责任者共同承担。在过程创新实践中,最高决策者所扮演的角色主要是思想家与教育者,具体的创新活动由下属员工展开。因此,领导者需要对下属授予更多权力,以促进其更好发挥主动性。在一些情况中,过程创新甚至需要企业全员参与。

(五)加强研究开发是过程创新的保证

过程创新应用还能强化企业的研究开发能力,为企业的创新发展营造良好氛围。当然,研究开发不只是技术开发,还有工作方式的创新与管理工作内容的开发等多方面内容。过程创新的工作内容十分复杂,但这一理论的基本思想在企业组织中的运用取得了良好效果。因此在未来企业发展中，过程创新理论会获得更大的发展与应用空间。

三、系统观念

系统理论是一门关于系统构成、系统发展、系统演化的科学。系统理论的形成与构建对当代科学技术的发展产生了极大的影响。系统理论以自然科学为研究基础，通过将自然科学与社会科学、人文科学与技术结合到一起，实现对不同学科的完善与整合，推动现代科学知识体系的形成与发展。系统科学理论在现代管理实践中扮演着重要角色。系统理论以系统特征与系统概念为基础，指导企业管理系统的优化与整合。

系统是为达到特定共同目标形成的一种具有多要素的发展体系。系统的组成要素又被称为"子系统"或者是"分系统"，是系统中的系统，也是系统理论研究的对象。不同的子系统构成的系统具有不同的特征。

(一)系统特征

从系统理论看，一般系统主要具备六个方面的特征，即集合性、整体性、关联性、目的性、有序性与适应性。

1. 系统的集合性

系统的集合性主要表现在系统组织构造方面。系统是一个有组织的整体。从事物的形成过程来看，事物的一切组成部分是构成系统的基本要素，系统是各要素之间的集合。因此，系统的要素又被称为系统的子系统。

2. 系统的整体性

通常情况下，系统由两个或者两个以上的要素(子系统)构成，具有较强的综合性与整体性。系统的各构成要素虽然具有较强的个性，但它们按照一定的逻辑结构或者统一标准构成系统后，显现出明显的整体性特征。系统并非各要素的简单集合，否则它将不具备整体性与特定功能。因此，尽管系统中各项要素不具备完整性，但是多个不完整要素组合在一起，就形成了一个功能良好的整体系统；若多个要素都具备完整性，却无法组合在一起，也就无法形成功能良好的系统。

3. 系统的关联性

一般系统内各要素之间具有密切的联系，且各要素之间能够相互作用，在系统中具有一定的依赖关系。因此，系统各个要素之间呈现既相互独立又彼此关联的状态。

4. 系统的目的性

系统在构建过程中具有一定的目的性，为达到某种目的而具备特定功能。譬如，企业为开展经营活动而设计、构建经营管理系统，就是利用企业现有资源，充分发挥各子系统的功能，实现对产品数量、成本、质量、利润指标的控制与管理。

5. 系统的有序性

系统有序性是指系统在特定运行状态与结构形式下展现出的发展规律与秩序。系统按照一定的数量关系与组织规律，对系统结构、状态、运行方式、发展方向进行整合与处理，为企业发展提供一个有序的管理环境，使员工对系统有一个清晰、明确的认识与理解，从而有序地执行生产任务，完成经营目标。

6. 系统的适应性

系统的构建要有一定的层次性，以使复杂的内容变得清晰、简单、明了。系统是由多个子系统组建而成的，还可与另外一个系统构成更大的系统。子系统在系统内部形成一种相互联系、彼此依赖的共生关系，在系统外部形成一种相互作用的互补关系，使系统能够积极顺应市场变化，保障稳定运行。例如，企业管理系统具有较强的复杂性、开放性，能够实现能源输入、劳动力输入、信息输入、原材料输入等，并做好服务输出、产品输出。如果系统设计生产出来的产品无法适应市场需求，则要通过各项检查与试验，对生产计划和流程进行优化调整，实现对产品与服务的再造。

（二）管理系统

在组织管理活动中，组织调度系统主要由行政管理与职能管理两部分组成。通常情况下，将组织系统中涉及的行政管理部门、职能管理部门、业务管理部门统称为组织管理系统。在整个组织系统中，管理系统是核心，具备决策、计划、组织、协调以及控制职能，能够将多个要素组合在一起，使其形成一个完整的体系，从而保障企业的日常运转。

管理系统各部分之间的关系、各部分之间的相互联系组成了整个系统的结构框架。可从管理层次与管理职能出发，对管理系统结构进行分类。从管理层次视角看，管理系统可分成基础管理系统、中级管理系统与高级管理系统三个层次；从管理职能视角看，可将管理系统分成决策管理系统、计划管理系统、组织管理系统、协调管理系统以及控制管理系统。

1. 基础管理系统

在组织管理系统中，基础管理系统是最基础、最根本、最原始的一种管理系统，主要涉及各项应用技术，因此也可称为技术管理系统或者操作管理系统。该系统为系统总目标的实现奠定基础。

2. 中级管理系统

以基础管理系统为基础，通过组织、规划、管理，实现对基础管理系统的延伸与拓展，形成中级管理系统。该系统又被称为经营管理系统或者组织管理系统，为系统目标的实现带来动力，是高级管理的中间决策环节。

3. 最高管理系统

系统的最高目标需要依靠最高管理系统组织、推动实现，该系统又被称为战略管理系统，属于管理系统的最高层次。其职能是以系统所具备的整体性为突破口，对系统发展建设中存在的战略性问题进行处理，为系统的运行与发展创造有利条件，充分发挥系统价值。

(三)系统理论在组织管理中的应用

巴纳德是最早提出系统相关概念的学者，他首次提出"协作系统"这一理论概念，将其视为更大系统的从属单位，指出该系统是由多个生物系统、社会系统、物质系统共同组建而成的。协作系统由两个或者是两个以上的特定组织组成。在巴纳德的基础上，多位研究者对系统进行深入研究，西蒙针对系统做了进一步解释。西蒙与詹姆斯共同编写的《组织》一书，对系统原理进行了进一步阐释，分析了管理结构、管理过程、管理方法。20 世纪 60 年代起，运用系统方法对组织管理进行研究备受关注。管理学家斯科特特别指出，无论是现代组织还是管理理论，其研究与探讨均朝着一般系统理论方向发展。系统理论逐步渗透到各项企业管理活动之中，在企业策略与管理中不断映射系统论的方法与观点。

从具体应用情况看，大致可归纳为以下三种情况。

情况一：对电力供应、信息计算等被称为"系统"的项目的研究中，或在政府机构、工业企业等组织的生产决策中，通过运用最新的分析方法与计算技术达到研究目的。现在，这种研究还延伸到程序分析、应用系统分析等领域。此类研究大体上均是解决单项复杂问题或者项目复杂问题，研究与企业组织管理之间没有直接关系。在开展此类研究时，需要制定与之相匹配的方法、程序，选择适当的研究手段，最后运用系统理论对研究结论进行分析与总结。

情况二：对组织管理展开研究时，相对比较独立的理论体系是吸收与借鉴系统理论基本概念的结果，并反过来成为系统理论的重要组成部分。美国管理学家孔茨以及奥唐奈的著作淋漓尽致地展现了系统理论的独立性。在孔茨、奥唐奈等人看来，管理科学拥有重要的核心力量，涉及管理幅度、管理评价、管理控制等多项内容，是管理学科所特有的，与其他学术领域没有直接联系。除此之外，无论是在管理学领域还是在其他学术领域，心理学、社会学、数学、决策论、信息科学等领域所涉及的系统理论内容与数学分析、实践应用之间有着密不可分的关系。

情况三：以一般系统理论为基础，构建具有完整性、全面性的系统管理理论。运用一般系统理论的原理、范畴，实现对企业管理系统的分析、组织与管理，涉及内容广泛。例如利用系统理论术语阐述管理系统规律，分析企业管理过程，明确组织活动概念与发展前提。以一般系统理论为基础，对企业组织与管理进行系统性阐述，构建企业管理系统模型。以一般系统理论为切入点开展研究活动的管理学家，将企业视为一个同外部环境不断进行信息交换、能量交流的开放系统，是一个拥有信息反馈网络的可调节系统，是一个能够不断自我完善与发展的等级系统，是一个拥有多种发展渠道、可达到最终目标的应用系统，具有较强的复杂性、系统性、全面性与整体性。

第六章　企业经济可持续发展

第一节　企业可持续发展概况

企业的发展目标是一个历史演变过程,从传统的经济条件下追求产值最大化,到市场经济条件下追求利润最大化,再到现代经济条件下追求企业可持续发展,是一个循序渐进的发展过程。对于任何一个企业来说,可持续发展都是其追求的目标。

一、概述

企业可持续发展,是指既考虑当前发展的需要,又要考虑未来发展的需要,不要以牺牲后代人的利益为代价来满足当代人的利益,作为一种全新的发展观,它是对发展单纯地理解为经济增长的旧观念的否定,它在时间上体现了当前利益与未来利益的统一,在空间上体现了整体利益与局部利益的统一。它要求实现由数量增长向质量效能的转变,在经济增长方式上体现为粗放型向集约型转换。由满足当前发展成果的积累向注重持续发展、关注未来发展转变。①

企业可持续发展战略是指企业在追求自我生存和永续发展的过程中,既要考虑企业经营目标的实现和提高企业市场地位,又要保持企业在已领先的竞争领域和未来扩张的经营环境中始终保持持续的盈利增长和能力的提高,保证企业在相当长的时间内长盛不衰。

企业可持续发展在国际上获得共识,如全球报告举措,主要强调信息管理、投资者、顾客、拥护者、供方和员工不断地进行对话,联结企业离散和孤立职能的媒介——金融、市场、研究和开发以及为供应链、规章的沟通和声誉及品牌管理可能产生纠纷

① 孙贵丽.现代企业发展与经济管理创新策略[M].长春:吉林科学技术出版社,2022.

的地区以及不可预计的机会提供了信标、持续发展能力报告，帮助管理者增强评估其对自然、人和社会资本贡献的能力，降低公开商业企业共享价格的可变性和不确定性，并降低其资本费用等。可持续发展报告能为企业提供新的机遇并提高企业的国际竞争力，是企业通向国际市场的通行证。

企业战略是企业如何运行的指导思想，它是对处于不断变化的竞争环境之中的企业的过去运行情况及未来运行情况的一种总体表述。

二、可持续发展

可持续发展是20世纪80年代随着人们对全球环境与发展问题的广泛讨论而提出的一个全新概念，它是人们对传统发展模式进行长期深刻反思的结晶。挪威前首相夫人布伦特兰夫人在世界环境与发展委员会的《我们共同的未来》中正式提出了可持续发展的概念，这标志着可持续发展理论的产生。此时的研究重点是人类社会在经济增长的同时如何适应并满足生态环境的承载能力，以及人口、环境、生态和资源与经济的协调发展方面。其后，这一理论不断地充实完善，形成了自己的研究内容和研究途径。

随着可持续发展概念的提出，人们对可持续的关注越来越密切，而且从环境领域渗透各个领域。而企业可持续发展理论的诞生是比较晚，但发展相对迅速的一个领域。对于社会环境的变化，企业很难适应，而且随着众多企业失败现象的出现，企业如何保持现状，并且在末期中依然保持良好的发展势头，应该引起企业的高度重视。

三、战略类型

企业可持续发展战略非常繁杂，但是众多理论都是从企业内部某一方面的特性来论述的。根据国内外研究者和实际工作者的总结，企业并购可分为以下几种类型。

(一)创新可持续发展战略

所谓创新可持续发展战略，即企业可持续发展的核心是创新。企业的核心问题是有效益，有效益不仅要有体制上的保证，而且必须不断创新。只有不断创新的企业，才能保证其效益的持续性，也即企业的可持续发展。横向并购，是指生产或经营同一类产品的企业间的并购。

(二)文化可持续发展战略

所谓文化可持续发展战略，即企业发展的核心是企业文化。企业面对纷繁变化的内外部环境，企业发展是企业文化的主导。

(三)制度可持续发展战略

所谓制度可持续发展战略，是指企业获得可持续发展主要源于企业制度。

(四)核心竞争力可持续发展战略

企业核心竞争力是指企业区别于企业而具有本企业特性的相对竞争能力。而企业核心竞争力可持续发展战略是指企业可持续发展主要是培育企业核心竞争力。

(五)要素可持续发展战略

要素可持续发展战略认为企业发展取决于人力、知识、信息、技术、领导、资金、营销等要素。

四、企业可持续发展论述

(一)企业可持续发展的基本表现

企业可持续发展，表现为企业活动若干要素的发展。从所有人的角度讲，企业应当持续盈利(或一段时期内总体盈利)；从雇员的角度讲，企业应当保持和扩大雇佣的规模；从供应商的角度讲，企业应当不断提出新的订单；从政府的角度讲，企业应当不断地纳税；从顾客的角度讲，企业应当持续地供应符合市场数量需求和价格需求的产品。在所有上述表现中，最为基本的，应当是企业源源不断地提供适应市场需要和变化的产品(商品)。

分析企业某些要素的增长与企业发展之间的联系与区别。企业某些要素的增长，更多地表现为要素数量的变化；企业的发展，更多地表现为企业整体上转化资源、增加价值的能力的提高，这种能力的提高，既有量的变化，又有质的变化。企业可持续发展，并不要求所有要素实现量的增加。实际中较为常见的，企业的可持续发展是按照“调整”的方式实现的。在调整过程中，企业的资源、工艺、组织结构等因素的变化，都应当是为产品的变化服务的。而产品的变化，又是以企业盈利能力的提高、企业的未来利益最大化作为指导的。企业可持续性发展虽然更多地表现为“破坏性”的重组，但是也存在“渐进式”的改革战略，而且这种“渐进式”的战略在目前企业中有其现实的接受性、可操作性。

企业可持续发展战略的提出应当是一项系统性工程，并涉及企业的方方面面，可以说，企业可持续发展战略的实施是一场革命，不管是“破坏性”的还是“渐进式”的。企业可持续发展战略涉及企业发展运行中的每一个环节，主要体现在以下两个方面。

1. 外部环境

外部环境又可分为社会环境和任务环境两个部分。企业的社会环境是指那些对企业活动没有直接作用而又经常对企业决策产生潜在影响的一些要素，主要包括与整个企业环境相联系的技术、经济、文化、政治法律等方面。这些方面影响企业的可持续发展战略具体确定和实施情况。任务环境是指直接影响企业主要活动或企业主要运行活动影响的要素及权利要求者，如股东、客户、供应商、竞争对手、金融机构等。企业任务环境直接影响企业可持续发展战略，如行业发展前景和行业竞争状况将直接影响企业的可持续发展战略。

2. 内部环境

内部环境包括企业的各项职能，是企业可持续发展战略制定的基础，包括管理职能、营销职能、理财职能、生产运行职能、研究开发职能等。各种职能相互作用构成企业可持续发展的基础和骨架。

(二)企业可持续发展战略目前学术界的观点

可持续发展要求的是企业发展的可持续性，它不仅要求企业目前的发展，同时要求企业后期的发展。因此要求企业具有一种促进可持续发展的机制，但是不能仅从某一方面来论述企业的可持续发展，而是综合考虑各种管理要素和外部环境的综合协调。只有这样，才可能从总体上把握企业的可持续发展。

就经济学角度而言，企业可持续发展就是要求企业利润的保持和不断增长，但是企业获得何种利润，基于现实和自身行业企业特点，有不同的表现和看法。

(三)企业可持续发展战略的关键战略要素

一般认为，企业发展包括两层含义：一是“量”的扩大，即经营资源单纯的增加，表现为资产的增值、销售额的增加、盈利的提高、人员的增加等；二是“质”的变革与创新，是指经营资源的性质变化、结构的重构、支配主体的革新等，如企业创新能力的增强，对环境适应能力的增强等，即企业发展不仅表现为企业变得“更大”，更重要的是变得“更强”“更新”。一般认为，任何一个企业要实现可持续发展，必须具备“项目、环境、管理、机遇”四大因素。实现企业发展是每个企业的唯一使命，实现企业的可持续发展更是处于激荡变化环境中的每个企业的追求。

1. 管理要素

产权制度：企业设立必须有明确的出资者，必须有法定的资本金。出资者享有企业的产权，企业拥有企业法人财产权。产权关系不明确，产权责任就不明确，产权约束就不落实，管理的过程中就会遇到多头领导，导致企业效率下降。

法人制度：《中华人民共和国民法典》规定法人设立的四个条件依法设立；必要的经费和财产；有自己的名称、组织机构和场所；能够独立承担民事责任。只有产权关系理顺了，法人财产权的概念搞清楚了，企业该做什么也就明确了。

组织形式：现代企业有多种类型，主要有公司制企业和合作制。公司制的两种主要形式是有限责任公司和股份有限公司。

会计制度：现代企业采用符合国际惯例的中国会计制度，资本金是出资者行使权利和承担责任的物质保障，资本金注入企业后不得抽回，但可依法转让。当国家作为出资者时，其权益的增加体现了国有资产的保值增值。

管理制度：企业的最高权力机构是出资者大会，它选举产生董事和监事。董事会为出资者的代理机构和企业决策机构，它聘请企业经理人员并决定经营管理机构。现代企业制度还包括企业内部的人事、劳动、生产、设备、财务、分配等管理制度。

社会监督机构：现代企业制度不同于传统企业制度之处在于，企业不仅受出资人和政府监管机构的监督，而且受企业的客户、中介机构、社会公众和舆论的监督。企业必须在不损害社会整体利益的前提下，追求自身经济效益的最大化。

2. 管理新变化因素

管理决策从经验化到知识化：在产品过剩、资本过剩的时代，对大多数企业来说，制约企业发展的主要因素已经不是资金和生产能力，而是企业的技术创新和管理能力，是企业技术知识和管理知识对企业的贡献大小。

企业经营虚拟化：为了增强企业的灵活性和应变性，企业将不再贪大求全，集中发展具有核心能力的产品、技术和服务，而将其他相关业务外包，进行虚拟经营。

企业组织结构的灵活化：为了降低管理费用、提高管理效率、调动员工的积极性、创造性，企业的组织结构发生前所未有的变化——一方面是组织结构从金字塔式变为扁平化，另一方面企业部门要根据形势的变化而不断增减。

企业更加注重人力资源的开发和管理：人是企业经营的第一要素，因此人力资源管理成为企业管理的重中之重，主要集中在企业的薪酬设计、绩效考核、工作分析、素质模型、激励约束、竞争淘汰、招聘引进、培训开发等方面，主要的目的是充分调动员工的积极性、凝聚力和向心力。

企业管理更加多样化：随着科学和技术的发展，学科的重新定义组合，产生了许多新的管理技术，如 JIT、FM、CE、SCM、LP、AM 等。而且企业管理以信息流管理为基础，将以上多样化的管理技术进行综合集成(CIMS)。

财务管理的战略化、集成化：财务管理从静态的核算向动态的、参与经营过程的财务管理发展；财务管理从战术性、事务性向战略性、全局性的经营理财发展；财务管理从内部的、独立的职能向开放的、三流合一的集成管理发展；从手工操作、手工分析向计算机、智能分析发展;目的从传统的利润向企业未来价值发展;事业从国内向国际范围发展。

管理责任的社会化:主要表现为企业和消费者的“绿色”和环保意识的增强。

3. 环境要素

企业面临的可持续发展环境实际上是企业如何在政治、自然、经济、技术和经营五个方面控制污染和利用能源的问题。其中,每一个环境因素都会从可持续发展的角度对企业的行为形成影响、制约和冲突。

4. 战略的系统性、协调性

可持续发展战略的突出特点是其战略的系统性和协调性。企业的可持续发展不是解决一两个问题,或者全部改变就可以实现的。企业可持续发展战略是指企业在追求自我生存和永续发展的过程中,既要考虑企业经营目标的实现和提高企业市场地位,又要保持企业在已领先的竞争领域和未来扩张的经营环境中始终保持持续的盈利增长和能力的提高,保证企业在相当长的时间内长盛不衰。如何实现企业经营目标和提升自己的竞争力,并保持自己始终盈利的问题,不是靠一个方面就能解决的,而是靠企业内外部相互协调系统发展的战略组合。

第二节　企业可持续发展问题探讨

企业的危机来自经营环境的不断变化。进入 21 世纪,变化成了日常行为,而且变化毫无规律、难以预测,如管理大师们所言:21 世纪唯一不变的就是变化。市场的全球化,以及资本经营的出现打破了行业限制,使得竞争对手的范围扩大了,国际化竞争的市场移到了家门口,竞争的程度更加剧烈,价格降低,支出增加,效益下降。同时,顾客成为市场的主宰,科学、信息技术得到广泛运用,以前不可能做到的事情都变为可能。

面对环境的种种变化,如果还停留在原来成功的经验基础上,不能有效地解决伴随企业成长出现的问题,因循守旧,观念滞后,人才短缺,体制僵化,基础管理涣散,势必使企业从成功走向衰败。切记,企业今天的辉煌不等于明天也成功。

一、发展战略是企业可持续发展的动力源泉

我国的许多企业,在创立期也就是原始积累阶段,企业规模迅速膨胀,完成了人才、技术、资金、市场的一些初步积累。但在企业的成长期特别是成熟期,管理相对滞

后，面临着多种机遇及发展方向的选择，此时企业的发展速度反而下降或停滞。这时候需要制定明确的企业发展战略和发展目标，才有可能进入企业的持续发展期。

持续发展期会进行持续的创新，会培养可持续发展的竞争能力，也要不断地修正前进的航向，以适应市场发展的需要。重新明确企业宗旨与核心价值观等重大发展任务。

制定发展战略是中国企业为适应市场成熟的必然选择。因为竞争对手持续进步，每天都在进步，每天都有新的竞争者进入，这就给我们带来很大的压力，不进则退。同时潜在的竞争对手，潜在的替代品也会不断出现，而且更新的周期越来越短，市场进一步规范，以前可能靠一两张条子、一两个政策机会就能赚钱，但以后这种赚钱的机会就少了。同时，顾客的消费行为越来越理性化。现代管理学之父彼得·德鲁克说：竞争战略的主要目的是能比竞争对手更好地满足顾客的需求。企业经营目标的唯一有效的定义就是顾客。一个企业要获得竞争优势，可以有两种基本的战略选择：一是提供更低的认知价格，二是提供更高的认知价值。具体应该采取何种战略，还必须以企业拥有的资源和能力为依据，而且要把战略和能力有效地结合。

制定发展战略过程中，企业要在对企业未来发展环境的分析和预测基础上，为企业提出总体的战略目标，企业的一切目标都服从于或服务于这个战略目标。企业的战略目标应该是一个宏伟的远景目标，这是支持企业发展的首要因素。宏伟的远景目标对企业能形成重大的挑战，使企业领导不满足于现状，从而确保企业利润不断地增长，同时起到鼓舞人心、吸引人才、激发活力的作用，使员工觉得前景广阔。因为一名高素质的员工不愿意在一个没有希望、没有前途、前景黯淡的公司工作。给人以美梦，这是最激励人的手段，善于运用胆大超前的目标，也是那些百年企业长寿的秘诀之一。

公司远景目标的三要素包括：一是要针对未来，即任何一个战略远景目标都要基于对未来环境的判断，也就是对国家宏观环境—产业政策以及微观环境—竞争环境的展望。二是要考虑清楚公司将参加的业务范围、地理范围、竞争对手以及竞争优势的来源。三是公司整体战略，这是非常重要的，公司制定整体战略是为了增强可持续发展能力，企业的发展战略有近期和长期规划。这样才构成一个完整的远景目标。

建立在对环境完全分析基础上的公司整体战略，能够对企业外部环境的变化表现出应变性。成功的企业都有较强的适应环境变化的能力，这些能力是企业对市场信号显示的反应。因此，有人在界定长寿公司时指出：对周围环境的敏感代表了公司创新与适应的能力，这是长寿公司成功要素之一。这一点也是非常重要的。

二、创新是企业可持续发展的核心

企业的核心问题是有效益，有效益不仅要有体制上的保证，而且必须不断创新。只有不断创新的企业，才能保证其效益的持续性，也即企业的可持续发展。随着知识经济时代的不断发展，知识创新、技术创新、管理创新、市场创新等已成为企业发展的动力，没有创新企业就无法在竞争中取得优势，也无法保持企业发展的能力。[①] 所以，企业可持续发展重点强调的是发展而不增长。无论是企业的生产规模还是企业的市场规模，都存在一个增长的有限性。增长是一个量的变化，发展是一个质的变化。一个企业不一定变得更大，但一定要变得更好。企业可持续发展追求的是企业竞争能力的提高、不断地创新，而不只是一般意义上的生存。

企业创新是全方位的创新，其核心是观念创新。观念创新是按照新的外部环境调整价值尺度、思维方式、行为方式和感情方式等诸多方面的文化心理，创新意识的建立是一种否定自我、超越自我的过程。这是企业创新的先导。观念创新首先是价值观念的创新。价值观念主要是指企业经营的价值观念，包括消费者价值观、利润价值观和社会价值观等。价值观念的创新是指要随着形势的发展而不断改变自己的价值观。观念的创新决定决策的创新、管理的创新，决定企业行为的创新。所以，创新应该反映在企业的各个方面，包括技术创新、管理创新、体制创新、经营创新，等等。所有这些创新，最后都会在企业的经营活动中反映出来，会落实在企业的产品创新上。

三、竞争优势是企业可持续发展的保障

企业可持续发展与社会、生态系统可持续发展的不同之处是，社会、生态可持续发展要实现的是一种平衡，而企业可持续发展要实现的是在非平衡中求得竞争的优势。企业可持续发展过程中，必须不断地提高自身的竞争能力和水平，才能实现永续发展目标。

在市场经济条件下，同一种产品的生产与销售通常是由多家企业完成的。企业面对的是竞争性的市场，所以，首先需要分析企业已经形成的核心能力及其利用情况。在竞争市场上，企业为了及时实现自己的产品并不断扩大自己的市场占有份额，

---

① 司倩蔚，蔡回辽，孙美玲. 财务管理与经济发展研究(第1版)[M]. 长春：吉林科学技术出版社，2021.

必须形成并充分利用某种或某些竞争优势。竞争优势是竞争性市场中企业绩效的核心,是企业相对于竞争对手而言难以甚至无法模仿的某种特点。由于形成和利用竞争优势的目的是不断争取更多市场用户,企业在经营上的这种特点必须是对用户有意义的,竞争优势归根结底产生于企业为客户所创造的价值。

怎么才能形成企业的某种竞争优势呢?管理学家认为取决于企业的核心能力。所谓核心能力,是组织中的积累性学识,特别是关于如何协调不同的生产技能和有机结合多种技术流派的学识。这种能力不局限于个别产品,而是对一系列产品或服务的竞争优势都有促进作用。从这个意义上说,核心能力不仅超越任何产品或服务,而且有可能超越公司内任何业务部门。核心能力的生命力要比任何产品或服务都长。

由于核心能力可以促进一系列产品或服务的竞争优势,能否建立比竞争对手领先的核心能力会对企业的长期发展产生根本性影响。只有建立并维护核心能力,才能保证公司的长期存续。因为核心能力是未来产品开发的源泉,是竞争能力的根。

所以,利润重要,市场份额更重要;市场份额重要,竞争优势更重要;竞争优势重要,企业核心能力更重要。有了企业核心能力才能创造竞争优势的可持续发展,有了竞争优势的可持续发展才能扩大市场份额,使企业基业长青。因此,企业核心能力是竞争优势、市场份额和企业利润的真正来源。

如果企业所处的环境基本保持不变或相对稳定,那么企业只要选择和进入富有市场吸引力的产业,并且具备战略资源、核心能力、企业战略能力、企业家能力和优秀的企业文化以及相对竞争者来说更富效率的内在要素占据有利的市场地位,就可以创造企业的持续竞争优势。然而,我们现在所处的环境由于各种因素的作用和变化而处于不断的变动中,甚至可以说已经达到动态或剧变的程度。环境的动态化严重削弱了企业经营决策与行为可能性预见的基础。由此就使企业的每一种既定形式的竞争优势都不可能长久地维持,最终都将消散,只是时间的长短不同而已。所以,在动态环境中,企业要想获得持续竞争优势,就不能只凭借其战略资源、核心能力等被动地适应环境,而是要求企业能够深刻预见或洞察环境的变化并迅速地做出相应反应。通过持续性创新,不断超越自己的,从其既有的竞争优势迅速地转换到新的竞争优势,超过竞争对手的企业,从而获得基于其整体发展的持续竞争优势。也就是说,企业持续竞争优势源自持续性创新。

四、企业文化是企业可持续发展的内因

企业文化作为企业发展战略或企业家能力发展过程中的一种力量或动力,随着

知识经济的发展，它对企业兴衰将发挥越来越重要的作用，甚至是关键性作用。一个企业在产品质量达到一定程度时，对产品的市场地位和由地位决定的价位，以及产品的市场销售量，发挥重要或决定性作用的仍然是产品自身的文化内涵。经济活动往往是经济、文化一体化的运作，经济的发展比任何时候都需要文化的支持。任何一家企业想获得成功，都必须充分认识到企业文化的必要性和不可估量的巨大作用，在市场竞争中依靠文化来带动生产力，从而提高竞争力。

哈佛商学院通过对世界各国企业的长期分析研究得出结论：一个企业本身特定的管理文化，即企业文化，是当代社会影响企业本身业绩的深层重要原因。企业的生存和发展离不开企业文化的哺育，谁拥有文化优势，谁就拥有竞争优势、效益优势和发展优势。世界500强企业出类拔萃的技术创新、体制创新和管理创新的背后，优秀而独到的企业文化，是企业发展壮大、立于不败之地的沃土。

企业文化是企业员工普遍认同的价值观念和行为准则的总和，这些观念和准则的特点可以透过企业及其员工的日常行为而得到表现。文化对企业经营业绩以及战略发展的影响主要体现在三个基本功能上：导向功能、协调功能以及激励功能。文化的导向功能是共同接受的价值观念引导着企业员工，特别是企业的战略管理者自觉地选择符合企业长期利益的决策，并在决策的组织实施过程中自觉地表现出符合企业利益的日常行为；文化的协调功能主要是在相同的价值观和行为准则的引导下，企业各层次和部门员工选择的行为不仅是符合企业的长期或短期利益的，而且必然是相互协调的；文化的激励功能主要指员工在日常经营活动中自觉地根据企业文化所倡导的价值观念和行为准则的要求调整自己的行为。

企业文化的上述功能影响企业员工，特别是影响企业高层管理者的战略选择，从而影响企业战略性资源的选择、企业能力的培养与各种资产、技能、资源与能力的整合。正是由于这种影响，与企业战略制定或资源的整合、能力的培养过程中需要采用的其他工具相比，文化的上述作用的实现不仅是高效率的，而且是成本最低、持续效果最长的。从这个意义上说，文化是企业竞争优势可持续发展的最为经济的有效手段。

同时我们还要培育良好的企业文化，简单地说，企业文化就是企业的人格。良好的企业文化是企业发展战略中必备的素质。因为与战略相适应的核心价值观、与战略相配套的企业制度准则，都直接地影响战略的管理和实施。一个只拥有传统企业文化、价值观的企业，让它转型为高科技企业，它对高科技企业的人力、资源制度和激励制度等都不能理解，涉及企业文化也一样。良好的企业文化将对战略管理起到事半功倍的作用。只有拥有良好的企业文化，人才不会流失，才能够低成本地运作，从而创造很好的效益。

五、强化管理是企业可持续发展的基础

企业内部管理基础要扎实，如果一个好的企业战略没有强有力的企业基础管理作保证，不可能达到贯彻执行。可想而知，如果企业战略制定了，管理很松散，也就是组织机构得不到保证，战略就得不到很好的贯彻执行。海尔集团之所以国际战略、多元化战略实施得非常好，就是因为它的基础管理做得非常好，这样它在扩散的过程中，在输出海尔理念的时候就能事半功倍。如果换一家企业，它也许就不能成功。

对企业进行业务流程的重组，建立与之相适应的组织机构，改变信息的横向、纵向传输速度慢、管理效率低、决策慢的状况。重构企业的职权体系，明确各个部门和每个岗位的职责、权限，制定各项工作的操作规范，按规章行事，提高员工的业务素质。建立完善的考核体系和合理的报酬体系，以绩效为目标，使得考核有依据，奖惩有办法，促进员工的成长、企业的进步。

一个企业的可持续发展，一定要有前期的积累和投入，还要有长远的战略发展眼光，给自己做清晰的定位，然后要有执着的精神，一步一个脚印地修炼企业内功，最终建立一个创新型企业。

第三节　企业可持续发展与财务

产品和服务溢价能力、成长性、资产管理水平、资本收益、债务能力和品牌形象是企业可持续发展不可或缺的财务要素。在这些财务要素的推动下，只有把握好、控制好、配置和管理好企业资源，才能实现企业可持续发展目标。

一、公司溢价能力

当产品和服务有溢价能力时，公司发展才具有可持续性。可持续发展公司有相同的经营特质：溢价能力高、市场占有率高和品牌知名度高。在销售成长中，持续稳定的销售毛利率是衡量公司溢价能力最典型的财务指标。

二、公司成长性

成长性为公司溢价能力提升了话语权，为可持续发展增加了抵御风险的筹码。[①]资产价值是公司经营规模及其多样性的财务表现。拥有亿万资产的公司也是从小到大发展起来的，经历过无数的经济周期和危机的洗礼，在风雨中成长，在沉沦起伏中把管理做得更加规范，把抵抗风险能力锤炼得更加坚强。经营规模小、投资机会少、抵御风险能力弱。经营规模大、收入来源多，可以减轻公司财务对经济周期的依赖性，度过经济萧条的严冬。资产增长为公司产品服务成长保驾护航，是产品服务增长的必要条件，不是充分条件。尽管资产增长不一定能够带来产品服务增长的可持续性，但如果没有资产增长，产品服务可持续增长则不可能实现。

三、资产管理水平

在评价流程管理效率方面，资产周转率是综合反映资产利用效率的财务指标，其他资金周转指标只不过反映了局部的资产使用效率。公司在追求高的存货周转率时，很可能导致低的应收账款周转率出现。按下葫芦浮起瓢，各种资产组合效果最终要靠资产周转率担当。在正常经营环境下，资产周转率的波动性是考验公司管理流程稳定性的财务指标。只有稳定的管理流程，公司发展才具有可持续性。

四、公司资本收益

高的净资产收益率为每股收益可持续上升提供了动力。净资产收益率是衡量公司为股东创造财富的指标。其缺点是没有将借入资本与股权资本同等看待，后果是高的净资产收益率可能隐藏巨大的财务风险。净资产收益率与财务杠杆之间讳莫如深的关系，掩盖了公司真实的获利能力。打通债务资本与股权资本界限，消除资本结构对评价公司盈利能力的影响，要使用资本收益率。资产净利率把不需要付息的流动负债纳入囊中。因流动负债的波动将直接触发资产净利率的波动，同样模糊了人们对公司盈利能力的评价。从融资角度来看，可持续发展表现为公司能够从资本市场上，不断地筹集发展所需要的资本，保持高的资本收益率是公司可持续融资的市场要求。

① 刘秀霞，李敏，窦素花. 经济管理与会计实践创新研究[M]. 哈尔滨：哈尔滨出版社，2023.

五、债务能力

在评价公司债务能力上，资产负债率因忽略无形资产（如品牌）的价值而存在缺陷。就可持续发展财务而言，处于相同的生命周期，同行业的公司资本结构都应具有相似性。只有这样，财务才不在可持续上给公司发展添乱。衡量公司债务能力比较到位的指标是已获利息倍数和市值资产负债率。债务能力与公司盈利及其稳定性藕断丝连，已获利息倍数实质上是与盈利相关的财务指标，通过盈利超过利息倍数表达公司债务能力，并通过提高倍数消除盈利波动性影响，维护公司可持续发展形象。市值资产负债率是市场对公司未来盈利预期的结果，隐含地表达了公司无形资产的价值。市值资产负债率低，是资本市场基于公司未来发展对其偿债能力的强力支持，在可持续发展道路上，债务能力至少不会给公司经营添堵。

六、品牌形象

溢价能力与品牌形象相关。品牌形象要么使公司处于市场领先地位，提升市场占有率；要么维持顾客对品牌的忠诚，让顾客支付高价钱，避免恶性价格竞争。品牌形象要靠广告媒介吆喝，要有营销渠道支持。在公司财务上，品牌形象可以通过销售费用与营业收入的比较来表达。将品牌形象从产品服务层面延伸至公司层面，要有可持续研发费用支持和营销战略投入。按照国际现行标准，研发费用与营业收入之比，持续低于1%，企业生存可能面临问题，更不用说可持续发展。研发费用是衡量企业竞争和发展潜力的指标，相关资料显示，欧、美、日企业研发费用一般占销售收入的4%～8%，高新技术企业甚至高达15%。财务上能够反映公司整体品牌形象的指标是托宾的Q。托宾的Q是用来反映企业市场价值与重置资产账面价值关系的指标，投资者用来测量公司未来盈利潜力。只有托宾的Q是大于1的增长，公司投资才能为公司股东创造财富，这样的增长才是真实的，公司发展才具有可持续性。

第四节　低碳经济下企业的可持续发展

面对全球气候问题的加剧，国际社会选择了“发展低碳经济，向低碳社会转型”作为应对全球气候变化的策略方向。低碳经济作为一种新的增长模式，给我国企业带来了难得的机遇。面对全球范围内的节能减排和低碳经济的大趋势，如何妥善应对可能出现的政策和商业风险，甚至如何利用这些风险来建立竞争优势，已经成为企业高层管理人员需要面对的一项重大挑战。

一、低碳经济下的企业可持续发展

(一)“低碳”是企业在未来持续发展的保证

在最近的几年中,企业日益明确地认识到,若不迅速实施包含低碳在内的可持续发展策略,其未来所需承担的成本将超过当前为可持续发展策略所投入的资金。企业可以通过制定相应的政策以促进可持续发展。随着全球有限资源逐渐被耗尽,各企业正面临或即将面临来自不同利益相关方的压力,这要求企业采取实际行动来证明它们对其生存的环境和社会负有责任。因此,为了实现这些目标,企业必须实施可持续发展战略。总体来说,可持续发展战略确保了企业能在现有的运营环境中顺利运作,并为其在未来环境中的持续生存和发展提供了坚实的保障。

(二)企业碳管理战略需要完善的财务管理支持

企业越早采取行动,其在竞争中的优势就越早显现。本文将探讨企业的碳管理体系建设。在碳经济的背景下,一个产品的最终成本是其碳排放量的成本,因此,碳排放量的成本越低,该产品的竞争力就越强。其次,要分析碳排放量产生的原因,包括企业内部的原因和外部的因素,如市场环境变化、能源结构改变等。为了制定有效的碳管理策略,企业需要从三个方面入手:首先,他们需要深入了解当前的碳排放状况,并确定具体的管理策略,例如提高能源效率还是通过碳交易来减少排放,以及如何在投资和回报之间找到平衡。其次,关于碳排放的管理,例如明确碳排放的测量范围和关键的排放来源。本文主要探讨了如何在财务层面上实现碳排放管理战略的问题,包括构建碳管理系统、进行有效的成本控制以及加强信息披露等几个部分。最后,构建一个比较完善的报告机制。这三个方面都依赖于企业健全的财务管理体系作为支撑。

(三)低碳经济下,财务专业人士起重要作用

在面对碳排放企业结构的转型过程中,财务管理人员充当了一个关键的沟通中心,负责内部风险管理和数据整合,同时也负责对外的动态关注和信息通报。本文将从内部管理视角分析企业如何通过构建“综合报告”来提高其对碳减排目标实现过程中的管控水平。目前,“综合报告”在全球范围内受到了广泛的关注,并被普遍看作是企业报告的未来发展方向。“综合报告”是一种以全面反映公司过去一年或更长时间内经营状况为主要目标的报告体系。它要求企业整合并公开所有可能影响公司未来

的财务表现和公司风险评估活动的环境、社会和治理要素。在碳减排政策下，企业必须承担起更多的社会责任来应对气候变化问题，而这些都离不开企业财务分析和评价体系的完善。作为这份报告的作者，财务人员必须更深入地理解环境和社会对经济增长的作用，这样他们才能更有效地履行自己的职责。随着《京都议定书》的签署，碳排放权成为一种新的生产要素，其价值也得到了认可，碳排放权已成为一种新型资产，碳信息将逐渐进入财务报告体系。财务领域的专家在评定公司的风险、确保碳排放数据的精确性和完整性、权衡成本与收益以及为管理层提供有力的决策支持上，都将起到至关重要的角色。

(四)低碳人才也将成为“抢手货”

为了执行可持续发展的策略，企业的管理团队与各个层级的员工都需要紧密合作。在战略执行期间，企业必须对自身进行重新定位并制定新的战略规划以确保战略有效地实施。同时，根据不同产业和企业的具体情况，战略执行的各个阶段还需要具备一些特定的知识和技能。在低碳化进程中，需要掌握一些特殊技术以保证企业实现其战略目标。举例来说，在搜集数据以确定企业对碳的使用情况时，必须根据企业所处行业的独特性质来选择合适的计量方式。在此背景下，企业需要拥有一些与低碳技术研发有关的特殊能力。现阶段，掌握相关技术的专业人士明显不足，这暗示着那些能够适应低碳经济趋势、及时吸收相关知识和拓宽技能范围的人才将在新兴的绿色经济体中变得越来越受欢迎。

(五)节能减排需要完整的系统支持

只要整个市场都持有节能和减少排放的观念，那么企业就有可能通过推进工业化来减少节能的开销并提升工作效率。如果整个行业没有节能环保的理念，那么这个行业也不会得到发展。要实现真正的节能效果，除了公司的持续努力外，还需要一个完整的支持系统，包括政府的参与和一个健全的能源审计部门的参与。在我国节能减排形势越来越严峻的情况下，企业如何才能从节能中获得最大的收益？这是一个漫长的过程，但首先，我们需要坚定的决心和充足的信心来完成节能和减少排放的任务，而企业的一个主要驱动力就是这种努力可以带来巨大的经济回报。

(六)“低碳先行”，优化考纲与实践分享并重

特许公认会计师公会(The Association of Chartered Certified Accountants，ACCA)不仅在资格考试的相关科目中纳入了企业可持续发展的重要性及其对企业管理和战略的影响，而且在后续的教育活动中也不断地向 ACCA 会员展示企业可持续发

展的最新动态，以确保会员的相关知识能够持续更新。通过举办一系列的培训课程来帮助员工了解并掌握可持续发展的理念和方法，同时提高他们对自身工作的责任感与使命感，进而促进公司实现可持续发展目标。例如，所组织的一系列关于可持续发展的圆桌讨论，旨在为企业高层，特别是财务高层，提供一个互动交流的场所，使他们能够更好地理解碳排放和可持续发展对企业产生的各种影响、风险和机会，从而提高他们的认识，分享经验，为未来做好充分的准备，采取实际行动，并获得市场的先机。

二、可持续发展战略的生态维度

在人类生态伦理观的历史进程中，可持续发展战略的提出具有不可忽视的重要性。它以人与自然和谐为核心价值取向，是对传统发展观和人本主义价值观的超越。可持续发展战略的生态维度不仅体现在它实现了人类中心主义的形成和解构，更重要的是，它包含了协调和永续发展的生态理念。

面对当前全球范围内的生态危机，国际社会意见不一，纷纷给出了各自的解决方案。其中有一种观点认为，要解决全球问题，必须建立一个新的世界体系——“绿色世界”。在所有的提议中，可持续发展策略因其深入的思考和实际解决问题的能力而受到广泛关注。它既是解决当代全球问题的一种全新模式，又是实现全人类共同繁荣的必由之路。无法忽视的是，可持续发展战略已经转变为人类社会在新世纪发展中的战略性选择。为了坚定地执行这一战略方针，我们需要重新审视以人为中心的观点，重新在思想和观念上对人类进行定位，并努力实现与自然界的和谐共生和共同发展。

（一）人类中心主义的生成与解构

在过去的生态伦理学中，人类中心主义确实存在某些局限和不足，但其主要的问题并不是它强调以人的道德关系为核心，也不是它主张以人为中心，而是它不能从人类的长期、基本和可持续发展的角度来看待生态环境问题。对于自然中心主义，我们也需要采取一种辩证的态度。在生态危机日益加剧的情况下，它提出了环境保护和生态平衡的观点，这是非常关键的，是为了人类的福祉。它强调动物的解放或权利，但这也显示了它并没有看到生态问题的根本原因。人类中心主义与动物的解放之间存在着矛盾，这种矛盾是由人类社会自身造成的，因此解决生态危机只能依靠全人类共同参与才能实现。生态问题的核心不是动物和植物是否拥有权利，而是人类对自然的过度利用，通过过度捕捞损害了文明的持续发展权利。我们只有尊重大自然，善待地球上所有生命才能使我们获得幸福。我们必须始终铭记，我们是大自然的统治者，绝不能像征服者那样统治其他族群，也不能像那些站在大自然边缘的人那样。与此相对，我们，包括我们的肉体、血液和大脑，都是自然界的一部分和组成部分。我们在自然界中的主导地位，是因为我们比其他所有生物都更为强大，能够深刻理解并妥善应用自然的法则。

伴随着时代的演变，人类中心主义得以发展，它将人类从对征服自然的信念中解放出来，这无疑是历史进程中的一个重大突破。在生态危机的背景下，人类对传统的自然观念进行了深入的反思，并在不懈地尝试后，对人与自然之间的联系有了全新的理解。在这种认识指导下，人类开始重视对自然界资源和环境的保护，并通过各种途径来实现这一目标。基于这一点，人类逐渐形成了一个创新的观念，即可持续发展。这种思想的提出不仅使人们重新认识到了人与自然之间的辩证关系，也使得人与自然之间的矛盾得到缓解和解决，促进了社会和谐与稳定的发展。不可否认，当我们面对现实时，在人与自然的互动中，没有人能在人类对自然的掠夺行为中胜出。尽管人们可能会短暂地获得一些胜利，但这也意味着他们会以更大的代价对人类进行报复。因此，必须建立一个合理的人与自然的和谐共处模式。传统的对自然的看法导致了人与自然之间的冲突，并以人类征服自然的合理性为最高标准，这进一步导致了人与自然之间的双向异化，使得自然被人类所隔离，而人类则受到自然的影响。

因此，解决人类所面临的困境的关键在于人类自身。首先，人类需要在思维上进行转变，将自然视为人类的盟友，并建立一种人与自然和谐共生的新型关系模式，以寻找一个人与自然能够和谐相处的理想世界，进而消弭人与自然之间的矛盾和冲突。只有这样才能从根本上摆脱人与人之间的对抗，使人与自然达到一种相互适应、相互促进的状态。人类需要以一种全新的方式来看待自然，这种方式应当基于和谐的关系而非征服的关系，我们应该培养一种与自然和谐相处的新观念，而非单纯的征服。

(二)新生态伦理观

“可持续发展”是可持续发展战略的核心理念，它主张在满足人们的基本需求的同时，避免以损害环境为代价；在满足现代人的需求的同时，也不应损害未来几代人的长期福祉，这一理念既注重当前的实际进展，也着眼于未来的发展方向。这就要求我们必须坚持全面协调可持续的发展观，而不仅仅局限于单纯地追求当前的发展。从环境和自然资源的视角出发，可持续发展被定义为一种关于人类长远发展的策略和模型。这并不是简单地说，一个发展过程需要在时间轴上持续不断地进行，而是特别强调了环境和自然的长期承载力在整个发展过程中的核心地位，以及发展在提高生活质量方面的关键作用。因此，人们可以说，可持续发展是人类社会历史实践过程中最先进的发展观。可持续发展这一理念在理论层面上纠正了长久以来将经济发展与环境保护和自然保护视为对立的错误观念，并明确强调了二者之间应该存在相互联系和因果关系。因此，可持续发展的观念已经成为全人类的共识。人类的进步依赖于自然界的持续发展，而自然界的进步也与人类的进步紧密相连，其核心目标是促进人与自然之间的和谐关系和人与人之间的和谐相处。可持续发展伦理就是研究如何使社会中的人能够更好地适应大自然和保持自然环境，从而达到人与自然的共同进化的科学。我们可以将可持续发展的伦理观视为现代生态伦理学的实践和应用，同时也可以将其视为现代生态伦理学的进步。生态伦理是对人与自然环境关系及其道德价值进行探讨、研究的一种新的道德哲学。其最显著的特性在于整合了不同学派的核心观点或共性，并将其实际运用于解决人类发展中的各种问题。

我们在处理人与自然的关系时，必须持有一种全面的观点，将人与自然视为一个相互依赖和支持的整体，也就是一个共同体。人与自然的这种共同体既包括人和自然环境之间的相互联系和相互作用，又包含着自然界内部各要素以及它们之间的相互关系。可持续发展的理念强调，可持续性是基于自然资源的有限性来构建的。换句话说，人与自然之间的和谐是基于人类发展的可持续性与自然资源的有限性之间的和谐关系，这构建了一个人与自然的共同体。人作为自然界的主体，在自然环境中享有一定的权利。在构建真实世界的众多事物中，仅有人类拥有真正的理性，他们具备根本性地改变环境的能力，既可以对环境造成破坏，也可以对其进行改进，因此，人们有充分的理由参与大自然的活动。可持续发展伦理则要求人们尊重自然、善待自然，使人与自然达到高度的和谐统一，这是人类社会得以永续发展的根本前提。从可持续发展的伦理角度看，为了确保人类的持续生存和进步，我们必须更加理智地参与自然，调整人与自然之间的互动，以达到人与自然之间的和谐关系。这种思想既反映出近代以来自然科学对人文社会科学产生深刻影响的客观趋势，又体现出现代社会追求“以人为本”“人本而非动物化”“生态文明”等理念。值得注意的是，尽管人类中心主义作为西方文化的主导思想，在探索现代环境问题的根源、承认自然界的价值以及主张人类有责任保护自然的方面有所贡献，但其以人的利益为核心价值的传统观点并未得到实质性的改变。因此，人类中心主义不可能解决当代环境问题，而非人类中心主义是对人类中心主义的超越，它与人类中心主义一样都不能解决当今的环境问题。我们必须认识到，非人类中心主义在纠正人们长久以来将人民利益置于首位、认为人类需要绝对合理的思维方式方面具有正面影响。然而，这种思维方式忽视了人类文明的合理性，也没有认识到人类在调整自身行为时所具有的理性力量。尽管可持续发展理论也被视为一种基于人类中心主义的发展模式，但其伦理观更多地强调了人类有能力理性地约束自己的行为，以实现人与自然的和谐共生。因此，它已经成为全球普遍接受的一种人类迈向新文明的现实选择。

在探讨人与自然之间的联系时，二者之间的互动是不可或缺的。人与自然之间存在着矛盾，但不是对立的，而是统一的。人类是从大自然中分离出来的，是拥有自我意识的一部分。自然界是人的活动空间。与人的自然相隔离的人，就像脱离了人的自然一样，都是抽象的抽象概念，现实、事物、感性都是人与自然互动的结果。自然界作为一个整体存在，它有自己内在的规律性，人们可以通过对大自然的改造来改变这种规律性。自然和人类应当站在同等的位置上，人类之所以有能力主宰自然，是因为我们有能力理解并恰当地应用各种法则。自然规律是人们改造自然、利用自然、保护自然的基础。当人们与自然互动时，自然也会对他们产生反馈。自然界中的一切物质运动过程，均受自然规律支配。人类的生存依赖于自然，而自然为我们提供了生活和工作所需的资源。因此，人类对自然环境的影响总是通过自身来完成。同理，当人类基于自身的主观能动性去影响和改变自然时，自然也可能对人类产生反向影响。因此，人类在利用自然界创造物质财富的同时，必须保护好自身赖以生存的自然环境。如果人们不遵守自然的法则，随意破坏自然生态的平衡，那么自然也会对其进行报复。

第七章　新时代企业经济管理中的发展与创新

第一节　企业经济管理发展与创新

在市场经济体制下，尤其随着我国社会主义市场经济体制的日益完善，企业依照创新特别是制度创新来赢得更大市场份额、获取更大市场竞争力的要求越来越迫切。经济管理主要是指企业依托自己的长远规划和战略目标，采用系统理论发现企业管理中的不足，并提出有针对性的解决措施，以期能够提高企业的核心竞争力，增加企业的经营利润，并获得可持续发展能力。在本节中，笔者以全新的历史环境为依托，详细分析并探讨新形势下企业经济管理创新的相关问题，希望能够为有关人士提供有益借鉴。

一、当前企业发展的环境概况

知识经济已经成了当前企业发展环境的典型特点。在知识经济时代，各种信息化手段的运用是不可或缺的，唯有紧紧抓住信息化变革的脉搏，重视各种先进信息技术的运用，尤其是现代化决策系统的构建，才能够在实质意义上变革企业的作业流程、精简企业的管理层次，实现信息传递、消息反馈和管理效率的三重提升。收集整理是适应知识经济时代的关键因素，企业变革经济管理制度必须高度重视企业管理人员思维模式、管理理念的现代化和时代化，及时主动更新自身的知识结构，为企业的经济管理创新提供必要的智力支持。

(一)企业进行经济管理创新的必要性

1. 经济管理创新是新形势下更新企业管理理念的必然要求

不可否认的是，虽然我国企业在适应市场经济体制、参与国际市场竞争方面的进步巨大，但是相对于有着几百年市场经营经验的国外企业而言，还有许多地方需要学习和变革。缺乏先进的管理理念是我国企业普遍存在的问题。不少企业已经充分认识到了企业革新经济管理的重要性，但是由于各方面的原因，只有少数企业取得了良好的实际表现。拖后腿的管理理念使不少企业只能够进行表面的经济管理革新，没有获得本质性的转变。其突出表现就是，企业采用旧的管理理念指导企业一切运营和制度革新，导致企业无法完全适应市场经济体制的各种运行规则，最终阻碍企业的长远发展。

2. 经济全球化是新形势下更新企业管理理念的外在动力

世界经济的联系日益密切已经成了不争的事实，其他国家的经济波动便会直接反映在国际市场当中，并有可能对本国的经济发展产生不利影响。面对日益激烈的国际市场竞争环境，我国企业单纯依赖低成本优势占领国际市场的美好时光正在渐渐远去。通过实现企业经济管理的创新，提高产品质量、突出企业特色、增强企业创新能力，已经成了企业实现可持续发展的必要条件。通过对最近几年国外企业发展战略调整的观察，我们可以清晰地看出，国外企业都在不约而同地进行自我变革，努力突出自己的特色优势，这应该能够给我国的企业发展提供充分的启示。

（二）在新的历史形势下企业进行经济管理创新的途径和方法

1. 以先进理念作为指导思想

探索新的历史形势下企业进行经济管理创新的途径和方法，必须有先进的理念作为指导。只有在先进理念的指导下才能够确保经济管理制度创新方向和原则的正确性，才能够保证企业的创新规划符合企业的根本发展战略，才能够保证企业制定出科学的、合理的管理策略和执行方法。具体而言，在企业进行经济管理创新中贯彻先进理念，必须做好以下两点。

第一，坚持上下结合的理念贯彻路径。企业的管理层和领导人需要自觉地掌握先进理念，作为企业发展的领头人，他们的经营理念是否先进将会直接决定企业的发展状况；同时，企业职工作为企业数量最多的集体，他们是执行先进理念的一线人员，他们的理念是否先进将会直接影响企业各种管理制度、经营方针的执行效果。因此，贯彻和落实先进理念需要企业高层和企业基层共同努力，让企业的全体人员均能够以先进的理念创新经济管理，并高效执行各种相关政策。

第二，要勇于破除旧理念。破除旧理念需要极大的勇气和卓越的见识。企业领导层在逐步纠正旧理念的过程中，需要循序渐进，严禁急功近利；坚持步步为营，让企业组织在彻底消化一部分新理念的基础上来逐步推动新理念的完全落实，避免因为行动的过激和过急导致企业无所适从。

2. 实现经济制度的创新与完善

制度的完善与创新能够让经济管理的改革持久发挥作用,这是在探索企业经济管理创新过程中总结出的重要经验。企业经济管理的创新成果需要通过制度的建立来进行巩固。完善和创新相关制度,企业必须学会通过建立约束性条款的方式来让企业自身和全体员工依照相关规定自觉运行,并密切企业和全体人员之间的联系。为了激发企业潜在的创新能力,需要构建起全面、有效的激励体系,让员工的各种有益创新行为能够得到奖励,形成示范效益,进而增强整个企业的创新氛围和创新活力。另外,与制度创新相匹配的组织建设和组织创新也应该同步进行,让组织成为制度得以落实的有力载体,推动企业的全面可持续发展。

3. 强化企业的内部控制管理

第一,加强对企业各部门的调控。企业的内部控制是经济管理中重要的组成部分,一些以财务为依靠的企业不能适应市场经济发展的要求,所以,相应地,需要对财务部门做出改变,使财务管理向着全面化的发展趋势发展下去。

第二,完善企业监督体系。随着市场经济的发展,完善一定的财务内部监控工作对竞争激烈的市场经济体制有着不可估量的作用,实行内控机制,提高财务等各部门的认真、负责的态度,避免各种不合规章制度的行为发生。

4. 提高企业的信息化技术实力

信息化技术是实现经济全球化和经济一体化的基本保证,是当代社会化生产高速发展的首要条件之一。加快技术的革新,帮助企业转换经营机制以及推行现代企业制度,可以极大增强企业产品的市场竞争力。当前企业信息化实现的标志之一就是对信息的快速反应能力,其是企业检验整个企业用工率和其产业链在市场的竞争力的重要指标。实现企业信息化既是社会改革的需求,也是企业适应市场发展的需要。当前我国企业随着信息化技术的不断发展,企业内部的改革不断深入,绝大部分企业管理方式正在向创新管理方面迈进。为在未来更加激烈的市场站稳脚跟,企业变革管理方式,加强管理信息化创新方面的建设是未来必然的选择和出路。

在新的历史形势下,企业的经济管理制度必须与时俱进,不断适应变化的客观环境,满足企业新环境下的发展需求。因此,要创新企业经济管理制度,必须高度契合企业的发展宗旨,有清晰明确的经营目标和管理措施,能够保证获取完成企业发展目标的各种必需资源。

二、企业经济管理创新存在的主要问题

对一个企业而言，创新能够使其适应内外部环境的变换，打破系统原有的平衡，创造企业新的目标、结构，实现新的平衡状态。没有创新就没有发展，特别是在当前市场波动剧烈，企业生存压力大的背景下，只有企业经济管理的创新，才能将企业计划、组织、领导、控制等职能推进到一个新的层次，适应环境的变换，赢得竞争的优势。

（一）一些企业经济管理创新重形式轻落实

创新的重要作用已经得到了企业上下的普遍认可，但在如何落实方面，许多企业还存在着重形式轻落实的问题。

一是管理层缺乏对经济管理创新的认识。当前企业管理者往往将更多的精力投入了企业设备升级、人力资源培养等方面，但对经济管理创新缺乏全面的认识，使创新的力度不够，效果不佳。

二是工作人员缺乏对经济管理创新的动力。经济管理人员往往依照企业传统的管理模式和经验，对经济管理创新缺乏必要的认识，在工作中照搬照抄以往的方式，创新力度不足。

三是企业上下缺乏经济管理创新的氛围。企业整体创新氛围不浓，特别是一些中小企业，其多为家族式、合伙式模式，没有在企业中将创新作为企业发展的最核心动力并加以落实。

（二）一些企业经济管理创新缺乏人才支撑

人才是企业经济管理实施的关键，但在实际工作中发现，企业经济管理工作人员存在的不少问题影响了创新的形成。

一是观念不正确。许多人员将创新作为企业管理层的行为，而对自身的作用没有充分的认识，往往是被动式地工作，而对能否更好地提高工作质量没有足够认识。

二是动力不足。企业对员工创新的鼓励措施不到位，没有充分调动员工的积极性，影响其作用的发挥。

三是监管不得力。企业内部管理不规范，对经济管理行为没有给予科学的评估标准，干好干坏的差距不明显，造成了企业管理的效益低下。

（三）一些企业经济管理创新缺乏必要保障

企业经济管理活动是一个涉及企业方方面面的系统工程，其创新的实现需要一定的条件作为保证。但在实际的工作中，许多企业由于缺乏必要的保障，导致创新难

以实现。

一是经济管理组织不合理，一些很好的创新方法难以得到有效的落实，而组织结构的不合理也造成企业经济管理效率不高。

二是经济管理评价不科学。企业对经济管理工作的评估体系不科学，也使得相关人员工作标准不明，影响了工作的质量和效果。

三是缺乏必要的奖励机制。许多企业对经济管理创新没有足够的奖励，一些企业只能照搬照抄其他企业的经验，而不能针对自身的特点采取必要的措施，加以改进，造成了经济管理的效益低下，而对一些有着一定价值的创新模式没有加以落实，对相关人员给予的奖励不足，也造成了员工对企业经济管理的兴趣不足，影响了经济管理的开展。

三、企业经济管理创新应把握的重点环节

企业经济管理作为企业的一项核心工作，其创新的价值对企业发展具有重要作用，因此要抓住重要的环节，以点带面促进企业经济管理质量的跃升。

(一)经济管理的观念创新是基础

经济管理必须紧密结合市场的发展变化和企业现实的特点，而不能一味地沿袭传统的模式，因此首先要在观念上树立与时俱进的意识。

一是管理层要树立创新是核心的意识。要求企业管理层要将创新作为企业管理的重点，将创新作为考评员工工作质量的重要依据，为其提供良好的外部环境。

二是工作人员要树立创新是职责的意识。要培养其创新的内在动力，使其随时以改进管理模式、创新工作方法作为工作的重要职责，加以贯彻落实。

三是员工要树立创新是义务的意识。要积极鼓励普通员工加入企业经济管理创新的活动中，集思广益，实现企业经济管理质量的提升。

(二)经济管理的技术创新是保障

要发挥当前科技进步的优势，将计算机、网络、自动化平台等先进的设备加入经济管理活动中。

一是建立完善的管理数据库。企业经济管理涉及企业的方方面面，因此建立完善的数据库能够有效地提高管理的质量和效益，为管理人员提供精确的数据，促进管理质量。

二是建立亲民的管理平台。要建立科学的互动平台，能够让员工有通畅的渠道反映问题，提出建议，为经济管理工作的改进提供支持，如建立企业论坛、聊天群等

模式。

(三)经济管理的组织创新是关键

组织模式代表了一种对资源的配置方式,包括对人、财、物资源及其结构的稳定性安排。特别是在当前信息量大、市场变化剧烈的环境下,如何建立适应市场要求,满足企业发展需要的管理组织模式就成了企业经济管理创新的关键。

一是建立精干的管理组织。要通过职能分工细化等方法,结合先进的科技手段建立精干的管理组织体系,摆脱传统的机构臃肿、人浮于事的问题。

二是培养核心的团队精神。要通过企业文化的影响、管理结构的改变,提高企业管理人员的凝聚力、向心力,形成企业经济管理的合力,为创新的落实提供可靠保证。

三是树立高效的组织形式。通过分工合作、责任追究等方法,促进企业管理模式的改变。

(四)经济管理的人才培养是核心

一是加强现有人员的培养。对企业现有的经济管理人员可以通过在职培训、脱岗培训等方式提升其素质,将创新的观念渗透其思想,促进管理质量提高。

二是提高新进人员的素质。在对新进人员的招录方面,提高标准,改变传统的以学历为条件的方法,对其创新能力、综合素质进行考核。

三是科学规划人员的发展。企业要为其经济管理人员的发展提供保障,在岗位设置、薪酬等方面给予保证。

四、网络经济下企业财务管理的创新

随着网络通信和多媒体技术的迅速发展,网上企业、虚拟企业等新的企业系统应运而生,网络经济逐渐形成。网络经济改变了人们的传统的资本、财富和价值观念,使财务管理的环境发生了变化,给企业参与市场竞争带来了新的机遇与挑战,对企业经营管理全面创新发挥了重要的推动作用。财务管理作为企业经营管理的重要组成部分,面临着自身能否快速跟上新技术、适应网络经济的挑战。

(一)财务管理目标的创新

网络经济的重要标志之一是人类生产经营活动和社会活动网络化。财务管理必须顺应潮流,充分利用互联网资源,从管理目标、管理内容和管理模式进行创新。传统财务管理目标以“利润最大化”“股东财富最大化”“企业价值最大化”为主,它是基于物质资本占主导地位的工业经济时代物质资源的稀缺性和使用上的排他性等原因产生的，体现了股东至上的原则。然而，在网络经济下，人力资源、知识资源在企业资源中占主导地位，企业相关利益主体发生了改变，若财务管理的目标仅归结为股东的目标，而忽视其他相关主体，必然导致企业相关主体的冲突，最终损害企业的利益和财务管理内容的创新。

1. 融资、投资创新

在传统经济形式下，企业的融资是指以低成本、低风险筹措企业所需的各种金融资本。投资资金的运用主要指固定资产投资和项目投资。而在网络经济下，人力资本、知识资本的管理是企业财务管理的重心。因此，企业的融资、投资重心将转向人力资本和知识资本。目前，在网络经济下企业的竞争是人力资本和知识资本的竞争，谁拥有了人力资本和知识资本，便拥有了发展、生产的主动权。因此，筹集知识资本和储备人力资本将成为网络经济下财务管理的重要环节。

2. 资本结构优化创新

资本结构是企业财务状况和发展战略的基础。而网络财务中资本结构优化创新包括以下几个层面：一是确立传统金融资本与知识资本的比例关系；二是确立传统金融资本内部的比例关系、形式和层次；三是确立知识资产证券化的种类、期限，非证券化知识资产的权益形式、债务形式以及知识资本中人力资本的产权形式等。通常情况下，企业资本结构的优化创新是通过投资与融资管理而实现的。只有优化资本结构，使企业各类资本形式动态组合达到收益与风险的相互配比，才能实现企业知识占有与使用量的最大化。

3. 收益分配模式创新

在网络经济下，企业资源的重心转向人力资源和知识资源，有知识的劳动者成为企业的拥有者。企业的资本可分为物质资本和知识资本。企业的拥有者发生了变化，收益分配模式必然发生变革。收益分配模式由传统的按资分配变为在企业的物质资本和知识资本的各所有者之间分配，按照各所有者为企业做出贡献大小及所承担风险大小进行分配。

在互联网环境下，任何物理距离都将变成鼠标的距离，财务管理的能力必须延伸到全球任何一个结点。财务管理模式只有从过去的局部、分散管理向远程处理和集中式管理转变，才能实时监控财务状况，以回避高速度运营产生的巨大风险。企业集团利用互联网，可以对所有的分支机构实行数据的远程处理、远程报账、远程审计等远距离财务监控，也可以掌握如监控远程库存、销售点经营等业务情况。这种管理模式的创新，使企业集团在互联网上通过网页登录，即可轻松地实现集中式管理，对所有分支机构进行集中记账，集中资金调配，从而提高企业竞争力。

(二)网络经济下企业财务管理的缺陷

网络经济是以Internet为载体而运行的经济形式，也是电子商务充分发展的经济。由于经济活动的数字化、网络化，出现了许多新的媒体空间，如虚拟市场、虚拟银行等。许多传统的商业运作方式将随之消失，取而代之以电子支付、电子采购和电子订单，商业活动将主要以电子商务的形式在互联网上进行，使企业购销活动更便捷，费用更低廉，对存货的量化监控更精确。这种特殊的商业模式，使企业传统的财务管理的缺陷暴露无遗。

在网络环境下，电子商务的贸易双方从贸易谈判、签订合同到货款支付等无须当面进行，均可以通过计算机互联网络在最短的时间内来完成，使整个交易远程化、实时化、虚拟化。这些变化首先对财务管理方法的及时性、适应性、弹性等提出了更高要求，并使企业财务分析的内容和标准发生新的变化。传统财务管理没有实现网络在线办公、电子支付等手段，使财务预测、计划、决策等各环节工作的时间相对较长，不能适应电子商务发展的需要。另外，分散的财务管理模式不利于电子商务的发展，不能满足新的管理模式和工作方式的需要。

财务管理传统的结算资料主要来自财务会计的成果，借助经济数学和统计学的一些基本方法，对以财务报表为核心的会计资料进行处理，并据以预测未来经济条件下企业可能达到的损益状况。在网络环境下，电子商务能在世界各地瞬间进行，通过计算机自动处理，企业的原料采购、产品生产与销售、银行汇兑等过程均可通过计算机网络完成。

不能避免财务管理出现的新风险。在网络经济下传统企业财务管理首先遇到的是网络交易安全问题。由于财务管理中涉及的交易用户由传统的面对面的交易改为通过互联网进行交易，而互联网体系使用的是开放式的TCP/IP协议，并且以广播的形式进行传播，交易用户的信息很容易被窃取和篡改。即使是合法身份的交易人，由于采用无纸交易，交易对方也可能会抵赖交易，从而给网络交易安全带来极大威胁。传统的财务管理多采用基于内部网的财务软件，没有考虑到来自互联网的安全威胁，而企业财务数据属重大商业机密，如遭破坏或泄露，将造成极大的损失。

(三)网络经济下财务管理创新的实施构想

企业财务管理创新是网络经济全球化的客观要求，也是企业发展的当务之急，在此笔者提出几点实施财务管理创新的构想。

网络经济的兴起，使创造企业财富的核心要素由物质资本转向人力资本和知识资本。因此,企业理财必须转变观念,不能只盯住物质资本和金融资本。首先,企业财务只有坚持以人为本的管理,充分调动员工的积极性、主动性和创造性,才能从根本上提升企业财务管理的水平。其次,企业财务人员,必须树立正确的风险观,善于观察和面对复杂的竞争环境,能够科学、准确地预测市场环境下的不确定因素。最后,要重视和利用知识资本。企业既要为知识创造及其商品化提供相应的经营资产,又要充分利用知识资本,使企业保持持续的利润增长。

加强财务人员的网络技术培训。在以数字化技术为先导的网络经济下,财务管理创新的关键是对网络技术的普及与应用。而对财务人员进行网络技术培训,可提高财务人员的适应能力和创新能力。因为如果已拥有经济和财会理论基础的财务人员学习现代网络技术,就可将经济、财会、网络有机地结合起来,从多角度分析新经济环境的需要,制定合适的财务策略。同时,通过技术培训可使财务人员不断汲取新的知识,开发企业信息,并根据变化的理财环境,对企业的运行状况和不断扩大的业务范围进行评估和风险分析。只有这样,财务管理人员才能适应网络经济发展的要求,实现财务管理的创新。

五、电子商务企业管理创新

由于电子商务彻底改变了现有作业方式与手段,又能充分利用资源,缩短商业循环与周期,提高运营效率,降低成本,提高服务质量,电子商务的发展将为企业带来前所未有的发展机会。它将对厂商生产行为、市场营销、企业组织、国内外贸易的手段和方式等产生巨大的冲击,并将引起经营管理思想、行为模式以及管理理论和方法的深刻变革。[①]

(一)电子商务对企业管理的重要影响

1.电子商务对企业人力资源管理的重要影响

现如今,市场的竞争已经逐渐转变为人力资源的竞争,做好人力资源管理工作,能够在更大程度上提升企业的竞争力。电子商务作为一种新型的生产力,是由电子商务技能型的人才进行控制的,它使得企业在人力资源的引进、奖励、培训、录用以及测试等方面的工作都变得更加容易,且所需要的费用也得到降低,为企业的发展凝聚更多的人才;同时,借助于电子商务进行人才招聘已被更多的企业所采纳,相关的人才流动手段和人才测评等也日益流行起来,企业与员工之间的交流也变得更加自由、

① 张亚东.创新思维驱动经济管理发展研究[M].太原:山西经济出版社,2022.

顺畅，这不仅促使企业的人力资源管理工作更好地跟上时代发展的步伐，而且也带动了企业其他工作的改革与创新。

2. 电子商务对企业财务管理的重要影响

传统意义上的财务管理模式已经无法满足最新形势的发展要求，电子商务的发展与进步要求财务管理要逐步实现从静态事后核算到参与企业经营过程的、动态性的方向转变，从具有独立职能、内部性的管理模式向资金流、信息流、物流的集成性管理方向发展，从封闭式、单机性的财务数据的处理手段到集成化、互联网的方式迈进。总之，在电子商务的发展要求下，企业的财务管理必须具有战略性、智能性、预测性以及实时性等特征，督促财务管理工作的不断完善与进步。

3. 电子商务对企业生产管理的重要影响

在实施电子商务之后，企业的各个生产阶段都能够运用网络进行联系，传统意义上的直线生产也可以逐渐转变为网络经济背景下的并行生产。如此一来，可以节约诸多不必要的等待时间，在提高生产效率的基础上，督促企业更好、更快地完成现场管理与全面质量的管理。电子商务对企业生产流程的重要影响可以概括为生产过程的现代化、低库存生产以及数字化的定制生产等，使企业的生产、供应、配送与设计各环节更加有条不紊地进行。

（二）电子商务背景下企业管理创新的良好策略

1. 重视企业人力资源管理的改革与创新

在知识经济时代到来的今天，人力资源在社会各行各业发展中的重要性不言而喻，尤其是在电子商务背景下，企业更是要重视人力资源管理工作的创新。具体来说，首先，企业要做的不仅仅是坐等着电子商务环境的成熟与完备，而是应当根据实际发展情况，积极有效地运用现有的便利条件，充分发挥电子商务在人力资源的录用、引进与培训等方面的优势，开发出适合企业发展的人才培养模式，并且通过电子商务专题会议、主题性的拓展训练活动、邀请外界专家来企业指导等多种方式，使得电子商务模式在人力资源管理中的普及力度得到进一步的加强；其次，企业领导者要经常性地深入员工的日常工作和生活中，加强与员工的沟通和交流，鼓励员工针对电子商务积极地提出自己的想法与建议，从而在集思广益的前提下为电子商务的合理运用提供必要的帮助，同时也会拉近与员工之间的距离，督促企业开展更有针对性的人力资源管理工作。

2. 加强企业财务管理的创新

面对着知识经济和电子商务、经济全球化等浪潮的冲击，企业的财务管理工作只有不断地加强完善与创新，才能在这股浪潮中冲出一片天地。具体来说，一是要注重财务管理理论的创新。企业投资决策的重点要放在企业的无形资产、财务目标的变化等方面，要规定人力资本所有者参与到企业税后的利润分配等，让理论的完善指导财务实践的顺利进行。二是财务管理手段的创新。在电子商务背景下，企业要结合自身财务的实际情况，构建与完善更为合理的财务管理信息化系统，实现从传统的纸质数据、电算化的初步磁盘数据到网页数据的过渡和转变，帮助与引导企业逐步实现企业财务和业务的协同以及审计、查账、远程报表等动态性的管理，在减少管理成本的情况下，不断地提高财务管理效率，让财务管理工作更好地跟上时代发展的步伐。三是要注重信息系统的安全建设。除了必要的防火墙设置、用户权限规定、常规性的检查等工作之外，还要派遣专业人士定期或者不定期地针对电子商务背景下财务管理的走向，对该信息系统进行实时的补充与完善，让企业的整个财务工作迈入更加科学合理的轨道。

3. 强调企业生产管理的创新

在电子商务不断发展的大环境中，企业生产管理被提出了更多的要求，重视企业生产管理的创新，不仅是企业应对电子商务发展要求的重要举措，更是企业实现长足发展的保障。企业要在更大的程度上重视现场管理，即从生产基层就对人、生产方法、物料以及设备等多方面进行有效的管理与控制，构建更加科学的基层管理体制，将成本管控与工作质量提升融入生产过程中，从而达到效益更高、成本更低、质量更高的局面。还有，要重视产品的低碳性设计和营销，一方面要强化低碳产品的生产工艺与设计；另一方面还要强化外部营销，在降低营销成本的基础上不断地推陈出新，发掘出更适合企业产品发展的广阔平台。这不仅是满足电子商务发展要求的关键环节，更有利于企业的长足发展。再有，企业生产管理的创新还要注重“软实力”的完善，即企业文化，企业文化的构建与完善是一个长期的、系统的工程，是通过树立一种新型的价值观念、道德观念与职业理念等所营造出的一种良好的工作氛围，因此企业领导者要采取诸如员工手册内容的完善、设立文化宣传栏、以特定文化为主题的拓展训练活动等方式，让企业文化迅速渗透到员工的思想及工作中，逐步培养员工对企业发展的使命感与责任感，在扎实地推动各项生产管理质量得以强化的同时，也为电子商务在企业中的顺利推行提供重要的“软实力”基础。

六、建筑企业档案管理创新

建筑企业档案管理的创新最主要的方向是对建筑企业的档案进行信息化管理，

使建筑企业的档案管理从传统的管理模式发展为信息化管理模式。我们知道，档案信息可以用于解决企业面临的纠纷和问题，为企业减少不必要的损失，它可以间接地为企业带来经济效益，属于企业的无形资产。作为建筑企业，实现档案管理的创新，对其进行信息化管理可以解决建筑企业因基地分散、施工单位流动性大、施工期限长带来的建筑企业的档案管理收集整理难度大、管理烦琐等一系列问题。

(一)建筑企业档案信息化管理的必要性和特点

1.建筑企业档案信息化管理的必要性

档案资源是指国家机构、社会组织和个人在社会活动中形成的对国家和社会有价值的档案综合。当前因为计算机技术和网络技术的发展，对传统的档案管理进行创新必然要向着网络化、电子化、动态化、信息化的发展方向发展。建筑企业之前的档案管理主要是依靠人工，建筑档案的分类整理、使用检索等全靠手工，效率较低。现在建筑工程档案的数目日益增多，工程资料、图纸数量也很庞大。对这些档案依照传统的档案管理方法，大量的纸质档案不仅保存困难、翻阅不易，还不符合节约型社会要求。这就需要我们对档案管理进行创新，并且当前信息化时代的到来也给建筑企业的档案管理发展带来了发展方向。建筑企业档案管理必须抓住新的发展模式，在档案管理中要探索新的管理方法，使建筑企业档案管理可以与时俱进地保持创新，不断提高建筑企业档案管理的科技含量。

2.建筑企业档案信息化管理的特点

对建筑企业档案进行信息化管理后可以实现档案的信息化存储，并且可以自动化查取档案；档案信息可以进行实时共享，档案信息化管理具有智能化，档案信息化管理可以进行社会化服务。

(二)当前建筑企业档案信息化管理面临的问题

虽然电子信息技术给建筑企业的档案管理的创新指明了发展方向，带来了新的机遇，但是在目前阶段对建筑企业的档案进行信息化管理还存在很多问题。

1.档案安全问题

对建筑企业的档案进行信息化管理虽然有种种便利，但是它本身也存在缺陷。计算机系统和网络化技术本身的安全性就无法得到保障，硬件资源极易被人为破坏，也容易受自然灾害破坏；软件资源和信息化系统易受到病毒破坏。同时，因为内部管理措施不够完善等问题，建筑企业档案管理信息化的安全性问题有待解决。

2.没有相关标准和立法

因为档案管理本身就是一件复杂的事情，档案管理的信息化又是一个新兴的档案管理方法，同时因为建筑企业基地分散、施工单位流动性大、施工期限长等问题档案一般进行多头管理，所以标准化问题成为档案信息化管理的一大难题。档案管理信息化作为新兴事物，相关立法程序较少，出现问题时很难运用法律方式解决。

3.相关技术支持不全面和技术人员缺乏

建筑企业信息化管理过程中产生的电子文件因其保管条件、保管期限等方面的局限性，如果不能很好地解决，那么最终带给建筑企业的不仅不是便利，反而会适得其反。在建立档案信息化管理的初期，需要把很多纸质档案进行扫描转化，但是当前多数单位装备的扫描仪数量少、转化慢，无法短时间将纸质档案转化为电子档案。当前掌握信息技术又明白档案管理的专业知识的人才匮乏，无法满足档案信息化管理的需求。

(三)建筑企业档案信息化管理问题的解决办法

1.建立档案信息化管理的可追溯系统

建筑企业不同于其他企业，对其档案管理需要建立可追溯系统，对文件自动生成、修改，保留文件的原始状态。在对建筑企业档案可追溯系统进行设计时，需要考虑到文件自动生成的可靠性，为其进一步发展提供条件。

2.制定信息化档案的使用制度

建筑企业在实行档案信息化管理模式之后，一定要制定相应的规章制度。制定统一的档案格式标准，在对档案进行相关查阅利用时也应制定相关制度，使档案的利用者按照制度填写利用原因和利用内容。在进行档案利用时必须遵照制度，使用专门的软件狗，防止档案被恶意修改或者被传播。因为档案的信息化管理必然会带来相关的电子文件，这时要对电子文件按照国家相关安全保密制度进行保密，保证系统安全。

3.完善技术支持，进行技术人员培训

建筑企业档案信息化管理相关技术支持需要遵照当前信息化技术发展，吸收信息化技术新的成就，保证档案的长期安全。对于相关技术人员的匮乏问题，需要对档案人员进行相关培训，提高他们的工作素养和工作技能。在对建筑企业档案管理从业人员的培训中，应该增加档案信息化管理的培训，使他们可以掌握相关档案信息化管理的知识技能。

第二节　企业经济管理应采取的创新策略

一个企业的核心价值在于其经济效益。这不仅是评估一个企业是否运营良好的关键因素,也是企业间竞争的基础。因此,提升资金的使用效率成为增加经济收益的基础条件。如果没有好的资金使用效益,就会导致整个企业陷入亏损状态。因此,在企业运营过程中,强化经济管理和提升资金运用效率具有至关重要的作用,这是每一个现代企业都不能忽视的一个核心议题。本文以企业为研究对象,主要探讨了如何强化企业的经济管理工作,提高资金使用效益这一课题。本部分首先阐述了经济管理的具体职责,然后对如何加强企业的经济管理以及如何提高资金的使用效率进行了深入的分析和总结。一,强化资金管理意识,树立现代化观念企业的发展离不开资金的支持。随着全球经济一体化和全球化的步伐持续加速,市场上的竞争也变得越来越激烈。在这样的大背景下,企业若想在激烈的市场竞争中脱颖而出,就必须持续更新其设备和设施,提升经济管理的专业水平,并不断进行创新。这样,企业的经济管理才能更有效地服务于其生产和经营活动,同时也能认识到经济管理创新在企业发展中的关键作用。

一、企业经济管理创新的重要性

随着现代企业的快速发展,企业管理的经验也在持续积累和丰富,同时,企业所遇到的各种问题也在各企业精英的思考和探索中得到了解决。其中,企业的资金管理作为企业经营管理当中非常重要的一环,其重要性不言而喻。目前,如何更好地强化企业的经济管理并提升资金的使用效率,已经成为许多企业迫切需要解决的关键问题。

(一)经济改革的要求

企业经济管理不仅是优化和整合企业资源的关键途径,而且在某种程度上,它也可以被视为一种生产力的具体表现。因此,要想提升企业核心竞争力,就要做好经济管理工作。在当前的市场经济高速发展的背景下,科技也在不断地更新和进步,这使得知识经济和互联网经济在现代社会中的重要性日益凸显。在这样的新经济环境中,如果企业不能加强经济管理的创新,那么它们将会落后于其他企业,无法适应时代和市场经济的快速发展,并在激烈的竞争中处于劣势。

(二)企业发展的需求

尽管不同的企业有各自不同的经营环境和管理体系,但影响这些企业经营环境和管理体系的各种因素基本上是一致的。所以在本文中我们将从企业经营环境与管理体系之间相互影响的角度进行分析研究。首先,随着全球经济一体化趋势的不断加强,企业的运营环境和管理结构都受到了明显的影响;同时,由于全球化进程加快以及科学技术不断提升的原因,导致市场上的竞争变得越来越激烈。此外,它还受到了以知识经济为核心的新经济发展趋势的深刻影响;最终,互联网技术的进步也对其产生了影响。因此,新经济环境给我国的企业带来了很多机会与威胁。受到外界环境的作用,随着外部环境的逐步开放,企业在全球市场上所面临的竞争压力也日益加剧。为了能够适应社会发展趋势,我国企业必须加快改革步伐,不断创新,从而更好地促进企业的健康持续发展。在当前的经济背景下,新的经济环境和形势为企业带来了双重的挑战和机会。为了增强其竞争力,企业必须对经济管理进行创新,这样才能确保其持续的发展与进步。

二、经济管理的职能

随着企业各种规章制度的逐步完善和组织结构的持续构建,经济管理作为企业管理的核心部分,其具体的管理职责和功能也正在经历变革。本文就从经济管理职能角度来进行探讨,分析企业的经济管理如何更好地促进企业发展。实际上,企业的经济管理功能是通过企业的再生产过程来展现的。那么,经济管理的主要职能有哪些?更具体地说,经济管理的功能是由两个方面的内容所决定的:一方面,是指对财务工作本质的影响;另一方面,是指企业的经营活动中所表现出的作用和效果的反映。从另一个角度看,这是管理理论与实践进展带来的影响。随着市场经济体系的建立,经济管理模式也发生了变化,其中最为显著的特点就在于对企业的经济管理工作进行重新界定。随着现代社会经济利益结构和关系的日益丰富,企业对经济管理的定义范围也在逐步扩大,这也为经济管理赋予了更多的可能性和更大的权力。所以,从某种意义上讲,企业的经营管理工作就是一种财务管理工作,其基本任务就是通过有效地管理来提高经济效益。经济管理的核心职责主要集中在以下几个关键领域:首先,它的财务规划功能,尤其是在规划和规划未来某一特定时间段内的财务活动方面;再者,财务组织的职责主要是对财务系统中的各种相关因素和部分进行科学的、有序的组织和整合;再者,设立财务控制功能是非常必要的,目的是能够及时发现和纠正财务工作中的错误和偏差;最终,财务协调功能的存在是为了减少不必要的财务纠纷,并通过各种合适的财务协调方法和途径来保持企业之间的良好合作关系和一个舒适的财务环境。本文以现代企业理论为基础,采用比较分析法,从不同角度分析企业财务职能与经济管理之间存在着怎样的联系及相互关系。自从经济管理从企业管理中独立出来并被广泛应用,它的功能经历了飞速的增长。

三、现代企业经济管理中的创新策略

(一)企业经济管理理念创新

思维方式的改变和思维观念的刷新都是推动企业经济管理观念创新的关键因素，我们需要准确把握企业经济管理观念创新的定义，并真正实施这种观念创新。随着市场经济改革的不断深入和发展，人们在追求经济效益最大化时，对企业经营管理工作提出了新的要求，也促进了企业经济管理水平的提高。从我国企业的当前状况来看，过时的经济管理观念依然是我国企业经济管理进步的障碍，许多企业领导的思维方式相对陈旧，缺乏更新观念的意识，对竞争和危机的意识也不够强烈。这就要求我们必须不断地加强企业经济管理理念的革新和完善。因此，企业应当积极推动理念创新，将其视为经济管理创新的基础，未来的其他管理创新机制也应以理念创新为导向。同时还要建立一套完善的管理体系，使企业经济管理理念得到有效实施。企业经济管理理念的创新不仅修正了过时和陈旧的思维方式，还通过独到的观点、思考方式和管理机制为企业经济管理的创新提供了方向。在企业内部，我们确立了创新管理和科学管理的核心理念，真正实现了创新管理，使企业在理念创新的道路上走得更远。

(二)加强对企业经济管理理念的创新

企业要实现经济管理的创新，首先就要实现对企业经济管理理念的创新。只有企业掌握了先进的管理理念，才能更好地带领企业的员工实施创新活动。企业高层领导对此也要引起重视，可以在企业内部营造一种积极向上的创新环境，让企业所有员工在创新氛围的感染下，积极地学习和创新，掌握必要的创新知识和创新能力。在当前市场经济环境发展的新形势下，企业在市场中的竞争压力也越来越大，因此企业应该建立一种危机意识和制定战略管理机制，从市场环境出发，结合企业当前存在的实际问题，做到统筹全局。①

(三)加强对企业经济管理制度的创新

企业想要成功地进行管理，必须得到企业制度的坚实支撑，而在经济管理的创新过程中，企业也会受到企业管理制度的限制。目前，我国大部分的企业还没有建立起科学有效的企业规章制度，使得企业的经济管理工作难以正常进行，不利于推动企业的可持续发展。因此，如果企业想要在经济管理方面实现创新，那么加强企业经济管

① 王娟，李巧玲，杨倩．经济结构发展与实践研究[M]．北京：中国商务出版社，2023．

理制度的创新就显得尤为重要。只有这样才能使我国企业得到健康有序地发展。我们应当始终坚守以人为中心的管理哲学，为公司的员工打造一个有利于成长的环境，加大对人力资源管理的关注，进一步完善人力资源的管理体系，确立并完善监督和决策的机制，并确保公司的每一位员工都能积极地参与其中，从而激发他们的工作热情。

(四)加强对企业经济管理组织模式的创新

在企业的运营和发展过程中，经济管理组织扮演着极为重要的角色，实行高效的经济管理组织能够显著提升企业的经济管理效果。随着我国市场经济体制改革的不断深化，传统的管理模式已经无法满足现代社会发展需求，而新时代下的新型经济管理组织形式能够推动企业实现可持续发展目标。因此，企业必须深刻认识到企业经济管理组织模式的核心地位，并努力推动经济管理组织模式的持续创新。本文主要分析了当前我国企业经济管理组织存在的问题，并提出了一些改进措施和建议，以期为相关工作人员提供一定的参考借鉴。首先，在构建管理组织时，我们需要采纳更为灵活的管理策略，以推动管理组织的多元化发展；其次，我们需要推动企业经济管理方式的平坦化，使企业的组织结构更为简洁，并增强企业的经济管理效果；最后，为了推动虚拟化管理机制的形成，我们需要利用先进的计算机技术对经济管理组织进行合理规划，实现经济管理信息的整合，从而构建一种无形的经济管理机制，以促进企业经济的持续发展。企业只有通过不断地改进与创新才能获得长久的生命力。随着全球经济一体化的步伐不断加速以及市场经济体制改革的进一步完善，各企业同样面对着巨大的市场竞争压力。企业只有通过不断创新才能保持自身长久稳定地发展。创新不仅是推动企业向前发展的核心力量，而且在现今经济增长的背景下，也成为企业增强其竞争力的关键路径。因此，如何加强企业经济管理工作已经成为一个非常重要的课题。如果企业希望在当前时期实现更好的发展，并提升其在市场中的竞争力，那么就必须高度重视经济管理，针对当前存在的问题，制定有效的经济管理创新策略，不断提升企业的经济管理水平。

参考文献

[1]白重恩，蔡昉，樊纲，等. 中国经济发展新阶段的机遇[M]. 北京：中信出版社，2020.

[2]曹颖. 现代商业经济发展研究[M]. 长春：吉林科学技术出版社，2021.

[3]陈颉. 工商管理专业导论[M]. 北京：经济科学出版社，2023.

[4]董晓松，万芸，王静. 人工智能与工商管理[M]. 北京：社会科学文献出版社，2021.

[5]窦玉鹏. 区域经济发展动力转换 从战略到政策[M]. 长春：吉林大学出版社，2021.

[6]孔莉，余虹. 工商管理实践案例探究[M]. 昆明：云南大学出版社，2024.

[7]李佳. 经济发展的新方向 绿色经济研究[M]. 长春：吉林出版集团，2024.

[8]李晶，杨轶然，刘威达. 市场营销渠道建设与工商管理[M]. 长春：吉林人民出版社，2021.

[9]李盛艳. 工商管理专业与应用型人才培养[M]. 哈尔滨：哈尔滨出版社，2023.

[10]李昕桐. 区域经济发展转型研究[M]. 北京：中国书籍出版社，2024.

[11]莫天生，唐力，何岱眉. 行政管理服务与经济发展研究[M]. 长春：吉林人民出版社，2022.

[12]王美丽，吴紫青，田永杰. 经济发展模式探讨与实践[M]. 北京：经济日报出版社，2024.

[13]王晓星. 国家能力与经济发展[M]. 北京：首都经济贸易大学出版社，2023.

[14]王言. 中国经济发展新阶段研究[M]. 太原：山西经济出版社，2021.

[15]王智璇，龚家友. 大数据背景下中国经济发展变化解析[M]. 长春：吉林科学技术出版社，2021.

[16]吴丽华. 中国低碳循环经济发展模式研究[M]. 长春：吉林出版集团股份有限公司，2024.

[17]谢伯阳. 2024 年中国绿色经济发展分析[M]. 北京：中国社会科学出版社，2024.

[18]徐志坚，曹敏. 工商管理学基础[M]. 南京：东南大学出版社，2024.

[19]薛进军，蒋庆哲. 中国低碳经济发展报告[M]. 北京：对外经济贸易大学出版社，2019.

[20]原静. 低碳经济与旅游经济发展研究[M]. 青岛：中国海洋大学出版社，2021.

[21]岳志春，张晓蕊，郭彩云．工商管理导论[M]．北京：北京理工大学出版社，2022.
[22]赵继新．工商管理专业建设创新实践[M]．北京：中国人民公安大学出版社，2023.
[23]周贤，葛美琴，刘兆霞．工商管理理论与实践研究[M]．北京：现代出版社，2023.
[24]朱兆珍．数字经济时代商业模式创新与企业高质量发展[M]．北京：经济管理出版社，2023.
[25]左燕薇，李墨溪，刘庋．多维视角下的经济发展战略研究[M]．长春：吉林科学技术出版社，2021.